幼儿园健康教育研究与实践书系

生态健康教育

——基于生态视角的园本实践与研究

王銮美　著

山东大学出版社

图书在版编目（CIP）数据

生态健康教育：基于生态视角的园本实践与研究／王銮美著．—济南：山东大学出版社，2019.9

ISBN 978-7-5607-6476-4

Ⅰ．①生…　Ⅱ．①王…　Ⅲ．①健康教育—学前教育—教学研究　Ⅳ．①G613

中国版本图书馆CIP数据核字（2019）第238786号

责任编辑：秦大忠
封面设计：刘宏强
美术编辑：张　荔

出版发行：山东大学出版社
社　址　山东省济南市山大南路20号
邮　编　250100
电　话　市场部（0531）88363008
经销：新华书店
印刷：济南华林彩印有限公司
规格：720毫米×1000毫米　1/16
21.25印张　287千字
版次：2019年9月第1版
印次：2019年9月第1次印刷
定价：48.00元

“每一个孩子都是一粒种子”

序 ORDER

“每一个孩子都是一粒种子。”这是学前儿童生态健康教育论的起点和根据。学前教育的责任和使命，就是为每一个孩子创造适宜、适性的生态教育环境，让孩子们在其中自然自由、健康快乐地成长，为孩子终身幸福发展奠基。

“生态健康”，是个体生命系统及其诸要素与周围环境系统的和谐共生。“生态教育”，是营造适宜适性的生态育人系统并促进个体生命与其和谐共生的过程。简而言之，“生态健康教育”，即用生态教育达成生态健康。这是一个育人概念，育人目标是“生态健康”，育人方式是“生态教育”。

“生态健康教育——基于生态视角的园本实践与研究”是东营市实验幼儿园园长王銮美带领她的教师团队在有效开展“幼儿园健康教育课程的实践与研究”基础上的传承与深化研究。

东营市实验幼儿园园长王銮美，我与她交往十余年。她的干练、睿智、学养、能力让我印象深刻；她工作有谋划，做事有定力，富有进取精神和创新精神的态度与品格更令我佩服。

我一直认为，具有专业主见是一个成熟幼儿园园长的重要标志。缺乏主见的园长，往往今天倡导这种实验研究，明天又打另一种改革旗号，让教师们不知所云、不知所从。王銮美园长之所以能成长为齐鲁名园长，成为山东省学前教育界一个具有较大影响力的园长，我觉得，与她富有专业主见、做事有定力是分不开的。

2003 年以来，她带领全园教师持续开展“健康教育”实践与研究，一路走来收获满满，成为东营市乃至山东省素质教育与课程改革园本实践的典范，更为孩子成长、教师发展提供了别样的“精神大餐”，也为擦亮园所特色、铸就园所品牌增添了光彩。在长期践行“健康教育”的基础上，王园长与时俱进，深度思考，进一步提炼、提出了“生态健康教育”这个概念，并比较系统地阐述了“生态健康教育”的内涵所指、价值追求和实践路径，指明了如何用“生态教育”促成“生态健康”。从某种意义上讲，“生态健康教育”是“健康教育”的升级版，既一脉相承，又富有新意。

我们一直倡导“以儿童为中心”，但如何切实做到以儿童为中心，则是一个值得研究的问题。我想，要真正做到以儿童为中心，首先要尊重幼儿天性和发育规律，其次要有系统的方式方法。王园长的“生态健康教育”把幼儿当作充满生命力的种子，努力为其创造适宜适性的生态教育环境，就是真正地把儿童放到了教育的正中央。

我认为，“生态健康教育”比较鲜明地体现了这么几个特点：

一是符合现代和未来社会的健康观念。“生态健康”超越了生理学、疾病学意义上的“无病即健康”，也不仅仅指身体、心理和人际关系等各个方面的组合范式的全面健康，它更注重的是个体生命与成长环境之间的和谐共生。生态健康不是单维度地指向个体生命或成长环境，而是将个体生命及其成长环境一并包含在内的整体的系统的大生态健康，其更多地体现了系统性、开放性、互动性、生成性等特点。它启示我们，仅仅局限于个体生命自身而追求生命健康是有局限性的，就像一条鱼，它的生命健康取决于与环境之水的互动关系，脱离开水而讨论鱼之健康是很狭隘的；就像赏花，我们要不仅仅看到一片片花瓣，还要看到一朵朵花朵，更要看到花朵绽放背后的整体的生态力量。

二是蕴含着对生命个体的充分尊重。上小学的时候，我们学过夏衍老先生的文章《种子的力》，里面提道：“世界上力气最大的是植物的种子。一颗种子可能发出来的‘力’，简直超越一切。”学前儿童处于整个人生的起始阶段，是生理、心智、个性刚刚萌芽的时期，混沌懵懂而潜藏巨大生命力，尤其像等待着能量释放的生命“种子”。“生态健康教育”的逻辑起点，首先就基于坚信，“每一个幼儿都是一粒种子”，每一粒种子都蕴藏着无限的潜力，都能创造自身的生命奇迹。苏联教育家苏霍姆林斯基曾经说过：“只有当教育建立在相信孩子的基础之上时，它才会成为一种现实的力量。如果对孩子缺乏信心，不信任他，则全部教育智谋，一切教育和教学方法和手段都将像纸牌搭小房一样定然倒塌。”“每一个幼儿都是一粒种子”，这不是一个比喻，而是一种真理；我们坚信这是一种真理，而不仅仅是一种观念。

三是指明了生态健康教育之道。好的教育是循物之性，“赞天地之化育”。

如果我们把幼儿当作种子，那么教育最主要的任务和工作就是为其营造良好的生态环境，并引导其与这种生态环境良性互动。在良好的生态环境中，不需要太多的干预，孩子会自然自主地健康生长。美国思想家梭罗在《种子的信仰》里有这样一段话："如果你在地里挖一方池塘，很快就会有水鸟、两栖动物及各种鱼类，还有常见的水生植物，如百合等等。你一旦挖好池塘，自然就开始往里面填东西。尽管你也许没有看见种子是如何、何时落到那里的，自然看着它呢。"好学校就是一方池塘，当这方池塘形成了一种良好生态的时候，生命就会扎根其中，鲜活生长。

宋朝杨万里有诗云："泉眼无声惜细流，树阴照水爱晴柔。小荷才露尖尖角，早有蜻蜓立上头。"细细品味，这就是一个充满了生命生机的生态场景。我觉得，王銮美园长提出的"生态健康教育"，也像刚刚露出尖角的小荷一样，充满了生机、希望与力量。我相信，随着"生态健康教育"实践与研究的不断深化，东营市实验幼儿园将会日益绽放出促进幼儿健康快乐成长的生态魅力！

向海英*

2019年6月于北京

* 首都师范大学学前教育学院教授、博士、硕士生导师，中国学前教育研究会常务理事，课程与教学专业委员会副主任，全国著名学前教育研究专家。

目录 CONTENTS

第一章

生态健康教育

我们坚信，“每一个孩子都是一粒种子”，这是教育的起点和根据。教育的责任和使命，就是为每一个孩子创造适宜适性的生态教育环境，让孩子们乐在其中，自然自由、健康快乐地成长，为终生幸福发展奠基。

第一节　生态健康教育的基本理念

明代著名思想家、哲学家王守仁曾云，“知是行的主意，行是知的工夫；知是行之始，行是知之成”，“知之真切笃实处即是行，行之明觉精察处即是知”。无论从事什么事业和工作，包括教育在内，最后所能抵达的最高境界都是知行合一之境界。

东营市实验幼儿园十几年来一直践行“健康教育”理念，建构形成了“健康，智慧，快乐”的育人文化。在这一长期实践过程中，我们坚持行动者立场和旁观者立场相融合的方式，既浸入式躬行实践，努力用点滴细节精心编织育人画卷，又时常跳脱出来保持一定距离展开理性反思，努力把工作实践中的经验感悟提炼升华为更高站位的理论指导，以期理论反哺实践，不断提升教育的智慧和品味。从“健康教育”到“生态健康教育”，我们更加强调“生态健康”“生态教育”，致力于用“生态”把“健康”与“教育”融合为一体存在，从而让“健康教育”更具生态特性和生态魅力。

一、生态健康教育的内涵界定

在本部分，笔者不顾理论水平之薄弱，以抛砖引玉的心态提出并论述“生态健康教育”这个理论概念，主要是为了总结提炼长期办园实践中所产生的一些想法、思考和感悟，也为了进一步指导提升学前幼儿健康教育的实践层次和水平。为了说清楚何谓“生态健康教育”，笔者首先梳理“生态健康”“生态教育”两个概念，然后再进一步说明“生态健康教育”之内涵。

（一）生态健康

健康是关系人类生存、生活和发展质量的一个永恒命题，是个体生命实现自身价值的条件保障，也是个体生命追求幸福生活的内在之义。

关于“健康”的内涵，不同时代的人们对其有不同的理解，是一个历史的动态的概念。总体上看，其衍化历程贯穿着“身体健康—心理健康—人际健康”这一条脉络和线索。

首先是身体健康。一开始，由于自然条件和生活环境恶劣，人类存活的难度比较大，一旦生理上产生疾病，往往意味着生存之艰难甚至可怖之死亡。此时，人们自然而然地更关注生理疾病和身体健康，主要从生理学、病理学的角度认识生命现象以及健康与疾病的关系，认为健康就是没有生理疾病、残疾和功能障碍。《辞海》中对“健康”的定义是：“人体各器官系统发育良好、功能正常、体质健壮、精力充沛并具有良好劳动效能的状态。通常用人体测量、体格检查和各种生理指标来衡量。”[①] 这种提法虽然没有简单地把健康和疾病对等起来，但仍然是把人的生命作为一个机械的有机体来看待，更多地关注身体器官的生理机能状态。

其次是心理健康。随着物质生活水平的提高和医疗技术水平的进步，人类对器官性疾病的治疗手段越来越多，治疗成功的概率越来越大。但在不断战胜生理性疾病的同时，越来越多的心理疾病开始爆发出来，包括焦虑、抑郁、恐惧、自卑、偏执、精神分裂、神经衰弱、反社会性等各种症状。人们发现，有时候心理疾病更是一种顽疾，并且心理一般反作用于生理，导致身体出现健康问题。所以，现代人越来越重视心理健康。可以说，生理和心理是构成自然人健康的两个重要方面，它们相互依附、彼此制约、有机统一、缺一不可。

---

① 引自 http://www.dacihai.com.cn/index.html.

最后是人际健康。人不仅是生物人，还是社会人。作为一个生命个体，如果不能适应社会、融入社会，甚至与社会脱节、格格不入，那么聚合在他身上的社会属性就会脱落，所谓的社会规则、规范以及道德、伦理就无法在其身上发生作用。社会是由人组合而成的，人都是社会人，一个不适应社会的人，本质上是不会正确处理人际关系的人，某种程度上也是一个不健康的人。

正是基于对人的健康的理解的不断深化，俄罗斯生物学家、社会学家、医学博士卡兹纳切耶夫认为："健康，是作为个体的人在其生命限度内维持与发展其身体和生物机能及其最佳工作能力和社会积极性的过程。"① 1947 年，世界卫生组织在其宪章中写下了这样的"健康"定义："健康并不仅是没有疾病和身体残障，也是一种完满的身体、心理和社会关系的和谐状态。"这两种定义都综合了身体健康、心理健康和人际健康三个方面，并且都强调了个体适应社会这一人际关系问题。

从以上简略的梳理可以看出，人类对健康的定义和理解是随着人类经济社会的发展而不断变化的，这里面不是理解上的对与错的问题，而是与人类生活的广度、深度紧密相关的。这给我们的启示是，"健康"永远是一个动态的历史的概念，是一个与经济社会生活发展相匹配的概念，它既现实地源于、成于它的时代，也应当理想化地关照并引领它的时代。当人类经济社会发生了巨大变迁变化的时候，当人们在现实生活中对健康有了新的希冀追求的时候，就需要提出一个适应时代变化的新"健康"概念来解释现实、指导现实和引领现实。

从 1947 年世界卫生组织写下了上面所提到的"健康"定义算起，已经过去 72 年了。其间，人类社会发生了翻天覆地的变化，特别是工业文明突飞猛

---

①［苏］苏霍姆林斯卡娅文，肖甦、刘晓璇译：《身心健康永远是教育的第一要务》，载《比较教育研究》2018 年第 11 期。

进，信息技术广泛普及，在带给人类巨大财富和生活便利的同时，也对人类所赖以生存的物质环境、精神磁场、社会关系等造成了巨大破坏。人的健康感、幸福感并没有随着物质生活的极大丰富而对等提高。凡此种种，追根溯源，皆因个体生命与周遭环境的关系发生了错节错位，背离了和谐之大道。这儿所说的环境不是仅仅指物质环境，而是包括人所生存的周遭一切，包括物质的、精神的一切存在。现在，我们大力提倡生态文明，提倡人与自然、人与人、人与社会和谐共生、良性循环、全面发展、持续繁荣。实际上，生态文明不仅仅是一种生存方式，更是一种思维方式，它要求我们用生态的思维和眼光观察世界、分析世界和引领世界。

在此种形势下，理应从生态的视角对人的"健康"作出全新的诠释和界定。从生态的视角分析，很大程度上，人的健康与幸福并不仅仅取决于自身，而是更多地取决于他与周遭环境的协调、融合上。所谓"独善其身"，往往在极小范围、极少数人身上起作用，不是一种社会常态。笔者认为，从生态的视角审视"健康"，就不能仅仅局限于身体健康、心理健康、人际健康的框架组合，也不能仅仅局限于生命个体自身而就个体而论个体健康，必须在更广更宽更深的范围和尺度上重新审视和定义生命健康。

马克思曾经深刻地指出："人的本质不是单个人所固有的抽象物，在其现实性上，它是一切社会关系的总和。"① 同样道理，人的健康的本质也不是单个人所固有的抽象物，它也应当是一切环境关系的总和。通俗地讲，人的健康更多的是个体生命与环境关系的产物和表征。就像一棵庄稼，它壮硕与否主要取决于周遭环境，包括适宜的土壤、水分、阳光、肥料以及与其他庄稼的密度、间隔等一切要素。周围各种要素构成了一种环境生态，庄稼自身也是一种生命生态，如此个体生态与环境生态构成了一个更大的生态。个体生

①《马克思恩格斯选集》（第一卷），人民出版社 1995 年版，第 56 页。

命健康与否主要取决于个体生态与环境生态的互动关系，或者说，取决于个体生态与环境生态构成的大的整体生态。犹如鱼嬉戏于水，鱼水共同构成了一种相融共生的生态，离开水而论鱼之健康是狭隘的，水健康则意味着鱼健康，鱼健康则表征着水健康。

因此，所谓“生态健康”，不是单独指向个体生命之健康或周围环境之健康，而是包含两者于一体的更大的整体之生态健康。一提到“生态健康”，则必然同时指涉个体生命与周围环境之关系，而不能割离一个说另一个。此种意义上，生态与健康实为一体同存、一体同生，生态必指向健康，健康必源于生态，就像赞扬某个人为“好人”，“好”之定性与这个“人”是融为一体、不可分割的，单说“好”不知谁好，单说“人”不知其性。这是理解“生态健康”之含义的关键所在，一旦割离式理解，则生态即成断片、片段，生态之“生”之“态”则不复存在。阳光普照，空气滋润，土壤潮湿，带刺的黄瓜在藤蔓上鲜活生长，这是生态，亦是生态健康，一旦摘下，放到冰箱存储，则顿然丧失生态之情致，断绝生态之生长。我国传统文化讲究“天人合一”，如果把“天”理解为环境生态、“人”理解为个体生态，那么“天人合一”则意味着两者融为一体的最高级、最理想的“生态健康”。当然，绝对意义或完美意义上的生态健康是很难达到的，甚至永远是一种理想状态，但合乎逻辑、合乎人性的理想状态构成了一种衡量标准和效法标杆，它比照现实的不足，引领现实的追求。

基于以上理解，笔者在此提出一个也许不太成熟的“生态健康”定义。所谓“生态健康”，是指个体生命系统及其诸要素与周围环境系统的和谐共生。其包含的基本思想是系统论的思想，是把所研究和处理的对象作为一个有机的、整体的系统来对待，研究系统、要素、环境三者之间的互动关系及蕴含其间的规律性。具体到教育身上，如果要促使受教对象健康发展，最重要的任务就是自觉地为其营造一个良好的生态环境并促使个体生命与其和谐互动，包括优美的校园环境、良好的文化氛围、和谐的人际关系、丰富多彩的课程设置，等等。当生态环境丰富饱满并符合教育规律、适合对象身心特点的时候，健康教育便自然而然地甚至在你意识不到的时候发生了。此时，不需要太多的强制性的说教管教，不需要太多的人为的技巧技术，只需要教育者顺势轻轻点拨，甚至不施加任何作用，个体生命系统天然地就会和环境系统发生能量交换，两者交流融合而生成健康之生态、生态之健康。在这种大的健康生态之中，有意识的、无意识的，显现的、隐蔽的，一切皆是课程，一切皆是教育，一切皆指向生命个体的自由健康快乐生长。

注：书中所有照片及案例均出自东营市实验幼儿园。

行笔至此，笔者感觉对于“生态健康”之概念的理性述说似乎到了乏力的边界，因为人的认知就像生态一样，需要理智和情感的双重体验。所以，在此提供美国作家梭罗描述自身融入大自然生活的两段文字，供读者体会“生态健康”之含义。

在这个傍晚，我的每一个细胞都张开了，充满了愉悦，并且全身上下只有着这一种感觉。我极自由随意地走来走去，像是大自然本身的一个部分。天微微有些冷，云堆在空中，吹着风，我只穿着衬衫，在湖边的小石头路上走着，什么都用不着想。这种天气对我来说恰到好处。在青蛙的叫唤声中，夜莺的叫声被风吹着掠过湖水，形成细细的波纹，再从湖面上传过来。我被赤杨和白杨的摇晃激动着，这种激情让我几乎窒息，喘不过气来，然而，我仍然宁静，像湖水一样，只起波纹而没有激起浪花。这种被风轻轻吹起的波纹不会形成波澜。（节选自《孤寂》①）

在柔和的黄昏里，我时常坐在船里吹笛。鲈鱼在我的周围游来游去，它们像是被我的笛声迷住了，月光在肋骨似的波纹上轻轻滑行着，森林蓬乱而残缺不全地倒映在上面。很久以前，我一次次到这个湖上来，像是探险。在夏天那些黑暗的夜晚，我和一个伙伴来到这儿，在湖边烧起了一堆火，把鱼群引过来，把小虫子当作诱饵挂在鱼钩上，钓到了一条又一条的鳕鱼。我们像这样一直到深夜以后，才将火把高高地抛到空中，它们像流星飞火从空中落下来，落到了湖里，"嗞"地响了一声便熄了，我们一下子进入了黑暗之中，只能在黑暗中摸索。（节选自《湖》②）

（二）生态教育

上文已经提及，"生态"与"健康"本质上一体同存，生态指向健康，健康源于生态。在这里，我们还是要说，在深层次上，"生态教育"与"生态健康"也是完全一体的东西，生态教育必然指向生态健康，生态健康也必然源于生态教育。但在手段与目的的二元区分层面上，我们把"生态教育"当作一种手段，把"生态健康"视为一种目的。

何谓"生态教育"？其实，上面在论述何谓"生态健康"的时候，已经人

① ［美］亨利·戴维·索罗著，陶文江、乌云丽译：《索罗·自然之书》，中国妇女出版社2004年版，第49页。

② ［美］亨利·戴维·索罗著，陶文江、乌云丽译：《索罗·自然之书》，中国妇女出版社2004年版，第89页。

量涉及“生态教育”的内涵所指了。在此，不再梳理其他种种教育与其相对照，比如，封闭式的教育、强制性的教育、单向度的教育、压抑主体性的教育、不自由的教育，等等。在本小节，笔者直接给出“生态教育”的定义，然后具体阐述“生态教育”所呈现的几个特征。在阐述“生态教育”特征的时候，自然也涉及、影射着其他非生态教育及其弊端，彰显出生态教育的进步及优势。

所谓“生态教育”，是指营造适宜适性的生态育人系统并促进个体生命与其和谐共生的过程。

在这个概念中，隐含着以下几个需要强调的含义或特征：

一是强调教育对象的系统性和复杂性。生态教育是把个体当作一个整体的生命系统来对待，并将其生长放置到大的环境系统中进行审视，更加注重的是两个系统之间的和谐互动。生命是一个高度复杂的集合体，或者说“小宇宙”，仅仅大尺度地概括为身体、心理、社会关系等几个层面是远远不够的。比如，仅仅心理层面，谁又能说清一个生命包含多少种类的情感呢？情感的烈度除了本人，谁又能切身体会呢？如果认真读过曹禺的话剧《雷雨》，必然能体会到情感的高度复杂性、纠缠性和剧烈度，深刻体察对生命的简单定义是多么浅薄。如果我们对宇宙的宏大苍茫及其极端的复杂性、深邃性有所感悟的话，想必也能对个体生命这个“小宇宙”有更多的体察、尊重和敬畏。我们的教育对象就是这样的高度复杂的生命体，如果有谁试图把教育对象简单化，把教育方式线条化、教条化，企图按照自己的固定设计来塑造生命体，那么只能导致两种遗憾的结果：教育的失败、生命的失败。作为教育者，要尊重每一个生命体的差异性、多面性、立体性、复杂性，努力为其创造一个适宜的、适性的、蕴含丰富养分的生态环境。营造良好的生态环境本身就是伟大的教育，就是对生命个体的复杂性的最大的尊重。作为教育者，我们不仅要看到一片片花瓣，还要看到一朵朵花朵，更要看到支持花朵绽放的背后的生态力量。

二是强调教育自身的开放性和互动性。教育不是囚笼驯兽，而是有组织地对教育对象施加影响，但如果组织性过强，施加影响的方式过度单向，甚至成为一种强制，则教育本身就沦为一种暴力，学校就成为一种监狱。这种教育本质上不再是教育，因为它丧失了真善美的内核和色彩。现实是，教育正通过各种规则、纪律、训诫和惩罚不断强化和显示自身的存在和权威，教育通过强化自身而异化为控制、训练和操控，在不断地强化和显示自身的力量时走向了自身的反面。苏联教育理论家、实践家苏霍姆林斯基说过："任何一种教育现象，孩子在其中越少感觉到教育者的意图，它的效果就越大。我们把这条规律看成是教育技巧的核心，是能够找到通向孩子心灵之路的基础，是能够那样去接近他，以至于达到使吸引他投入其中的任何一项活动对于他都成为需求和迷恋向往之事，而教师则成为他的同志、朋友和志同道合者的这种境地的基础。"① 最高境界的教育是"润物细无声"的感染，让孩子在接受教育的时候却忘记了自己正在接受教育。如何实现这种境界的教育？我想，应当努力促进每个个体生命系统和环境系统进行开放式的互动交流。只有把这两个系统打通，才能整体上营造出良好的教育生态环境，仅仅依靠个别的措施进行弥补是远远不够的。

三是强调个体生命的自主性和自发性。每个个体生命都具有自主发展、自主生长的内在特性和力量。教育的最大意义就是唤醒这种生命的主体性，努力让生命个体成为一种自觉、自主、自为的存在。当我们为生命创造了适合其生长的生态环境的时候，我们无须多加干涉，生命的自主生长就会发生。就像播下一粒种子，我们不需要对种子本身天天敲打，只需要保持土壤的湿润、阳光的充足、空气的新鲜，种子自身就会自然地勃发内在的生命力。

四是强调教育的立体性和完整性。生态教育本身就意味着尊重受教者的

① ［苏］苏霍姆林斯基著，赵玮、王义高、蔡兴文、纪强译：《帕夫雷什中学》，教育科学出版社1983年版，第14～15页。

完整生长，因为营造良好的生态环境的目的就是给受教者提供一个自由全面发展的机会。在这一点上，著名教育家苏霍姆林斯基的教育方法给予我们很大的启示。在这位教育家的创造性实践中，你很难把体育锻炼、知识教育、品德教育等完全区分开来，你不能把他的教育简单地理解为道德、智力、身体、审美、劳动等内容的组合，更不能简单地拆解为这些部分。因为，在他的教育中，你会发现，每一个部分都和其他部分作为整体一起出现，每一个部分都和其他部分紧密相连，每一个部分的发展都促进着其他部分的发展，最终促成孩子的和谐生长。比如，谈到身体健康，他说："我们逐年越来越清楚地看到体力的充沛，对于孩子的精神生活——智力的发展、思维、注意、记忆及专心程度——的决定作用。"① 谈到智力生活，他说："正常完满的脑力劳动，不是来自脑力劳动的速度和紧张程度，而是来自身体、智力和审美等多方面的培养。"② 这启示我们，教育必须是一个全方位、全要素、全领域的立体工程，不能简单地就德育而论德育、就智育而论智育，等等。要建成这种立体工程，就必须树立系统观念、生态观念，而不是仅仅在某个层面、某个方面强化努力。

总而言之，与传统教育比较注重"教育"的目的性、计划性、组织性、针对性相比，生态教育更加强调的是"生态"本身所蕴含、所生发的天然的教育性。正如泰戈尔说过："鹅卵石的日臻完美，不是因为锤子的敲击，而是因为水的载歌载舞。"

在这里不妨举著名教育家苏霍姆林斯基亲身经历和描述过的一个故事，供读者体会生态教育的意味：

---

①［苏］苏霍姆林斯基著，赵玮、王义高、蔡兴文、纪强译：《帕夫雷什中学》，教育科学出版社1983年版，第160页。

②［苏］苏霍姆林斯基著，赵玮、王义高、蔡兴文、纪强译：《帕夫雷什中学》，教育科学出版社1983年版，第162页。

我们长时期未能做到使南方的珍贵果树——桃树适应我们地区的水土气候。最终，我们尝试把这种性喜温暖的树的几棵幼芽嫁接在耐寒性强的杏树上。春天到了。每天，性急的孩子们都要跑到园地里去看，看芽苞是不是开放了。我总是一大早就到园里去。有一次，我看到一个孩子蹲在杏树旁。我觉得他好像屏住了气息，生怕损伤了刚发出的那闪闪发亮的嫩绿叶芽，它是在这个阳光明媚的清晨刚刚发出的。我同样为这第一枚叶芽而兴奋激动，以至没立即想到是谁竟比我来得还早。我随即抬起头来，或许是为了同这位朋友分享喜悦。他顿时也举目相迎，显然，也想同我分享喜悦。我俩的目光相遇了，原来在这里的就是他，是沃洛佳。我们互相拥抱起来，从此我们成了好朋友。（节选自《帕夫雷什中学》①）

（三）生态健康教育

实际上，在以上论述“生态健康”“生态教育”的过程中，“生态健康教育”已经呼之欲出了。如果说“健康教育”的目标导向是一般性质的“健康”的话，那么“生态健康教育”的目标导向则是更高层次的“生态健康”，并且实现这一更高层次目标的教育过程和方式也是生态的。

简而言之，“生态健康教育”，即用生态教育达成生态健康。这是一个育人概念，育人目标是“生态健康”，育人方式是“生态教育”。形象地讲，每一个幼儿都是一粒蕴藏着无限潜力的种子，要为其营造适宜适性的生态环境，促使其舒展释放全部的生命力，自由而活泼地生长。叶圣陶老先生曾说，“教育是农业而不是工业”，讲究的是天时地利人和，注意的是时令节气和风调雨顺，遵循的是植物庄稼的天然之性，似乎内在契合生态

① [苏] 苏霍姆林斯基著，赵玮、王义高、蔡兴文、纪强译：《帕夫雷什中学》，教育科学出版社 1983 年版，第 11～12 页。

健康教育的本意。

行文至此，似乎可以对“生态健康”“生态教育”“生态健康教育”三个概念之间的关系作出一个简单梳理。在这里，“生态”是一个关键词，它修饰“健康”，构成“生态健康”；修饰“教育”，构成“生态教育”；修饰“健康教育”，构成“生态健康教育”。从最深层的实质性意义上讲，生态即意味着教育，意味着健康，进而也意味着健康教育。从文本逻辑意义上讲，“生态教育”是“生态健康”的手段，“生态健康”是“生态教育”的结果，“生态健康教育”则既可以理解为“为了生态健康的教育”，也可以理解为“为了健康的生态教育”。但无论怎样理解，内核只有一个，那就是“生态”，生态即健康，生态即美丽。

可以说，“生态健康教育”是一个既有传承又有新意的教育学上的育人概念。

首先，从实践传承的角度讲，这个概念不是完全崭新的，因为它与我们一直践行的“健康教育”的育人指向是一致的，都是为了促进幼儿的健康成长，并且即使不讲“生态”二字，我们实验幼儿园在平常的育人实践中也自觉不自觉地践行着“生态”思维和方式，只是知其然而不知其所以然，更没有言其所以然。实践往往比科学先看到了某些真理，并且为了某种实际目的利用了这些真理，但是它本身并不理解这些真理。此时，虽然有实践，但是不自觉的，是零星片段的，是不成系统的，是无法发挥集中效益的。在这种缺乏高度自觉的实践中，有些方式合乎生态，有些则违反生态，由于方式之间不一致，往往相互抵消了一些教育作用。换言之，由于缺乏统一性理论的指引和关照，生态健康教育实践是各自为战，偶发行为，形不成整体的生态健康教育的强大合力和气场。

从理论提升的角度讲，这又是一个富有新意的概念。笔者广泛搜索检阅目前的资料，虽然“生态”“生态教育”等字眼随处可见，但与育人之间深度关联的比较少，并且大部分与笔者所理解和提出的“生态健康教育”的内涵不一样。比如，有人提出“加强生态教育”，这是从保护生态环境的角度讲的；有人提出“营造健康的教育生态”，这是从建设教育发展环境的角度讲的，等等。这些提法中的“生态教育”“教育生态”概念都不是严格意义上的育人概念。也有个别学校，像济南市舜耕小学，从育人的角度讲“生态教育”，但主要还是侧重实践层面的概括，不是理论层次的术语界定，缺乏严格的逻辑推演。这也反过来提示我们，确实需要有一个更清晰、更上位的理论概念，来指导现实中发生的生态健康教育之实践。理论是实践的眼睛。理论从实践中来，又反作用于实践，一旦一个理论概念为人们所广泛接受，其反哺实践的力量是无比巨大的。我们相信，随着“生态健康教育”实践与研究的不断深化，其理论体系必然会越来越臻于完善，其实践效果也会越来越释放出独特的光彩。

最后，笔者想用一段圣言和一则故事来结束本小节。

首先，是一段圣言。《中庸》有云：“惟天下至诚，为能尽其性；能尽其性，则能尽人之性；能尽人之性，则能尽物之性；能尽物之性，则可以赞天地之化育；可以赞天地之化育，则可以与天地参矣。”对这段话，不同的人有不同的理解，不同的应用也有不同的理解。关于其中涉及的“性”“至诚”“尽性”“赞”等字词之意，也理解各异。按照笔者的理解，大概意思是说，怀有一颗赤子之心、不存一丝一毫欺己欺人欺天地之心的人，才能把自己的性和天地相合，以至于充分展现其性而不违天道天理；如此下去，则能助他人、助万物展现其性。如此一来，则此人就等于参与赞助天地、化育万物了，也可以跟天、地并列为三了。

教育是什么？笔者认为，真正的教育也就是“赞天地之化育”，本质上是帮助天地化育人性的伟大工程。人性乃天地所生，顺着人性开发，遵循开发之道，就是在赞助天地的化育。所以，最真、最善、最美的教育就是赞天地化育的教育，这种最“赞”的方法就是顺乎自然、顺乎人性的方法。在笔者看来，这种“顺”的方法，其实就是生态教育的方法——营造一个生态环境，顺势点拨，人性自然就在其中美好生长。我们相信人性趋向光明，我们只要为其创造一个适性的环境，加以良好的引导，它就会蓬勃生长。让一个生命在比较合乎自然的情况下生长，这才更合乎天地之道、教育之道。生态环境没有营造好，人为干预太多，反而影响人性的生长。就像春天来到了，气温回升，万物萌动，这时候你不需要挨棵草挨棵树去“照顾”，你只需要不遮住阳光、风雨就可以了，秋来黄叶落，春来草自青。所以，生态健康教育其实是最简单、最简便的教育方法，却又是最合乎人性的方法。本着此种方法和心态去做教育，更轻松、更愉悦，何必苦口婆心、气急败坏、啰哩啰唆、过犹不及呢？赞天地化育，其要义在“赞”，顺乎天性和人性，赞助天地、配合天地进行化育。如果完全“被天地化育”，教育的意义则消失了，因为人性的良性开发还需要教育者的引导，不是完全放任不管，被动而行。如果企图“替天地化育”，好像自己的力量有多大、多了不起，则是愚蠢的，费力不讨好的，因为天地的化育力量是最大的，人的化育力量只是其中的一小部分。所以，人为的教育只应当是“赞”，遵道而行，赞助天地。

下面，为了帮助读者更好地理解“赞天地之化育”以及“生态健康教育”的微妙含义，再提供一则颇有哲理的故事：

一位隐士住在山中，他很勤劳，每年春天，台阶上的野草刚探出头便被他清理掉了。

一天，隐士决定出远门，叫了一位朋友帮他看守庭院。与他相反，这位朋友似乎很懒，从不修剪台阶上的野草，任其自由疯长。暮夏时，一株野草开花了，五瓣的小花氤氲着一阵阵的幽香，花形如林地里的那些兰花一样，不同的是花边呈蜡黄色。这位朋友怀疑它也是兰花中的一种，便采撷了一些叶子和花朵去请教一位研究植物的专家。专家仔细地观察了一阵，兴奋地说：“这是兰花的一个稀有品种，许多人穷尽了一生都很难找到它，如果在城市的花市上，这种腊兰的单株价至少是一万元。”“腊兰?!”这位朋友惊呆了。

当那位隐士知道这个结果时，惊呆的人又多了一个，他不无感慨地说：“其实那株腊兰每年春天都会破土而出，只不过它刚发芽就被我拔掉了。”

故事中隐士的朋友“似乎很懒”，但收获了珍贵的“腊兰”。其中的奥妙，笔者认为，就在于其“懒”有意无意间“赞”天地之化育，得生态之佳境。当然，我们在这里不是提倡“懒”，这种“懒”等于上面所说的完全“被天地化育”，偶中而已。“赞天地化育”“被天地化育”“替天地化育”，三者之间的分寸把握就体现着教育者的教育艺术，少一分不得，多一分不得，不多不少就是我们应当努力追求和靠近的理想状态。

二、生态健康教育的生命意蕴

“生态健康教育”是一个育人概念，无论从育人目标、育人过程还是育人规律哪一个方面讲，都非常明显地体现了以人为本、以生为本的生命理念。下面，结合学前幼儿教育，具体阐述其内在包含的生命意蕴。

（一）起点：幼儿是充满生命力的“种子”

夏衍老先生曾经写过一篇文章《种子的力》，我们上小学的时候就已经读过这篇文章。在具体展开阐述之前，首先让我们节选部分重温一下：

有人问世界上什么东西的力气最大，答案多得很，有的说是象，有的说是狮子，有人开玩笑似的说是金刚。——金刚有多大力气，当然大家都不知道。

结果，这些答案完全不对。世界上力气最大的是植物的种子。一颗种子可能发出来的“力”，简直超越一切。

这儿又是一个故事。

人的头盖骨结合得非常致密，非常坚固，生理学家和解剖学者用尽了方法要把它完整地分开，都没有成功。后来有人想出一个方法，就是把一些植物的种子放在头盖骨里，配合了适当的温度，使种子发芽。一发芽，这些种子就发出可怕的力量，把一切机械力所不能分开的骨骼完整地分开了。植物种子的力量竟有这么大！

这也许特殊了一点，一般人不容易理解。那么，你见过被压在石块下面的小草吗？为了要生长，它不管上面的石块怎么重，石块跟石块的中间怎么窄，总要曲曲折折地、顽强不屈地挺出地面来。它的根往土里钻，它的芽向地面透，这是一种不可抗拒的力，阻止它的石块终于被它掀翻了。一颗种子的力量竟有这么大！

没有一个人把小草叫作大力士，但是它的力量的确谁都比不上。这种力是看不见的生命力。只要生命存在，这种力就要显现。上面的石块丝毫不能阻挡它，因为这是一种长期抗战的力：有弹性，能屈能伸的力；有韧性，不达目的不止的力。[①]

“这种力是看不见的生命力。只要生命存在，这种力就要显现”，这就是种子的力。实际上，每个生命个体都是一粒种子。教育之所以能发挥后天的作用，最根本的还是因为生命个体本身是蕴含着无穷潜力的种子。这是教育的原点、起点，也是教育的根据。相信每一个孩子都是一粒种子，这是教育工作者的基本素质和信念。

美国学者梭罗写过一本书《种子的信仰》，他将土地比作谷仓和学校，他相信种子有强烈的信仰，相信每一粒种子都会有奇迹发生。

哈尔滨市花园小学校长曹永鸣认为，教育是农业，教师是农人，学生是

① 夏衍：《种子的力》。[EB/OL]. http://news.sina.com.cn/o/2017-08-30/doc-ifykpuuh9705448.shtml.

种子。每一个孩子都是一颗独特的“种子”，有着无限可能的未来。学校要相信种子的力量，相信每一粒种子都是奇迹。教师一定要发现、培养、呵护、唤醒“种子”的内力，才能帮助孩子创造最美好的未来。基于对种子生命的深刻理解，她提出并践行了“种子教育”理念。她认为，“‘种子教育’是以儿童为中心，本着对学生受教育主体地位的尊重，把教育看作农业，把教师视为农人，把家长喻为教育同盟军。在家校共有的儿童立场中，通过对传统师生关系、家校关系的重构，回归教育本真，实现全体学生的全面和谐发展，满足儿童的个性化发展需求”。

同样，“生态健康教育”的理论原点或基点也是相信，每一个孩子都是一粒充满生命力的种子。每个孩子都从诞生之日起，就凝聚携带了大自然和宇宙的能量，有着内在生长的动力、能量和秩序。想想橡子蕴含了多大的能量！在泥土中埋入一颗橡子，它就会长成一棵巨大的橡树！如果你埋的是一头羊，它只会慢慢腐烂。

具体到学前儿童，他们正处于整个人生发展的起始阶段，是生理、心智、个性开始萌芽萌生的时期。他们以一个生理化占主导的生命体，逐步接受社会化的过程。放到整个人生的全过程中，我们更能认清学前教育的启蒙性质，更能认识到学前儿童的“种子”性质。我们一定要认识到，学前儿童正处于人生的第一阶段或说第一起跑线上，在这期间经历的事情、获得的经验和塑造的情感，会影响其一生。如果我们仅仅局限于学前儿童当下阶段，看不到这一阶段对其终生的影响，就不能准确理解“幼儿种子”的深刻含义。可以说，“生态健康教育”的理论起点、实践起点都是基于“幼儿是一粒种子”的客观真理，并基于对这种真理的相信和信仰。

（二）过程：营建生态化的教育大环境

生态健康教育强调通过生态教育的方式达成生态健康，主要还是考虑到幼儿身心发育具有自身的特点和规律。学前儿童自然性更强，后天性少，易塑性强，比较脆弱，机能发展迅速，处于一种混沌而又活泼的状态。他们的学习方式是“整个的吸收”，是用整个的身心去学习。在这一阶段，他们的学习更具有感官性、直接性、情境性、模糊性、非理性化等特点。如果试图用对待中学生甚至成人的方式来组织教学，那么不但没有效率，而且还会扼杀幼儿的天性。

当孩子像一粒种子充满生命力的时候，教育最主要的任务和工作就是为其营造良好的生态环境，生态环境好了，教师只需要轻轻点拨，甚至不需要任何干预，只需要把孩子放到这样的生态环境中，孩子自然就会健康成长。相反，如果生态环境没有很好地营建起来，学校无论如何努力干预，效果也不会很好，甚至适得其反。当然，这儿的生态环境包括校园物质环境、膳食营养、文化氛围、教师形象、游戏课程等一切围绕儿童的内容。一面墙的颜色、地面的一点植被、教师的一个微笑等每一个细节，都是生态环境的组成部分。

这种生态环境包括通常我们所理解的课程在内，但又远远超越这种课程之上。如果勉强用课程的视角来定义生态环境的话，那么就必须把“隐性课程”的概念引进来。所谓隐性课程，就是正规课程之外的一切我们意识到或意识不到的所有的课程。它以隐蔽的方式，“润物细无声”地、潜移默化地发挥效力，使学前儿童不知不觉地接受到教育影响。比如，当我们在校园内植入一棵树的时候，这实际上就隐含着课程力量、教育力量，这种力量要依赖儿童的吸收而产生作用。作为教育者，植入一棵树就是职责所在，四季变换，花开花落，落叶飘零，这就是大自然的生动教育。

在这种情况下，“教育”的定义也泛化了，教育不一定就是有组织、有计划的活动。教育有没有发生要以儿童为中心进行衡量，要以儿童心理的发展为衡量标准。教育的影响扩大到“计划”之外的部分，凡是对儿童产生作用的，都是教育的一种形式。相反，即使教师耳提面命、苦口婆心，只要儿童听而不闻，内心没有丝毫触动，也等于教育没有发生。即使教师不在场，只

要儿童被周围环境所影响，促进了心理的发展，也等于教育发生了。

所以，促进儿童生态健康发展，必须树立大教育观，树立生态教育的理念，通过营造良好生态教育环境的方式来实现。校园无闲处，时时处处皆教育，这是生态教育的应有之义。

文化大家余秋雨曾经写过一篇文章《普洱茶的“核心机密”是什么?》，通过普洱茶的形成过程，形象地说明了“生态环境”之核心机密。在此节选部分和读者一起分享：

> 第一批微生物菌群长期活跃在云南的茶山里，一直侍候着大叶种古茶树，使它们能够保存并增加多酚类化合物，如茶多酚、茶碱、儿茶素等，再加上氧化酶，为普洱茶的制作提供了良好的原料。
>
> 第二批微生物菌群就不一样了，它们趁着“晒青毛茶”在湿热条件下“氧化红变”，便纷纷哄然而起，附着于茶叶之上，渐渐成为今后长期发酵的主人。它们一步步推进发酵过程，不断地滋生、呼吸、放热、吞食、转化、释放，终于成就了普洱茶。
>
> ……

普洱茶的发酵，在长年累月之间无声无息地让茶品天天升级。微生物菌群裂解着细胞壁，分解着有机物，分泌着氨基酸，激活着生物酶，合成着茶氨酸……结果，所产生的茶多酚、茶色素、泛酸、胱氨酸、生物酶，以及汀类物质、果胶物质等，不仅大大增进了健康功能，而且又大大增进了口味。即便是上了年纪的老茶品，也会在微生物菌群的辛勤劳作下，成为永久的半成品、不息的变动者、活着的生命体。

……

从原始森林出发的每一步，它都离不开草叶纷乱、林木杂陈、虫飞禽行、踏泥扬尘、老箕旧篓、粗手粗脚的鲁莽遭遇，正符合现在常说的“野蛮生长”。直到最后压制茶饼时，也不能为了脱净蛮气而一味选用上等嫩芽，因为过于绵密不利于发酵转化，而必须反过来用普通的“粗枝大叶”构成一个有梗有隙的支撑形骨架，营造出原生态的发酵空间。这看上去，仍然是一种野而不文、糙而不精的土著面貌，仍然是一派不登大雅之堂的泥昧习性。

但是，漫长的时间也能让美学展现出一种深刻的逆反。青春芳香的绿茶只能浅笑一年，笑容就完全消失了。老练一点的乌龙茶和红茶也只能神气地挺立三年，便颓然神伤。这时，反倒是看上去蓬头垢面的普洱茶越来越光鲜。原来让人担心的不洁不净，经过微生物菌群多年的吞食、转化、分泌、释放，反而变成了大洁大净。

……

这就是赖到最后才登场的“微生物美学”，一登场，全部不起眼的前史终于翻案。这就是隐潜于万象深处的“大自然美学”，一展露，连人类也成了其间一个小小的环节。①

---

① 余秋雨：《普洱茶的“核心机密”是什么?》。[EB/OL]. http://www.puercn.com/puerchanews/lianliankan/125037.html.

（三）目标：促进幼儿身心和谐发展

前面提到过，所谓“生态健康”，是指个体生命系统及其诸要素与周围环境系统的和谐共生。这是从个体和环境之间的关系上讲的，这两者之间的和谐效益最终还是要体现到促进个体生命的健康发展上。这种生命的健康集中体现在身心和谐发展，并通过自身的和谐而达成与环境的适应与和谐。

对于幼儿而言，身心和谐发展尤其重要。这里面，有两层比较重要的原因。一方面，这是由幼儿身心特点决定的。幼儿处于人生萌芽阶段，就像一粒种子，分化程度小，整个身心是有机统一的整体，此时他最需要的是全身心的、综合的全面发展、完整生长。一棵长大了的树，你可以进行修剪，去芜存菁。面对一棵幼苗，又如何下手呢？我们讲“全面素质”，这对于幼儿的身体和心灵，价值和意义尤其重大。另一方面，这是由幼儿所处的人生阶段所决定的。幼儿是人生的奠基阶段，在这一阶段打下的基础对终生有利。这些影响，虽然他们长大之后都忘记了，但却无意识地潜藏在他们的心理深处，对他们终生发生着莫名的影响。我们只有把幼儿教育放到整个的人生链条中去考察，才能深刻理解幼儿教育的重要性，也才能进而理解促进幼儿全面和谐发展的基础性。幼儿教育也像水的源头，源头不清，很难保证下游的清洁。

实际上，很早以前，一些教育学家、心理学家就认识到，幼儿发展是身心等各个方面的整体性发展，提出了培养“完整儿童”的概念。所谓“完整儿童”，是指儿童身体的、心理的、情感的、认知的、道德的、审美的整体性发展。完整儿童教育符合儿童身心发育特点，基于促进幼儿终生发展需要，应当是学前幼儿教育的基本目标和定向。但需要注意的是，这儿的“完整”应当尽量从生态的视角进行理解，而不是仅仅局限于部分之间的组合。一个生命有机体，它是一个生态系统，这个系统虽然由各部分组成，但一旦组成，又具有了生态系统的特性，超越了原来单个部分的特征。所以，我们不能仅仅从部分组合上理解“完整”，更应从生态角度视其为一种“系统”的和谐。

第二节　生态健康教育的价值追求

在本节，主要是具体地分析幼儿生态健康教育的价值意义。从总体上讲，其价值意义在于促进幼儿生命健康和谐发展。分开讲，主要致力于保障幼儿身体健康，促进幼儿认知发展，丰富幼儿道德情感，促进幼儿审美发展。简而言之，在保证幼儿身体健康的基础上，为幼儿植入真善美的种子。

一、保障幼儿身体健康

幼儿全面发展的根本前提和条件保障是身体的健康存在。没有健康的身体，其他一切方面的发展都会受到限制和约束。爱默生说："健康是人生第一财富。"培根认为："健康的身体乃是灵魂的客厅，有病的身体则是灵魂的禁闭室。"毛泽东曾经说过，儿童"宜专注于身体之发育，而知识之增进道德之养成次之"。周恩来也指出，"只有身体好才能学习好、工作好，才能均衡地发展"。①

具体到学前幼儿，身体各个器官或组织尚未发育完善，各个生理系统的功能均不成熟，脆弱性大，可塑性强，尤其需要格外照顾。保护和促进儿童身体健康是生态健康教育的最直接的第一目的。

幼儿生态健康教育的内容比较丰富，包括人体认识与保护知识教育、体育锻炼与健康、个人卫生和生活习惯教育、环境教育、营养教育、疾病与意

---

① 以上引文均引自 https://www.jgdq.org/lizhimingyan/89070.html。

外伤害的预防教育、心理健康与社会适应教育，等等。比如，通过接触常见的动物和植物，使幼儿初步认识生物体简单的结构和功能及其生长和发育，引导他们产生保护生物的意识，进而教会他们认识人体，学习保护身体的一些方法，逐步树立关心、保护身体安全健康的意识；组织开展多种多样的体育活动，培养体育兴趣和锻炼的习惯，促进学前幼儿身体发育，增强体质，并促进学前儿童智力、品德、心理素质和交往能力的发展；加强幼儿卫生和生活习惯教育，让幼儿养成良好的卫生习惯，如勤理发、洗头、洗脚、洗澡、剪指甲、早晚刷牙、饭后漱口、按时进餐、饭前洗手、不挑食、用自己的水杯和手帕，以及不随地吐痰，不乱扔果皮纸屑，不随地大小便，不破坏公共卫生设施等；加强疾病预防教育，让学前幼儿初步了解身心疾病和缺陷的预防知识，积极主动地接受医生体检和预防注射；针对学前幼儿粗心鲁莽、意外伤害事故发生率较高的现象，加强对幼儿过马路、玩大型玩具等方面的安全教育。

生态健康教育要求我们遵循学前幼儿生长发育的规律，实施前瞻性的教育，有效预防幼儿疾病的发生，努力为其身体创造舒适与幸福。

二、促进幼儿认知发展

促进幼儿认知发展，主要是指促进幼儿对客观世界的认识，其中包含感知觉、记忆、注意、想象、思维等的发展过程，与动作、语言、社会性发展有着密切的关系。

科学促进幼儿认知发展，首先要认识幼儿认知发展的特点。幼儿认知发展的特点在于：一是模仿性强。爱模仿是孩子的天性。幼儿所看到、听到、摸到的，都是他们学习的对象。二是生活性强。幼儿是在日常的生活中学习的，他们通过与父母的对话交流学会语言，通过和小伙伴一起游戏学会交往。

只有为孩子提供大量活动的机会，孩子才能慢慢学会生活，获得发展。三是思维跳跃性大。幼儿注意不会长期集中在一个事物、一件事情上，会随机性地转移注意力和兴趣点。四是个性差异明显。虽然年龄可能相仿，但认知发展的个性特征和差异明显，尤其是语言发展差别很大，有的孩子会说许多话，会用完整的话表达自己的想法；另外一些可能不太会说，使用较多的叠词。

所以，生态健康教育就需要根据幼儿的认知特点，有意识地优化生态环境，为幼儿认知发展创造良好的条件。比如，要注意创设良好的认知环境。可以利用活动室，将它布置成家的环境，给孩子安全感。有意识地组织一些简单的集体活动，在教师的引导下，与同伴一起学习、一起游戏。加强随机教育，抓住每一个细节对孩子进行渗透教育。比如，吃饭之前，唱一首洗手儿歌："哗啦啦，水流了，小小手，拿肥皂，擦一擦，搓手心，搓手背，再用清水冲一冲，小手变了样。"再如，孩子好奇心强，形形色色的图画形象生动，容易引起孩子的兴趣，可以用图片为孩子营造有序的环境，刺激孩子的认知发展。

三、陶冶幼儿道德情感

道德之于做人，实在是一件要紧的事。陶行知先生指出："道德是做人的根本。根本一坏，纵然你有一些学问和本领，也无甚用处。并且，没有道德的人，学问和本领愈大，就能为非作恶愈大。"

陶冶幼儿道德情感，越早动手越好。民国初年的广东省省长朱庆澜把一个人从出生到 6 岁入学前、入学读书和离开学校走上社会比喻为"三道染缸"。他说，"小孩子生下来，好似雪白的丝。在家里生活六年，好似第一道染缸"，"家里六年教得好，养得好，好似白丝染成红底子。到了进学堂，再得好先生。就将那红红的底子好好加上一层，自然变成了大红"，"丝总是白的，只看第一道染法如何”，“六年里肯费力，将来就受用不尽”。现在的孩子大多6岁进入小学，其前3年在家、3年在园，家园合力共育，用这6年时间把孩子染成红底子，确实是不可错过的大好时机。

陶冶幼儿道德情感的方法，应基于幼儿身心特点，多一点熏染，少一点说教和强制。陈鹤琴先生曾经说过，德育是一种养成教育，应主要通过环境对幼儿进行潜移默化的道德教育。

对以上这些观点，笔者高度认同，这也是学前幼儿生态健康教育的应有之义。只有早早地在幼儿的心田播下正确做人的种子，幼儿长大后才能成为一个大写的道德的人。

基于幼儿德育养成的独特性，对幼儿实施德育不应当生硬地灌输和强制，更多的要靠环境去熏陶。这就需要整合多种教育资源，创设立体化的德育网络环境，使幼儿园、家庭、社区相互配合，形成德育合力，共同促进幼儿道德认知、情感与行为的良好发展。作为幼儿园来讲，应当重视创设宽松、和谐的精神环境，将各种活动与道德教育有机结合，让品德教育贯穿于幼儿园教育教学过程。比如，每天早上幼儿入园时，教师站在大门口迎接小朋友，相互问好，给孩子文明友好的熏陶；班里小朋友生病不能来幼儿园时，教师可以让全班小朋友每人说一句问候的话；组织游戏活动时，让小朋友相互帮助，与同伴友好相处，不争抢玩具；通过讲解绘画本《孔融让梨》《狼来了》《白雪公主》等经典故事，让孩子学会谦让、辨别美丑；做了错事，引导幼儿说“对不起”，请求原谅；受到别人的帮助，要说声“谢谢”；在一些特殊的日子，可以带着孩子参与社会公益活动；应多利用游戏的形式开展品德教育，引导幼儿在参与“过马路”“逛超市”等游戏中，学会遵守公共场所的规则，等等。

总之，生态健康教育要求我们，要通过营造良好的德育生态，为幼儿创造一个时时处处受到熏陶的环境，使幼儿不知不觉中丰富道德情感，养成良好的道德习惯。

四、丰富幼儿审美感受

人具有一种欣赏美和创造美的深刻而强烈的需要。审美人格在创造性人格中占据极其重要的地位，培养学前幼儿从小具备良好的审美能力，会为其一生的人格完善奠定基础。

学前幼儿审美心理的发展有其特殊性。幼儿对美有一种天生的敏感性，他们的思维直接受到知觉的影响。这种感知是非逻辑性的，具有明显的自我中心特征。幼儿富于审美想象，把两件毫不相干的事物按照主观意愿任意联系在一起，更容易迸发奇妙的小火花。

从生态健康教育的视角看，促进幼儿审美发展，必须充分依据幼儿审美特点，努力为幼儿营造生态的审美环境。目前，有些幼儿园的审美教育脱离幼儿身心特点，具有成人化倾向。比如，有的在教学方法上存在重技能、轻感受的倾向。对于注意力容易分散的幼儿而言，持续的训练很容易导致身心的疲倦、情感的厌恶，这无疑是违背了审美能力培养的初衷，也达不到理想的美育效果。还有的教师“主导”而不是“引导”幼儿审美，导致教师主观干预多而强，幼儿参与少，感性体验少，提不起兴趣。《幼儿园教育指导纲要（试行）》中明确指出：“教师要引导幼儿接触周围环境中美好的人、事物，丰富他们的感性和审美情趣。”作为教师，要陪着孩子一起欣赏美，让孩子成为主体，而不是把自己的审美变成了孩子的审美。特别值得注意的是，在信息爆炸式生产和传播的当今，各种良莠不齐的画面、场景和思想包围着幼儿，有的教师警惕性和辨别选择能力不强，不能有效及时地引导幼儿远离丑恶现象，保护幼儿心灵的纯洁美好。

根据生态健康教育的要求，在促进幼儿审美发展过程中，要注重丰富审美体验，培养审美习惯，注意避免单向度地灌输和训练美育知识技能。比如，进行绘画欣赏教学，直接向大班幼儿灌输某一绘画作品的时代背景、人物设置，这是不合适的。教师应先引导幼儿对画面进行整体感受，在尊重幼儿自主体验的基础上，有目的地引导幼儿感知绘画作品传递的情感，让幼儿回答“这幅画给你什么样的感觉”等类似问题，鼓励幼儿用不同的词汇表达自己的感受，逐渐培养幼儿主动感知作品的审美习惯。要正确处理审美教育中的师生角色，教师要充分发挥幼儿的主体作用，避免“越俎代庖”。要组织开展多元化的审美活动，促进幼儿审美的综合发展。既可以通过儿童绘本、儿童文学阅读、美术作品欣赏等形式对幼儿进行美育，也可以多开展踏青、郊游的活动，让幼儿进入大自然，在大自然中引导幼儿积累审美经验。

总之，通过营造生态的审美环境，促进幼儿用美的眼睛去发现世界，用美的心灵去感受世界，用美的小手去描绘世界。

第三节　生态健康教育的实践路径

真正把学前幼儿生态健康教育落到实处，关键是营建促进幼儿生态健康的生态教育环境。营建这种生态教育环境的核心是生态课程的创生。因为生态健康教育更加强调的是生态环境的营建以及这种生态环境对幼儿内在心理体验的影响，所以在本小节，笔者从“显性课程与隐性课程”“外在课程和内部课程”两个大的课程维度阐述生态教育环境的构建。

一、显性课程与隐性课程

从生态教育的视角来看，凡是对幼儿生态健康构成影响和促进的一切环境性资源，皆为课程。因此，在创生课程的过程中，不仅要注重显性课程，还要高度重视隐性课程。显性课程和隐性课程，共同构成了生态教育环境，共同促进了幼儿健康发展。

显性课程比较好理解，不再赘述，在本部分重点谈一谈隐性课程问题。以往，人们更多地强调教育的目的性、计划性和组织性，较多地重视正规课程的教育作用，一定程度上忽视了与学前幼儿学习特点和发展特点关系更加密切的隐性课程的作用，把对学前儿童发展影响巨大的诸多教育环境要素不自觉地排除在课程之外。实际上，学前教育是培养幼儿全面和谐发展，是人生的奠基阶段，与中小学教育相比，隐性课程的位置显得更加重要。学前教育是启蒙性教育，它不需要严密的组织，也不求知识多么系统深奥，隐性课程的松散性、非强制性等特征正符合学前教育的这一特征。学前教育是基础教育的基础，早期所有经验对儿童入学后乃至终生均有影响，隐性课程对幼儿的影响是构成幼儿早期经验的重要部分。很多时候，隐性课程在教育中的作用往往比正规课程还重要，尤其对于混沌懵懂、“整体吸收”的学前幼儿，更发挥着不可忽视的重大作用。

关于隐性课程，目前尚无统一认识。一般认为，隐性课程是指那些没有列入正规课程规划，但是在教育实践中又不可避免地会对受教者的身体、心理、价值观念、态度、行为方式等身心发展产生影响的因素。

隐性课程内容丰富多彩。首先，包括物质空间类内容。幼儿园建筑的位置、风格、新旧、装饰，绿植的种类、摆放、多少，活动室的空间大小、色彩、墙饰、材料，操场的设施、玩具、造型，甚至教室内的空气味道、湿度，等等，所有这一切，都是物质空间上的隐性课程，影响幼儿的情绪状态、心理感觉和感官发展。其次，包括组织制度类内容。幼儿园的组织制度反映了设计者的教育观、儿童观和课程观，不同的组织制度会导向形成不同的校园氛围，这种氛围像空气一样为儿童所感知和吸收。不同的管理制度和教育气氛所熏陶出来的教师和幼儿，在个性气质、行为方式、言谈举止等方面都会显示出鲜明的差异。比如，有的幼儿园管理制度严格，纪律严明，则教师首先就循规蹈矩，进而把遵守纪律的要求和习惯传导到幼儿身上，容易导致幼儿失去活泼快乐之生活。最后，还包括文化心理类内容。幼儿园的办园理念、育人观念，教师的风格、态度、表情以及说话的方式、语调，教师对幼儿的关心程度，教师和幼儿的关系，幼儿和幼儿之间的关系，等等，都会极大地影响幼儿心理发育。

隐性课程有几个特征比较突出：一是隐蔽性。以“随风潜入夜，润物细无声”的方式熏陶感染学习者，寓教育于无声之中。二是模糊性。教育作用虽然很大，但常常与心理影响关系较大，难以明确量化，隐隐约约，不易觉察。三是复杂性。幼儿周围各种各样的人、事、物等都是隐性课程的载体，可谓感官触及，教育者想到的和没想到的，皆为课程。四是感染性。这是隐蔽性特点的连锁反应，正因为是隐蔽的，所以是非强迫的，呈现熏陶感染之特点。

通过以上论述可以看出，隐性课程对幼儿发展具有非常重要的作用。这就要求我们，践行生态健康教育，必须在精心设计显性课程的同时，高度重视隐性课程的营造并充分发挥其作用。显性课程和隐性课程并驾齐驱，才能营造出促进幼儿生态健康的生态教育环境。在这里，我们不仅仅把教育环境看作教育的辅助因素，而是从课程的角度来理解教育环境，把教育环境本身看作课程。

那么，如何创生隐性课程呢？笔者认为，应当充分注意坚持以下几个原则。

一是启蒙性原则。学前教育课程是终生教育的开端，承担着对幼儿心智启蒙的责任。要致力于打开儿童心灵的窗户，促进其“精神胚胎”的健康发育。开端的启蒙教育具有导向性，尤其需要高度重视，以最适当的方式、在最适当的时候施行。英国哲学家洛克在《教育漫话》中指出：“孩子们的精神容易引到东或西，正和水性是一般无二的”，“一点点人力便可以把它导入他途，使河流的方向根本改变”，“启蒙阶段儿童的心理，正如源头的水，从根源上这么引导一下，河流就有不同的趋向，最后就流到十分遥远的地方去”。[①]所以，在设置隐性课程时，一定要把握启蒙性原则，确保有利于促进孩子良好性格、健康情感、顽强意志等的形成和发育。

二是兴趣性原则。兴趣是最好的老师，兴趣更是学前幼儿接受事物和行动的根本准则。学前幼儿容易受到外界环境的影响，从兴趣出发，终于乐趣。可以说，兴趣是幼儿行动的动力，也是幼儿教育的目标。隐性课程的设置，要符合幼儿的兴趣心理，了解哪些东西是幼儿所感兴趣的，所乐于探究的。谈到兴趣问题，就不得不提到幼儿的游戏问题。游戏是幼儿最佳的学习方式，

① 约翰·洛克（John Locke，1632～1704 年），是英国的哲学家。被视为是启蒙时代最具影响力的思想家和自由主义者。他提出了心灵是一块“白板”的假设。书中观点引自约翰·洛克著，傅任敢译：《教育漫话》，教育科学出版社出版 2011 年版。

这已经成为教育共识。可以说，游戏是幼儿的一种基本活动。游戏是一种综合性的活动，幼儿可以从中获得综合性的兴趣，获得全面性的发展。在游戏中，幼儿可以激发最直接的兴趣，获得最直接的乐趣。因此，隐性课程的创生，应当为幼儿参与各种游戏提供各种必不可少的条件。

三是整体性原则。幼儿学习是“全身心地整体的吸收”，不像成人一样注重分析、精于思辨。正如张雪门先生所说，学前儿童对于自然界和人世界没有分明的界限，他看宇宙间的一切的一切，都是整个儿的。陈鹤琴先生的“整个教学法”，就是针对幼儿认知的整体性而创立的。因此，在创设隐性课程时，要使各方面有机配合，形成整体，从而促进幼儿德智体美劳等各方面的全面发展。同时，值得注意的是，整体性强调的是各方面之间相互联系，与全面性还是有一定区别的。全面的不一定是整体的、有机的。要让各种教育要素发生有机关系，从而最大化地提高教育效力和教育效果。就像李跃儿在《孩子是脚，教育是鞋》一书中提到：“一种教育是不是能够最大可能地帮助和支持孩子的发展，不在于课程零碎的教育内容和方法，而在于我们怎样建构和组合它们，就像把一颗颗美丽的珠子串在一起变成项链。面对同样的珠子，不同的人会串出不同的项链，但不管项链有多么不同，它们都将被用来装饰在人的脖子上。教育也是如此，不论教育理念怎样不同，其结果都是为了协助人类更好地生活。”①

四是情境性原则。幼儿活泼好动，好奇心强，一般通过直接感知的方式进行学习，思维具有直观性、形象性等特点。所以，隐性课程的内容也应该具体、直观、形象，即具有情境性。有人之所以提倡让幼儿到大自然中去学习，就是因为大自然就是一种五彩缤纷、丰富多彩的“情境”存在，各种精彩纷呈的画面，具有强大的感染力量。所以，创造隐性课程，应该坚持情境

① 李跃儿（知名儿童教育家，“李跃儿芭学园”创办人）著：《孩子是脚，教育是鞋：芭学园教育理念和经典课程》，华东师范大学出版社2013年版，第3页。

性原则，尽量以直观的情境感染幼儿、触动幼儿。我园先后带领幼儿开展了“参观汽车城”“走进农贸市场”“我是电视小主播”等50余项社会实践活动。随着一系列学校集体外出活动的有关规定出台，我园的社会实践活动逐渐由教师主导变为家长主导。

五是人文性原则。学前幼儿年龄小，自我保护力不足，从心灵深处特别渴望一个充满爱与真善美的温馨环境。这种环境，是人文的，是有利于促进幼儿主体性发育的。一方面，要把幼儿生活的环境布置得优美、可亲，让幼儿产生一种亲和、稳定、舒适、幸福的心理状态。另一方面，更重要的是营造一种充满爱、相互理解、宽容、和谐的人际关系。教师要用爱心播种快乐，用理解滋润心灵，让幼儿感受到温暖与幸福。

案例：东营市实验幼儿园隐性课程之校园文化塑造

苏霍姆林斯基曾经说过：“教育在广义上说，就是精神上的不断丰富、不断更新的过程，无论对受教育者还是教育者来讲，都是这样”。[①] 教育的精神丰富要依托于校园文化的浸润感染。多年来，我园深入践行“生态健康教育”理念，努力为每一个孩子终生幸福快乐成长奠基，形成了“健康、智慧、快乐”的园本育人文化。

【教育理念】基于“每一个孩子都是一粒种子”的信仰，我们深入践行

① [苏] 苏霍姆林斯基，赵玮、王义高、蔡兴文、纪强译：《帕夫雷什中学》，教育科学出版社1983年版，第1页。

"生态健康教育"，把孩子放到生态教育的正中央，努力为其创造适宜、适性的生态环境，促使他们自然自由、健康快乐地幸福成长。

【育人目标】我们把幼儿教育放到人生教育的全过程中衡量其价值，致力于为每一个孩子的终生幸福发展奠定基础。我们教孩子 3 年，要为孩子着想 30 年。我们努力为孩子一生成长涂抹健康快乐的底色。

【办园目标】创建生态健康教育特色品牌，建设师幼共同成长的幸福家园。以合力践行生态健康教育为载体，营建凝聚着家的温暖、兄弟姐妹般亲密关系的幸福家园。

【园徽】

Experimental Kindergarten

绿色笑脸：象征充满生机活力的生态健康教育，象征幼儿健康快乐成长。

【园歌】

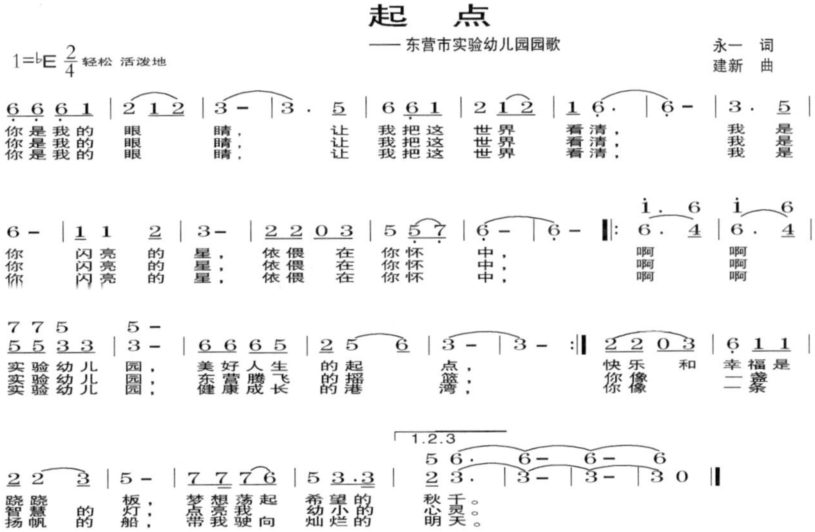

二、外部课程与内部课程

如果说显性课程和隐性课程主要是从课程存在方式上进行区分的，那么外部课程和内部课程则主要是以幼儿经验发展为原点，将课程理解为连续的经验积累和改造过程。这个过程包括外部的教育活动和发生在个体内部的心理活动，是内外活动相互作用的过程。

要理解以上说法，首先要理解“课程”这个概念含义的变化。随着社会发展，受哲学观、教育观、儿童观、学习观等的变化影响，人们对课程本质的认识也在不断地深化。有人把课程理解为“学科或教材”，认为课程就是将知识系统化，以学科的形式教授给学生。也有人把课程理解为“经验”，认为课程就是儿童在教育环境中与教师、材料等相互作用的所有经验。这种课程观强调尊重儿童的兴趣需要、发展儿童的个性，主张以儿童的生活经验为课程。由“学科”到“经验”的变化，实质上是课程由强调“教育者”到“学习者”的转变，突出学习者的主体地位，强调学习者与教育情境的相互作用，强调课程对学习者内在的实际效用。

在这种情况下，可以说，有多少学习者，就有多少不同的课程，因为课程是学习者获得有益经验的全部教育性活动。也正是在这个意义上，我们把课程区分为外部课程和内部课程。外部课程是显露于外的客观存在，内部课程是内隐于每个学习者心灵中的课程，是外部课程的内化。有时候，学习者接受同样的课程，学习效果却有很大的不同。

由此，我们可以看到两个同时进行的课程图景：一是学习者、教育者、教育环境等组成的外部活动图景；二是学习者在外部课程作用下，自身经验的内在发展图景。后者肉眼看不到，却是更为重要的实质性课程。如果内部课程没有发生，外部课程就等于没有起作用，是无效的。外部课程必须通过内部课程，并真正地同内部课程发生有机联系，才能产生教育作用。两者统一，才是完整的课程。

这启示我们，在构建促进幼儿生态健康的生态环境的时候，不能仅仅从外部视角出发，更应该高度重视幼儿内部心理的问题，充分了解每一个幼儿的家庭环境和成长经历，基于每一个幼儿的过往经验，尊重每一个幼儿的个性心理。也只有这样，才能真正因材施教，实施差异化教育，促进每一个幼儿的健康发展。

【案例】东营市实验幼儿园生态课程

生态课程案例一：一次有趣的“树围”测量

秋意渐凉，森林乐园的树木依然葱葱郁郁，孩子们最喜欢在这里自由自在地玩耍。活泼的小亦行为比较反常，围着一棵树转了好几圈。“老师，猜猜这棵大树有多粗?”当我走到他面前时，他突然这样问。一时间还真被问住了，我便反问：“你知道吗?”“你看，它比我的两个胳膊短一点，我也不知道到底有多粗。”他双臂环抱大树，大声说道，他的话音引来了许多孩子的围观。

这不正好是孩子主动学习的大好契机吗？趁孩子回教室活动的空隙，我快速做了准备，找到了尺子、麻绳、纸、笔等物品分放到五个小框里。五个小组准备就绪，我借着小亦的疑问，发起了一个问题情境：幼儿园里的树到底有多粗呢？用自己的方法去尝试量一下吧。

不一会儿，孩子们就回来了，他们感到无从下手，并带回了几个问题：

用什么量，怎么量？这么多树，一共要量多少棵？测量完之后怎么知道已经测量了哪一棵？

在大讨论中，孩子们出了很多主意。乐乐说："我们可以每人测量一棵树呀。"可心说："这些树好像都差不多粗，不用量那么多吧。"聪明的嘉浩说："刚才我捡了一块石头放到树下面，我就能知道量了哪一棵。"

我及时帮助孩子们作了梳理和提升：每个小组至少测量 3 棵，一棵最粗的，一棵最细的，还可以任选一棵自己喜欢的。可以用自己喜欢的方式记录，采用做标记的方法来辨别测量与否。

此时，我拿出事先准备好的物品，告诉他们：这些物品可能会帮助到你们。孩子们欢呼雀跃地出发了，这一次，显然他们变得更加认真了。一组的孩子首先想到了用麻绳，围着树一圈，然后减掉多余的部分；也有的孩子依然坚持用自己的手臂。三组用到了直尺，但是面对圆弧形的树围，他们犯了难，最后直接用直尺比量起来。小亦每次都能给我们带来惊喜，他用到了三棱彩笔的一个侧面，在一格一格地转动每一个侧面围圈测量，同时嘴里还伴有数数。我告诉孩子们，古人就很聪明，他们能用多种方法进行测量，最简单便捷的计量方法是用手的"一拃"来测量，我张开拇指和中指，随手演示了首位相接的测量方法，说道：刚才小亦用彩笔的测量也是类似这种方法，大家可以用不同的工具去尝试一下。10 分钟后，孩子们带着"成果"陆续回到我的身边。此时，我们需要一个安静的环境，来梳理和总结这些零散的认知经验。于是，我们回到了教室里。

生活中一次偶发性的探索活动，引发了对“测量树围”这一活动的深入学习，可以说，这样的学习契机是老师和孩子共同创设的。关注一日生活中的可能性，才能将生活与课程有机融合，有效地将已有知识经验迁移到新的情境中，这将有利于孩子主动地进行知识建构。只有从儿童视角出发，才能读懂孩子的行为，只有从生命的角度对孩子的文化产生认同，我们的活动才会变得真实、有趣而富有意义。

生态课程案例二：亲近飞禽

秋风送爽，新的学期刚开始，孩子们坐在明亮的活动室里吃水果，不知什么时候活动室里飞进来一只小麻雀，使原本安静的活动室一下子炸了锅，孩子们开始议论纷纷。有的说：“快来看，一只小鸟！”“不，是喜鹊吧？”“我看它很像一只小鸽子。”“不，它的名字叫麻雀，是妈妈告诉我的，我还知道很多小鸟呢！”“我也知道很多，有小燕子，小黄莺，我都见过。”又有一个小朋友说：“我还见过小鹦鹉呢，它的羽毛是五颜六色的，可好看了。”孩子们对这个话题充满了兴趣和困惑。我想，何不关注幼儿兴趣，组织开展探索飞禽奥妙的主题活动呢？

活动确定后，我们邀请和发动家长与幼儿一同搜集鸟类图片，通过查询资料，孩子、家长都有了很大收获。有的家长说："以前没有刻意查阅资料，了解鸟类有哪些，这一搜集收获真不小，丰富了这方面的知识。"有的说："以前最熟悉的鸟也不知道它们的生活习性，通过查资料，才了解了许多以前不知道的事情。"当把搜集的图片挂在教室里时，孩子们很兴奋，有的说："这是我和爸爸在图书馆找到的。"有的说："这是我爸爸在网上找的。"看到孩子们通过自己的参与而体验到成功的感觉，我们决定带他们参观飞禽馆，进一步了解飞禽类动物的外部特征及生活习性，丰富幼儿的经验。

飞禽馆的大厅里，展示着东营地貌的大型平面图，孩子和家长们都围在那里仔细看，有的孩子问："这是哪儿呀，我们处在什么位置呢?"大厅四周陈列着许多飞禽标本，有一只大大的孔雀把孩子们都吸引了过去，有的孩子说："看，那只孔雀是开屏的，真漂亮!"有的说："开屏的孔雀容易骄傲!"还有的说："我很想要一根它的羽毛作个纪念。"……孩子们感到特别新鲜，让爸妈领着到处瞧，生怕漏掉一个地方。有的家长感慨道："这样的活动太好了，看孩子们多开心，看得多么专注、多么仔细，只有经过自己的亲身经历，记忆才深刻啊!"回园后，孩子们一边讨论一边用手中的画笔画出对鸟类的美好祝福。

幼儿 A："我希望小鸟身体健康。"

幼儿 B："我希望小鸟有个家。"

幼儿 C："我希望小鸟长满厚厚的羽毛，冬天不怕冷。"

幼儿 D："我祝小鸟开心、快乐，一家人永远在一起。"

孩子们纷纷表达了对小鸟的祝福，无形中培养了幼儿爱鸟护鸟及爱护环境的意识，也使他们对自然界充满了更多的好奇与关爱。

第二章

生态健康课程

生态健康教育旨在“用生态教育达成生态健康”，其中最关键的环节，是和孩子们一起创造丰富多彩、趣味盎然的生态健康课程。生态健康课程应当是立体的、全面的，包含膳食营养、生活自理、体育锻炼、自主游戏等各个方面；应当是系统的、生态的，各种课程之间相互联系、有机结合、动态生成，源源不断地为孩子们健康快乐成长注入生态力量。

第一节　膳食营养课程

古人云：民以食为天。通过食物而不断摄入营养，这是健康之基础、力量之源泉。幼儿处于身体发育的关键时期，吸收充足的营养至关重要。合理营养是健康的物质基础，平衡膳食是合理营养的唯一途径。膳食营养课程研究的就是幼儿的生理需求与膳食营养供给之间的平衡关系。需求什么就补充什么，而不是想吃什么就吃什么。通过膳食营养课程的实践研究，指导幼儿健康、均衡、营养的膳食结构，科学测算和补充幼儿每天通过膳食所摄取的能量和营养素的数量以及质量，并且进一步构建包括营养数量、进食品种、饮食行为习惯、饮食环境等方面在内的膳食营养体系。由此，让膳食营养成为促进幼儿身体健康发育的生态环境的重要组成部分和第一道最贴身的“护身符”。

一、膳食营养课程的价值审视

幼儿期是身体发育、智力发展的最佳年龄段。制定均衡科学的幼儿食谱，科学提供幼儿所需要的营养，营造良好的进餐氛围，是促进幼儿生长发育的重要途径。

幼儿教育和营养问题是关系到贯彻党的教育方针，培养体、智、德、美等全面发展的社会主义建设者和接班人的重大根本性问题，营养问题与教育问题一样不可偏废，科学营养，合理膳食，保证幼儿身体健康必须从小抓起。《幼儿园教育指导纲要（试行）》明确要求：“密切结合幼儿的生活进行安全、营养和保健教育，提高幼儿自我保护意识和能力。”

在人的智力发展中，合理营养发挥着关键性作用。脑是人得以生存和从事各种活动的中枢，它对营养的富与贫、偏与衰非常敏感。常言说：“好脑子是吃出来的。”日本学者研究表明：幼儿的脑力发展取决于食物中的营养，人体所摄取食物质量的高低，与大脑的聪慧与否有着直接的关联。营养好的幼儿，智力水平高，营养不良的幼儿，智力水平低，两者具有显著性相关。营养和幼儿的运动能力也有着十分密切的关系。研究资料表明，幼儿营养发展水平高，其运动能力强；反之，运动能力则弱。可见，营养是影响幼儿生长发育的一个重要的后天因素。

但是长期以来，很多幼儿园和家长对科学均衡的膳食营养并没有足够的重视，存在着观念及做法上的错误。很多人认为，人的智力发展与遗传、环境、教育、智力训练等有关，而不知道智力发展在很大程度上取决于均衡营养的摄取。比如，有的家长认为，多吃大鱼大肉就是吃得好，吃得“好”就是有营养；身体“胖乎乎”就是身体健康；孩子愿意吃什么就说明身体需要什么！因此，在饮食上过于纵容孩子，不讲究科学喂养。还有很多家长认为，幼儿智力、体能发展与科学均衡的营养没有关系，孩子吃什么都长身体，自己从小吃糠咽菜身体照样很棒。由于家长缺乏相关知识，幼儿过量地吃零食、甜食、油炸食品，家长随之任之，不予制止。

另外，在幼儿园工作中，卫生保健工作得不到足够的重视，很多幼儿园没有配备保健医，而是社区的医生在幼儿园做兼职保健医，卫生保健工作无从开展。即使幼儿园配备了保健医，幼儿膳食营养方面也存在以下问题：一是缺乏理论指导，存在盲目配餐的现象。大多数幼儿园存在高蛋白、低热能、膳食调配单一化、三大营养素比例不合理等现象。二是奶类、海产品等摄入量不足。由于此类物品摄入量不足，导致幼儿身高、体重达标率不高，缺锌、缺钙、缺铁性贫血、视力不良问题比较突出。三是缺少对每个幼儿生长发育情况的分析，不能针对不同情况的幼儿制定不同的饮食方案……

我们把膳食营养作为一项课题和课程进行研究，旨在改善我园的膳食结构，提高幼儿身体生长发育指标的达标率，降低幼儿各种疾病的发生率，增强幼儿身体素质。同时，加大宣传工作，努力转变家长的饮食观念和配餐方法。

二、膳食营养课程的行动路径

我们以《幼儿园工作规程》为理论指导，认真贯彻执行《幼儿园教育指导纲要（试行）》，树立以幼儿发展为本的教育理念，以提高幼儿身体素质为总目标，改善我园膳食营养，增强幼儿体质，使幼儿各项指标达标率得到提高，降低缺钙、缺锌、缺铁性贫血幼儿的比例，减少各种疾病的发生，增强幼儿体质。

（一）加大培训，提高相关人员的研究能力

一是对保健医进行专业素养培训。在幼儿园工作中，教育教学和卫生保健是家长最为关心的两大项工作。如果认为卫生保健工作不重要的话，便没有多少事情可做，如果认为卫生保健工作对幼儿的发展起着不可低估的作用，那就大不相同了。实际上，幼儿园卫生保健工作任务很多，包括定期对幼儿身高、体重、视力等项目的测查，身高体重达标率的分析，血色素达标人数、贫血儿等数据的统计，龋齿防护，科学均衡的带量食谱的制定，营养摄入分析计算，幼儿健康档案的管理，个别"亚健康幼儿"个案研究，等等。如果保健医不具备一定的卫生学、心理学等方面的知识以及统计、分析的能力，是很难胜任这项工作的。因此，我们加大对保健医的培训力度，先后多次安排三名保健医分别到北京天才娃娃科技中心，济南保健院举办的膳食营养培训班、营养师培训班进行学习。通过系统学习，大大提高了营养配餐、营养

分析、幼儿生长发育各项指标的分析评价、对全园幼儿生长发育的综合评价、信息反馈、制定整改措施等各种能力。

二是对食堂有关人员进行专业指导与培训。改善膳食质量，做到色、香、味俱全，增强幼儿食欲，厨师起着关键性的作用，而科学烹调又是最重要的环节。因此，我们采取“请进来”“走出去”多种办法，加强对厨师的教育与培训，切实提高厨师烹调、面点等业务技术。食堂厨师努力钻研业务，通过岗位练兵、厨艺展示、公开值班人员等措施，在饭菜质量上狠下功夫。厨师们根据幼儿消化吸收功能及各种食物的营养特点，选择科学的烹调和制作方法，把菜炒精做细，尽量减少烹调过程中营养素的损失。注意变化烹调方法，以便使食物对幼儿产生新的刺激，使幼儿的大脑食物中枢保持一定的兴奋度，促进幼儿的食欲和消化，让“吃”成为幼儿生活中的美好享受。

（二）科学制定带量食谱，确保摄入均衡营养

供给幼儿合理膳食的保障，其关键是要“算了吃”，即要根据幼儿对各种营养和热量的需要，科学控制平均每日幼儿摄入食品的量，不能过多，也不能过少，以达到预防幼儿营养过剩或营养缺乏的目的。

一是根据季节与时令变化合理制定食谱。季节不同，幼儿对食物的要求、口味也不尽相同。为保证幼儿合理营养的摄入，我园根据季节及幼儿生长发育的需要和消化特点来制定一周食谱。比如，夏天炎热，幼儿消耗能量大。为此，我们首先注意食物的色彩搭配和配比的合理性，使品种、数量和烹调方法均适合幼儿的消化、吸收功能，保证了幼儿每日营养素和各种微量元素的摄入。为了补充钙，我们在食物中加了五香豆腐干、绿色海带（每 100 克含钙 1177 毫克）。为了促进幼儿的视力发育，在食物中加了鸡肝以补充视黄醇。我们还选配了具有清凉、降火等功效的食物，如苦瓜、绿豆等，同时每天配给水果，不但消暑解渴，还补充了适量的维生素。

二是优化膳食结构，使幼儿远离肥胖困扰。活泼好动是幼儿的天性，但是肥胖幼儿由于体态臃肿，活动起来不方便、不灵活，懒得活动，因此常常会受到同伴们的取笑和嘲弄，部分肥胖儿还会因此形成自卑、孤僻和内向的性格，影响了社交、学习甚至以后的就业。对于幼儿来说，肥胖不仅影响幼儿期的身心发育，而且还是造就高血脂、脂肪肝等一系列成人病的温床，影响终生健康和生活质量。我园科学、合理地按照“食物金字塔”安排一餐三点的饮食，以提高健康水平。“食物金字塔”由四层组成：第一层，谷类食物，如米饭、馒头、面包等，应该吃得最多；第二层，蔬菜和水果，应该吃得多一些；第三层，由肉、蛋、奶类、家禽、豆类等构成，要吃得适量；第四层，油和糖，应吃得最少。这样，保证了品种多样化，达到均衡膳食，既满足了幼儿营养需求，又有效地预防了肥胖。

（三）营造增进幼儿食欲的进餐氛围

进餐环境是影响幼儿进餐质量的重要因素之一。良好的进餐环境不仅仅指物质环境上的美观、便利，还包括心理环境上的轻松、愉快。这样的环境能唤起幼儿的食欲，激发幼儿的进餐兴趣，从而培养幼儿良好的进餐习惯，促进身体健康成长。

一是保持就餐环境的美观。要保持幼儿就餐空间的畅通宽松，餐具、餐台适合幼儿取放，避免幼儿之间相互拥挤，减少幼儿的等待时间，降低幼儿产生消极情绪的可能性。周围环境布置幼儿安静进餐、文明进餐的图片，在美化环境的同时，起到隐性教育作用；适当摆放充满生机的绿植，为幼儿营造良好的进餐环境。

二是让幼儿餐前保持良好的情绪。餐前不处理负面问题，就餐过程中以表扬鼓励幼儿为主，尽量让幼儿在轻松的氛围中愉快进餐。在幼儿进餐过程中，可以播放轻松柔和的音乐。

（四）家园密切联系，形成教育合力

在研究工作中，我们与家长密切配合，及时沟通，做好信息反馈与交流工作，形成教育合力。

一是开展家访。通过对家长的访谈，全面了解幼儿在家的进餐情况。如：孩子能不能独立进餐，有没有挑食现象，孩子最喜欢吃的蔬菜是什么，家庭配餐时的营养搭配如何，等等。

二是召开家长会。幼儿时期最大的特点就是善于模仿，如果家长比较挑食，肯定会“培养”出挑食的孩子。因此，通过家长会，加强家园交流，请家长在家庭中起到表率作用，不能给孩子挑食心理暗示。家长要经常鼓励幼儿：你真棒，从来不挑食，什么都喜欢吃。

三是培训家长。通过举办家长培训班，转变家长的膳食观念，提高家长的营养配餐水平。现在居民生活水平有了很大提高，幼儿营养的摄入也很丰富，但孩子的营养结构不一定合理、均衡，只有合理的营养才能促进孩子智力与体能的发展。为了引起广大家长朋友的重视，我们多次邀请幼儿心理专家邹海宁教授和幼儿营养专家杨保珠医师作“合理营养，促进健康，开发潜能”等精彩报告，并与家长进行互动式交流，现场答疑，从而转变了家长的膳食观念，提高了家长膳食营养理论水平。

三、膳食营养课程的生命增值

（一）形成了均衡营养的配餐原则

经过两年的实践与研究，我们初步形成了以下配餐原则：

一是营养充足原则。幼儿每天应得到有规律、比例适当的各种营养素。缺乏某一种营养或者摄入的食品热量不足都会影响幼儿的生长发育，轻则消瘦，重则患营养缺乏症。因此，在配餐中，营养充足是我们一贯坚持的原则。

二是平衡膳食原则。平衡膳食能发挥各种食物的营养效能，提高吸收利用率。在幼儿食谱中，我们通过平衡膳食供给幼儿身体所需要的各种营养成分。首先要注意保证幼儿每日六大营养素（蛋白质、脂肪、碳水化合物、维生素、矿物质和水）按适当比例摄入，其次做到谷类、水果、豆制品、肉类、蛋类、蔬菜、油类、食糖等八大类食物比例配置得当。

三是因地制宜供应食物原则。各地的食品供应情况各有不同，伙委会人员了解当地市场的食品供应价格情况，总结本地食品供应情况的规律，制定食谱做到材料充足，价格合理，易于选择。

四是合理性原则。根据幼儿营养需要量及家长的经济承受能力，做到收费标准合情合理。使用经费精打细算，投放食物数量合理。力争收支平衡，让有限的经费发挥最大的效用。

（二）营养配餐趋向科学化、均衡化

实践过程中，伙委会人员认真学习、积极探索，不断提高科研水平，尤其是保健医配餐的理论水平、营养水平、实际操作水平得到较大的提高。

（三）幼儿各项发展指标达标率有了明显提升

将实验前（2002 年 10 月）测查的数据与实验后期（2003 年 10 月）测查的数据进行分析比较，幼儿身体生长发育的各项指标达标率有了明显提高。

表 2-1　　实验班组幼儿身高体重五等级测查统计表

测查时间：2002 年 10 月

年龄段	应查人数	实查人数	检查率（%）	体重等级评价					身高等级评价				
				上	中上	中	中下	下	上	中上	中	中下	下
4 岁	244	214	87.7	20	16	171	5	2	19	23	164	6	2
3 岁	188	132	70.2	9	10	107	6	4	8	11	109	10	2
合计	432	346	80.1	29	26	278	11	6	27	34	273	16	4

表 2-2　　实验班组幼儿身高体重五等级测查统计表

测查时间：2003 年 10 月

年龄段	应查人数	实查人数	检查率（%）	体重等级评价					身高等级评价				
				上	中上	中	中下	下	上	中上	中	中下	下
5 岁	244	214	87.7	10	21	183	0	0	24	48	139	3	0
4 岁	188	132	70.2	6	13	112	1	0	10	17	100	4	1
合计	432	346	80.1	16	34	295	1	0	34	65	239	7	1

（体重五等级：“上”为肥胖，“中上”为营养较好，“中”为营养合理、胖瘦适宜，“中下”为偏瘦，“下”为瘦、营养不良）

表 2-3　　　　　　　　表 2-1、表 2-2 体重五等级评级对比表

测查日期	实查人数	"上"所占人数	"上"所占比例	"中上"所占人数	"中上"所占比例	"中"所占人数	"中"所占比例	"中下"所占人数	"中下"所占比例	"下"所占人数	"下"所占比例
2002 年 10 月	346	29	8.4%	26	7.5%	278	80.3%	11	3.2%	6	1.7%
2003 年 10 月	346	16	4.6%	34	9.8%	292	84.4%	1	0.3%	0	0%

人的重量分布大体可看作正态分布，分析得知，"上""中下""下"的人数显著下降，"中上""中"的人数显著上升。

表 2-4　　　　　　　　表 2-1、表 2-2 身高五等级评级对比表

测查日期	实查人数	"上"所占人数	"上"所占比例	"中上"所占人数	"中上"所占比例	"中"所占人数	"中"所占比例	"中下"所占人数	"中下"所占比例	"下"所占人数	"下"所占比例
2002 年 10 月	346	27	7.8%	34	9.8%	183	52.9%	23	6.6%	5	1.4%
2003 年 10 月	346	34	9.8%	65	18.8%	239	69.1%	7	2.0%	1	0.3%

身高也可近似看作正态分布，分析得知，身高"上""中上""中"的人数显著上升，"中下""下"的人数显著下降。

2002 年 10 月和 2003 年 10 月，我们分别在市妇幼保健院的协助下，对中小班 346 名幼儿进行了查体。将两年的测查结果进行比较分析，结果显示如下：

表 2-5　　　　　2002 年 10 月和 2003 年 10 月查体结果对比分析表

类别 / 时间	查体人数	超重幼儿数	所占比例	低于标准体重人数	所占比例	龋齿人数	所占比例	贫血人数	所占比例	查锌人数	缺锌人数	所占比例	近视人数	所占比例
2002.10	346	29	8.4%	17	4.9%	77	22.3%	36	10.4%	78	4	5.1%	59	17.1%
2003.10	346	16	4.6%	2	0.6%	68	19.7%	9	2.6%	78	0	0%	42	12.1%

体重变化表2-3中已列出，现在看其余各项。超重幼儿数、低于标准体重人数，有显著下降；龋齿人数、近视人数无显著变化；贫血人数、缺锌人数有显著下降。

以上检验说明：通过不断改善幼儿膳食，努力使幼儿膳食更加科学、合理，讲究营养素的科学搭配，从而使我园幼儿的身高、体重都向着匀称型方向发展；缺钙、缺锌、缺铁性贫血幼儿所占比例明显降低。

（四）形成适应当地幼儿园膳食营养与幼儿生长发育的方案

通过研究，教师们积极探索，深入研究，广泛查阅各种相关资料，提出了膳食营养与生长发育的实施方案。从建立幼儿数据库、制定带量食谱、每人每日营养素摄入量、幼儿营养平均供给量计算表、膳食调查总结表、幼儿查体结果分析表、身体生长发育分析、视力、龋齿患病率分析、缺钙、缺铁性贫血、发锌、信息反馈、个案研究等方面形成了一系列成果。

（五）研究人员整体素质得到提高

膳食营养课程实践研究涉及园内的各部门，相互间工作的牵动与联系形成了良性循环，激发了教职工主人翁的工作精神。全园教职工更积极、更团结了，思想素质与业务素质在原有基础上有了更大的提高。研究过程中，根据研究目标，整理第一手数据资料，提升实践经验与实践做法，撰写了研究论文、体会以及实验报告，共写论文、研究报告等8篇。其中，有2篇论文在山东省教育科学研究所和省教育学会组织的论文评选中获一等奖，3篇论文与实验报告在省市级刊物上发表。

我园通过开展“改善膳食营养　促进幼儿生长发育”实践研究，以国内外专家在膳食营养方面的研究为理论指导，借鉴国内外园所的先进经验，积极探索研究，广泛听取专家、教授的意见，从制定均衡营养的配餐原则与方法、科学合理的带量食谱、营养分析、增进幼儿食欲的有效方法、幼儿营养摄入量与生长发育达标率以及降低缺钙、缺铁、缺锌等的关系等各个方面，构建了一套适合幼儿园“均衡膳食营养与促进幼儿生长发育”实践与研究的可操作性方案。

附：幼儿四季食谱表

春季幼儿食谱表（周）

星期餐点	星期一	星期二	星期三	星期四	星期五
上午点	奈高鲜奶	奈高鲜奶	奈高鲜奶	奈高鲜奶	奈高鲜奶
	毛毛虫面包	切块蛋糕	奶油方块	巧克力棒	小桃酥
午餐	米　饭 豆豉排骨 回锅肉包菜 蒸玉米 紫菜汤 大　米 排　骨 猪　肉 包　菜 玉　米 鸡　蛋 紫　菜 花生油	紫米饭 五香酱猪肝 西红柿炒蛋 菠菜汤 大　米 黑　米 猪　肝 鸡　蛋 西红柿 菠　菜 花生油	米　饭 烤鸡腿 山芹炒肉 醋熘土豆丝 肉末豆腐汤 大　米 鸡　腿 猪　肉 芹　菜 土　豆 豆　腐 油　菜 花生油	烙油饼 猪肉焖藕块 培根青椒 鲫鱼汤 面　粉 猪　肉 培　根 莲　藕 青　椒 鲫　鱼 花生油	红枣米饭 干炸黄花鱼 肉炒有机菜花 金针菇汤 大　米 红　枣 黄花鱼 猪　肉 有机菜花 金针菇 花生油
下午点	苹　果 圣女果	砂糖橘 香　蕉	苹　果 鸭　梨	火龙果 香　蕉	苹　果 砂糖橘
晚餐	菜肉卷 小米稀饭 面　粉 猪　肉 西　葫 小　米 花生油	南瓜发糕 家常豆腐 面　粉 南　瓜 豆　腐 油　菜 花生油	蒸肉包 小米地瓜粥 面　粉 猪　肉 白　菜 地　瓜 花生油	蔬菜馒头 猪肉炖冬瓜 面　粉 菠　菜 猪　肉 冬　瓜 花生油	手擀面 鸡　蛋 杂粮面 油　菜 花生油
平均日用量	粮 150g，蔬菜、豆类 220g，肉 50 ～ 100g，油 25g，蛋 50g，奶类 150 ～ 250g				

夏季幼儿食谱表（周）

星期餐点	星期一	星期二	星期三	星期四	星期五
上午点	奈高鲜奶	奈高鲜奶	奈高鲜奶	奈高鲜奶	奈高鲜奶
	小桃酥	豆沙吐司	猫耳朵	抹茶酥	牛角包
午餐	米　饭 红烧排骨 蒜蓉茼蒿 蒸玉米 玉米羹 大　米 排　骨 土　豆 茼　蒿 玉米碴 鸡　蛋 花生油	米　饭 炸菜丸子 肉炒三丁 蒸南瓜 大骨头汤 大　米 猪　肉 大骨头 黄　瓜 胡萝卜 木　耳 南　瓜 花生油	烙油饼 西红柿炖牛腩 香干芹菜 金针菇汤 面　粉 牛　腩 西红柿 芹　菜 豆　干 金针菇 鸡　蛋 花生油	米　饭 烤翅中 西红柿炒蛋 菠菜汤 大　米 翅　中 鸡　蛋 西红柿 菠　菜 花生油	蛋奶馒头 宫保虾仁 素胡萝卜丝 紫菜汤 面　粉 蛋　奶 虾　仁 胡萝卜 紫　菜 鸡　蛋 花生油
下午点	甜　瓜	圣女果 菠　萝	西　瓜	火龙果 香　蕉	西　瓜
晚餐	菜肉卷 玉米糊糊 面　粉 猪　肉 莲　藕 玉米面 花生油	杂粮馒头 家常豆腐 面　粉 黑米面 猪　肉 豆　腐 油　菜 花生油	红豆卷 西葫虾皮汤 面　粉 红　豆 西　葫 虾　皮 花生油	果酱卷 猪肉炖冬瓜 面　粉 猪　肉 冬　瓜 果　酱 花生油	手擀面 面　粉 猪　肉 小白菜 花生油
平均日用量	粮 150g，蔬菜、豆类 220g，肉 50 ~ 100g，油 25g，蛋 50g，奶类 150 ~ 250g				

秋季幼儿食谱表（周）

星期餐点	星期一	星期二	星期三	星期四	星期五
上午点	奈高鲜奶	奈高鲜奶	奈高鲜奶	奈高鲜奶	奈高鲜奶
	小可爱蛋糕	手指饼干	小麻花	红豆吐司	椰蓉棒
午餐	米　饭 冬瓜排骨 蒜蓉上海青 玉米羹 大　米 排　骨 冬　瓜 上海青 玉米碴 鸡　蛋 花生油	红枣米饭 猪肉焖藕 葱烧豆腐 西红柿丸子汤 大　米 猪　肉 丸　子 莲　藕 豆　腐 西红柿 鸡　蛋 红　枣 花生油	米　饭 干炸里脊 西红柿炒蛋 蒸玉米 菠菜汤 大　米 里脊肉 鸡　蛋 西红柿 玉　米 菠　菜 花生油	紫米饭 香菇鸡腿 海米西葫 金针菇汤 大　米 黑　米 鸡　腿 海　米 西　葫 金针菇 鸡　蛋 花生油	米　饭 红焖牛腩 木耳山芹 紫菜汤 大　米 牛　腩 土　豆 山　芹 木　耳 胡萝卜 紫　菜 鸡　蛋 花生油
下午点	香　蕉 黄苹果	橘　子 鸭　梨	火龙果 香　蕉	橙　子 鸭　梨	香　蕉 橘　子
晚餐	千层饼 家常豆腐 面　粉 猪　肉 豆　腐 小白菜 花生油	中式汉堡 西葫虾皮汤 面　粉 火　腿 西　葫 虾　皮 鸡　蛋 花生油	肉　卷 小米稀饭 面　粉 玉米面 红　枣 猪　肉 冬　瓜 花生油	红豆馒头 猪肉白菜粉条 面　粉 红　豆 猪　肉 白　菜 粉　条 花生油	菜汁面 面　粉 猪　肉 小白菜 花生油
平均日用量（g）	粮 150g，蔬菜、豆类 220g，肉 50 ~ 100g，油 25g，蛋 50g，奶类 150 ~ 250g				

冬季幼儿食谱表（周）

星期餐点	星期一	星期二	星期三	星期四	星期五	星期六
上午点	奈高鲜奶	奈高鲜奶	奈高鲜奶	奈高鲜奶	奈高鲜奶	奈高鲜奶
	小牛角	蜂蜜蛋糕	薄脆饼干	红豆切片	小可爱蛋糕	小桃酥
午餐	米　饭 土豆炖排骨 蚝油西葫 蒸玉米 珍珠汤圆 大　米 排　骨 土　豆 玉　米 西　葫 小汤圆 鸡　蛋 花生油	红枣米饭 软炸虾仁 西红柿炒蛋 菠菜汤 大　米 虾　仁 鸡　蛋 西红柿 菠　菜 红　枣 花生油	米　饭 红烧鲅鱼 肉炒菜花 金针菇汤 大　米 鲅　鱼 猪　肉 有机菜花 金针菇 鸡　蛋 花生油	紫米饭 粉蒸肉 猪肉白菜粉条 紫菜汤 大　米 黑　米 猪　肉 白　菜 粉　条 紫　菜 鸡　蛋 花生油	米　饭 香菇鸡腿 菠菜炒鸡蛋 西红柿汤 大　米 鸡　腿 鸡　蛋 香　菇 山　药 菠　菜 西红柿 花生油	米　饭 葱烧豆腐 肉炒蘑菇 西红柿丸子汤 大　米 猪　肉 丸　子 豆　腐 蘑　菇 西红柿 鸡　蛋 花生油
下午点	苹　果 香　蕉	柚　子 圣女果	香　蕉 丑　橘	苹　果 柚　子	丑　橘 圣女果	香　蕉 苹　果
晚餐	肉　卷 小米地瓜稀饭 面　粉 猪　肉 小　米 地　瓜 花生油	千层饼 猪肉炖冬瓜 面　粉 猪　肉 冬　瓜 花生油	蔬菜馒头 家常豆腐 面　粉 胡萝卜 猪　肉 豆　腐 油　菜 花生油	糖酥饼 西葫虾皮汤 面　粉 芝　麻 西　葫 虾　皮 鸡　蛋 花生油	葱油卷 二米稀饭 面　粉 香　葱 小　米 花生油	手擀面 面　粉 猪　肉 小白菜 花生油
平均日用量（g）	粮 150g，蔬菜、豆类 220g，肉 50 ~ 100g，油 25g，蛋 50g，奶类 150 ~ 250g					

第二节 自我服务课程

幼儿自我服务能力，又称“幼儿生活自理能力”，是指幼儿在一定的年龄阶段内独立地照顾、管理自己生活各方面的能力，是幼儿应当具备的基本生活技能和素质，是幼儿社会化发展的积极性探索之一。培养幼儿自我服务能力，对幼儿身心健康成长和未来发展具有十分重要的意义。构建幼儿自我服务课程，让幼儿在和周围环境的互动中形成自我服务能力，这是构建生态健康课程的应有之义。

一、自我服务课程的现实意义

自我服务是一种理念，是一种能力，更是一种担当和责任。每一个孩子都应该学会自己的事情自己做，每一个家长和教师都应该自觉地培养孩子们自我服务的能力。

《幼儿园教育指导纲要（试行）》在“健康教育目标”中提出，“幼儿生活、卫生习惯良好，有基本的生活自理能力”，“避免过度保护和包办代替，鼓励和指导幼儿自理、自立的尝试”。

苏霍姆林斯基说过：“自我服务对于小孩子来说，不仅是获得一定的技能技巧，也不仅是进行道德教育，还是一个广阔无垠的思想世界，这个世界激发着幼儿道德的、智力的、审美的情感。如果没有这些情感，那么认识世界（包括学习）都是不可能的。”①

① 观点引自名人经典语录，http://tool.xdf.cn/jdyl/result_ qiansuliansuhuomulinsiji3.html.

因此，引导广大教师、家长更新观念，从重智力因素、轻非智力因素的误区中走出来，认识自我服务的重要性，提高幼儿自我服务的意识和能力，是我们义不容辞的责任。

众所周知，家长抚养孩子长大，是希望孩子有朝一日能够独立自主、有所作为。假如孩子连起码的自我服务的小事都做不好，将来怎么能独立自主而积极作为呢？著名教育家陈鹤琴先生说，“做母亲的最好只有一只手”，说的就是要对孩子放一只手，有些事情让孩子自己去尝试着探索解决，逐步树立起自我服务的意识和能力。

幼儿期是各种肌体组织迅速发育的关键期，开展一些自我服务的劳动锻炼，能促使幼儿肌肉、骨骼等的发育和肌体动作灵活性的提高，促进幼儿健康活泼地成长。通常我们所说的幼儿自我服务能力，是指在其年龄阶段能够独立做到自己的事情自己做，即能够做照顾自己生活的简单劳动。具体来说，幼儿自我服务包括入厕、盥洗（刷牙、洗脸、洗手）、穿衣服（穿上衣、扣纽扣、拉拉链、穿裤子、穿鞋子、系鞋带）、进餐、保持个人卫生和环境卫生等内容。

研究资料表明，从小给孩子一双灵巧的小手，是促进孩子发展思维、丰富词汇、增强信心的基础和前提。自我服务能力是认识事物的信息通道，也是获得各种实践经验、表达自我意志的重要工具。但在许多家长眼里，孩子发展语言是重要的，获得知识是重要的，开发智力是重要的，至于手指的锻炼、自我服务能力的培养往往很少给予重视。他们总认为孩子年龄小，许多事情孩子长大了自然就会做了，而且叫孩子做事，做不好不说，说不定还会闯祸，倒不如自己动手干净利索，快捷了当。事实怎样呢？无论是在中小学还是在大学，都有笨手笨脚的孩子：他们六七岁还不会自己穿衣穿鞋，不会独立吃饭，七八岁还不会自己整理书包，甚至十七八岁还不会自己洗涤衣物，他们习惯于等待，依赖于别人帮助。这些动手能力差的孩子，在制作模型、做实验的时候也是迟钝笨拙，这种迟钝笨拙妨碍了他们创造潜能的发展。

这启示和警示我们，自我服务是孩子学会生存、学会自主的起点。在日常生活中，千万不要忽视孩子的穿衣、吃饭、打扫卫生等基本生活技能的培养，不要荒废孩子双手上的智慧。有目的、有计划地对他们进行自我服务能力的培养，不断向孩子提出自我服务的任务，并给予适当的引导与鼓励，教给孩子一些实干巧干的方法和技能，这样不仅可以有效地促进幼儿肌肉的发育和完善，促进他们动作的协调发展，而且手部肌肉活动越多、越丰富，就越能开发幼儿大脑的潜能，促进智力的发展。

目前，许多幼儿园从提高幼儿自理能力、动手操作等方面进行了探索，但多数是零散的、局部的，这些对培养幼儿自我服务意识和能力的某一方面是有益的，但如果要系统地提高幼儿自我服务能力，还是远远不够的。

基于这种思考，我园深入开展了“幼儿自我服务能力的培养策略”实践研究。实践研究以《幼儿园工作规程》《幼儿园教育指导纲要（试行）》为理论指导，树立以幼儿发展为本的教育理念，致力于培养幼儿自己的事情自己做的良好品质和行为习惯。

实践研究的基本思路是，将幼儿自我服务能力现状与培养策略研究作为一项系统工程来抓，从整体上加以把握，从培养目标、教育内容、教育方法、家长工作、家园结合等各个方面进行全面的研究，从而探索出一条系统提高幼儿自我服务能力的新路子。

二、自我服务课程的实施策略

为了顺利实现实践研究的目的，获得真实可信的资料，形成具有指导意义的研究成果，在研究过程中，我们利用随机抽样的方法，从各年龄组选取被试，确定2000级一班（大一班）、2000级二班（大二班）、2001级四班（中四班）、2002级一班（小一班）、2002级三班（小三班）为实验班级，确定2000级三班（大三班）、2001级三班（中三班）、2002级二班（小二班）为实验对比班。实验过程中，采取单组实验设计，实验周期为一年半。我们以行动研究法为主，辅之以问卷调查法、实验法、记录法、比较法、文献法、个案研究法。

（一）查找影响幼儿自我服务能力提高的因素

通过实践研究，我们发现，影响幼儿自我服务能力提高的因素主要有以下几个方面：

一是幼儿园重视不够。在实际工作中，幼教工作者往往把幼儿智力开发和能力培养作为教育教学的重点，而把提高幼儿自我服务能力的责任推给了家长。虽然在一些活动中也渗透了自我服务的内容，但是没有把这一内容有目的、有计划地列入月计划、日计划当中，幼儿园也没有对幼儿的自我服务能力情况进行检查。

二是家长认识存在误区。目前，幼儿大部分是独生子女，家长往往特别重视孩子的智力开发、能力培养、知识教育，幼儿很小就开始识字、算题、唱歌、学琴、画画等，而对幼儿自我服务能力和劳动习惯的培养，却马马虎虎，认为孩子还小，“树大自然直”，长大了自然就会了。殊不知，幼儿事事依赖他人，无形中会形成事事以自己为中心、别人都应当为自己服务的自私自利性格，这对孩子的健康成长极为不利。

三是家园配合不到位。教育中经常提到“5 +2 =0”现象，主要就是指家庭、幼儿园或学校配合不到位。在幼儿园里，孩子们在老师的指导督促下，经过一周时间的努力，初步形成了自我服务的良好习惯，但是双休日之后，幼儿又恢复到原来的样子。家庭、幼儿园两者只有在培养目标、教学内容、教育手段等方面达成共识，形成家园教育合力，才能收到良好的效果。

四是平时锻炼机会少。孩子劳动的机会时时处处都有，关键是家长放不放手。在独生子女家庭中，大家围着一个“小太阳”转，不等孩子张嘴、伸手，吃、穿、玩、用一切具备，孩子失去了许多学习锻炼的机会。因此，家长要转变观念，放手让孩子去尝试，去体验他要自己干的、能自己干的事情。在日常生活中，如吃饭、穿衣、整理床铺等力所能及的事情，只要没有危险，都要让孩子去实践，养成“自己的事情自己做，不会的学着做”的习惯，利用日常生活中的每一个可利用的机会，为幼儿提供练习的空间。

五是家长缺乏耐心，训练方法不当。在调查中我们发现，有些家长也想培养孩子的自我服务能力，其初衷是好的，但到头来，仍然没有效果。其主要原因是，训练方法过于简单、粗暴，没有耐心，挫伤了幼儿的自尊心和学习的积极性。

另外，幼儿自我服务能力还与以下因素有关：一是与抚养人有关。父母自己带的孩子自我服务能力比老人带的孩子强。二是与父母单位性质有关。企业职工、个体户的孩子自我服务能力比机关干部的孩子强。三是与入园时间的早晚有关。入园早的幼儿自我服务能力比入园晚的孩子强。四是与性别有关。女孩子的自我服务能力比男孩子强。

表 2-6 是我们从五个实验班中各抽取 20 名幼儿进行的观察测试，并进行了详细记录、分析。

表 2-6　　幼儿自我服务能力强弱与诸因素的关系对比表

	抚养人		父母单位性质		入园年龄			性　别	
对比数据	老人带（30 人）	父母带（70 人）	机关干部（67 人）	企业、个体（33 人）	2 岁入园（64 人）	3 岁入园（29 人）	4 岁入园（7 人）	男孩（47 人）	女孩（53 人）
平均得分	14	23	15	26	20. 2	19. 75	10	16. 3	19

（二）提高幼儿自我服务能力的策略、方法与途径

一是以幼儿园教育为主，强化幼儿自我服务的意识与能力。针对以上现状，家庭、幼儿园两者之间在培育目标、教学内容、教育手段等方面达成共识，共同制定措施并认真落实，收到了良好的教育效果。

第一，集体教育。集体教育活动是一种最基本的教育教学形式，它面对全班幼儿，在同一时间、同一地点、以同样的内容对全体幼儿进行教育，集体环境中幼儿之间的相互学习、模仿、竞争带来的益处是显而易见的，所爆发出来的教育效益是巨大的。

我们在开展好其他教育主题的基础上，每两周进行一次自我服务内容的

集体教育活动。教师结合本班幼儿的实际情况，针对幼儿生活中经常出现的实际问题进行研究，选择合适的教育教学内容，或组织幼儿集体讨论，或组织幼儿学习正确的操作方法，培养幼儿自我服务的意识，提高幼儿自我服务的能力。比如，中班老师根据幼儿穿衣服方法不正确、动作慢等问题，编写了儿歌进行集体教学："头儿伸进帽子里，手儿伸进袖子里，腿儿伸进裤子里，小脚伸进袜子里，袜子伸进鞋子里，宝宝穿衣精神哩。"小班老师则针对小班幼儿的年龄特点，编写了这样的儿歌："抓领子，盖房子，小老鼠进洞子，吱呀吱呀上房子。"儿歌很简单，但很形象，孩子们一边说儿歌，一边按照儿歌要求一步一步去做，既学会了一些简单的儿歌，发展了语言表达能力，又增强了自我服务的趣味性，提高了幼儿自我服务的能力，真可谓一举多得。

第二，随机教育。随机教育就是在教师预设正规课程之外、随客观提供的教育时机而临时组织的教育活动。随机教育所抓住的事例往往具有情景性、直观性，符合幼儿的思维，具有直觉行动性和具体形象性的特点，容易被幼儿理解和接受。比如，幼儿来园时，教师要求幼儿把衣服叠放整齐并放在衣橱中，可是大部分幼儿不是随便一扔，就是由家长包办代替，更有甚者把衣服扔到橱子外面。于是，老师抓住这一问题对幼儿进行随机教育："哎呀！衣服怎么跑到地上来了，看来是在'家'里待够了。"小朋友听到这样有趣的话语，跑来说："不是它自己跑出来的，是某某小朋友把它扔在地上的。"老师接着说："这衣服真可怜，没有人来关心它，爱护它，应该怎么办呢?"老师的话引发了幼儿的大讨论："衣服是我们最好的伙伴，天气冷的时候能为我们御寒保暖，我们不能把它扔在地上。""我们应该把它叠放整齐。"老师为了巩固幼儿的做法，又用爱心提示语的方法进行提醒，如在橱子上方贴上"请小朋友把衣服叠放整齐"的文字提示。通过即时引导，再也没有出现衣服随便扔的现象。

第三，问题教育。问题教育就是老师结合教育过程中出现的问题，有针对性地对幼儿进行的教育。由于幼儿的自我控制能力比较差，所以这决定了教育的过程不是一帆风顺的，幼儿的成长发展也不是呈直线上升的，他们虽然知道应该怎样做，但往往由于自控能力差，总是不能很好地按照研究目标或老师的要求去做。比如，自我服务能力培养的目标之一是“幼儿活动完之后要自己收拾玩具、整理学习用品”，但很多幼儿在画完图画之后因贪玩不整理学习用品，完全不顾老师的提醒和要求，忘记了自己的行为与教育目标不一致、不统一的问题。针对这种问题，教师便组织幼儿进行讨论：这种做法对不对？为什么？应该怎样做？通过讨论，让幼儿认识到问题所在，从而达到幼儿自我管理、自我约束的目的，提高了自控能力及自我服务能力。

第四，欣赏教育。常言说得好，好孩子是夸出来的。在实践研究过程中，教师们本着“让每一位幼儿体验到成功的快乐”的原则，面向全体幼儿，以表扬鼓励为主，并引导家长多进行纵向比较，让孩子体验成功的喜悦。如，大一班有一名小朋友，三代单传，从小和爷爷、奶奶生活在一起，家长对孩子娇生惯养，真是捧在手里怕摔了，含在嘴里怕化了，导致孩子的自我服务能力非常差。这个班级的教师通过多种形式多次和家长沟通交流，使家长了解事事包办代替的弊病及提高幼儿自我服务能力的重要性。经过两个月的共同努力，取得了一定效果。在大班组开展的自我服务能力展示活动中，这名幼儿在“穿衣系扣”项目中取得了第八名的好成绩。通过展示活动，增强了小朋友的自信心，提高了其参与活动的兴趣和积极性。另外，教师还在班级开展了“谁进步了”“小巧手”等灵活多样的活动，引导每个幼儿看到自己的进步，营造良好的自我服务氛围，强化了自我服务意识，调动了自我服务的积极性，提高了幼儿自我服务的能力。

第五，渗透教育。在教育实践中，环境的创设非常重要。教师要提供幼儿感兴趣、能够激发探索欲望、同时又物化着一定自我服务教育目标的物质材料，使幼儿与之互动，最终实现教育目标。因此，参与研究的教师动脑筋、想办法，设置了幼儿喜爱的自我服务活动区角，通过环境创设、活动引导，为幼儿自由选择、自由探索、操作摆弄的自主学习活动创造了条件。

教师要将烦琐、枯燥的自我服务内容利用游戏的形式加以练习、巩固。如：小班教师结合“能用勺独立进餐”这一目标，在生活区角中投放了卡通动物，小勺、大米、绿豆等实物，通过“给动物娃娃喂饭”“看谁的孩子吃得多”等有趣的游戏，提高小班幼儿独立用勺能力。又如，针对目标“自己能独立穿好衣服并系好纽扣”，大班教师制作了幼儿喜爱的卡通形象“天线宝宝”，“天线宝宝”分别是系扣宝宝、拉链宝宝、绳扣宝宝、盘扣宝宝，同时供四名幼儿练习，孩子们非常喜爱。另外，教师还缝制了各式各样的小衣服，有系扣的、拉链的，等等，把这些小衣服投放在活动区，孩子们根据自己的兴趣爱好及个体差异，选择自己喜欢的衣服，或开展比赛活动，或开展游戏活动，使孩子们在潜移默化中提高了自我服务的能力。

二是以家庭教育为辅助，提高家长培养水平。在研究过程中，我们注重发现并挖掘有潜力的教师，聘请她们担任培训家长的兼职教师，定期对家长进行培训，使家长转变教养观念，了解并掌握提高幼儿自我服务能力的内容要求与方法途径，提高了教养水平。

第一，明确各年龄段幼儿的特点及目标，有效施教。经过对家长的培训，使家长了解了各年龄阶段幼儿的特点及目标要求。比如，2 ～3 岁的孩子，能用勺自己吃饭，初步学会穿脱衣服、开合拉链，自己拿放玩具等；3 ～4 岁的孩子可让他们自己穿脱衣服、系鞋带、洗手、洗手绢、自己整理图书玩具等；5 ～6 岁的孩子除了自理劳动外，还可以让他们帮助家长干一些力所能及的家务活，如让孩子饭前摆放餐具、饭后帮助收拾饭桌等，还可以要求他们扫地、擦桌子、浇花、饲养小动物等。

在这个过程中，要量力而行。每个家长都希望自己的孩子尽早地学会去做并能做好，这是人之常情，但是家长也应看到自己孩子的实际能力。每个孩子都有着不同于其他孩子的节奏，有着各自特有的成长速度及规律。重要的是，让孩子依照自己的规律顺其自然慢慢成长。父母除了必要的帮助以外，应仔细观察孩子，了解孩子，不宜要求过高过严。孩子是一点一点变化、一点一点长大的，家长应该了解孩子的成长规律，有效施教。

第二，采用多种形式，学习各项技能。一是开展“我是小主人”活动。在家庭中，可以让孩子当“爸爸、妈妈”，充当家庭的小主人，做一些诸如洗衣、扫地等力所能及的事情，巩固所学技能。二是发挥文学作品的教育作用。通过讲故事“自己的事情自己做”“我帮妈妈做事情”，与孩子一起唱“劳动最光荣”、学习诗歌“别说我小”及观看有关的电视节目等，让幼儿知道自己的事情应该自己做，激发孩子参与做家务的欲望。三是运用游戏法激发兴趣。如运用“我是阿姨来喂饭”“我帮娃娃穿新衣”等游戏，教给孩子一些基本技能。幼儿在这些游戏中，学会吃饭、穿衣、整理玩具等基本技能，然后再迁移到幼儿自己的实际生活中。这种方法符合幼儿心理特点，自然亲切，生动活泼，收效较明显。四是开展竞赛活动，巩固行为。通过和爸爸、妈妈比赛，以竞争形式让孩子知道，只有天天自己穿衣、整理玩具等，比赛时才能获胜。开始时，家长可有意放慢速度，让孩子赢几回，体验成功的感觉，当孩子掌握正确方法后，家长可提高要求。五是当“魔术师”或“摄影师”。让孩子当“魔术师”或爸爸、妈妈当“摄影师”，开始时先指导孩子学会有关自我服务的技能，然后孩子来当“魔术师”，让玩具“变”整齐，让饭菜装进肚子，让手帕“变”干净等。家长可当“摄影师”将孩子的劳动情景拍摄下来，以调动孩子学习自我服务技能的积极性。

第三，建立奖励机制，激发学习兴趣。以鼓励为主，不断提高要求。孩子刚开始劳动时，往往做得很慢，有时甚至“闯祸”，家长不要因此就不让孩子动手，而要给孩子示范正确的动作，耐心教他们怎样做，鼓励孩子坚持劳动，养成习惯。有这么两位母亲，都很疼爱孩子，可两人的观点不同，做法有别，其结果也就各异。面对孩子自己动手叠的并不整齐的被子，母亲甲气冲冲地冲孩子喊：“我说你不会，你偏要逞能，走开！让我重新给你叠。”这个孩子由此之后再不愿自己做事情了。母亲乙却欣喜地赞赏孩子：“哟！今天你自己叠被子了，真能干。来，让妈妈瞧瞧！嗯，不错，如果这个地方再整理一下就更好了。”这个孩子受到鼓励，不仅把被子叠得越来越整齐，而且独立做事的兴趣和信心也越来越强了。由此可见，大人对孩子的动手操作应采取积极鼓励的方法，然后再提高要求，使孩子体验到独立完成一件事后所获得的快乐，从而增强其做事的信心。做好记录，评价孩子在家情况。家长可设计“小能手情况记录表”，观察幼儿在家自我服务时的情景，并做好记录。如完全独立完成时打“√”；有时独立完成时打“Δ”；自己不能完成时则留空白，对此情况家长不应放弃，应鼓励孩子尽量去做，相信孩子能够自己来。通过表格记录和有针对性的评价，来督促幼儿提高自我服务的能力。

第四，坚持一贯性做法并持之以恒。由于有些父母、爷爷奶奶的溺爱，不少孩子在幼儿园能自己穿脱衣服、自己吃饭，可回到家里却什么都不干，摆出“小皇帝”“小公主”的姿态。所以，无论是家庭还是幼儿园，对孩子的要求都要保持一致性，统一思想认识，讲究方式方法，这样才能取得事半功倍的效果。有了一致性还要有一贯性，良好的习惯需要长期保持，家长不能有时因工作疲劳或赶时间，就对孩子说："今天就让我来喂你！""今天不用洗了，明天再说吧。"这样做的后果只会使孩子为他以后不认真做事找借口。所以，合理的要求一经提出，就应坚持不懈，持之以恒。

"播种行为，收获性格。"培养孩子良好的自我服务习惯，会使孩子终身受益。好心而勤劳的父母们，千万别因心疼孩子，包办了孩子的一切，请从自己的"爱心"下，解放孩子的小手，给他们创造一些动手的机会。家长放放手，孩子露一手！

三是强化家园教育的同步开展。我国著名教育家陈鹤琴先生指出："幼稚教育是一种很复杂的事情，不是家庭一方面可以单独胜任的，也不是幼稚园一方面可以单独胜任的，必定要两方面结合方能取得充分的功效。"[①] 许多教育成功的事例，大多是在家园配合教育下取得的，如果家长和教育工作者能

① 陈鹤琴：（1892～1982 年），中国著名儿童教育家、儿童心理学家、教授，中国现代幼儿教育的奠基人，有《家庭教育》等著作。观点引自《弹好家园合作的"二重奏"》[EB/OL]，http://ishare.iask.sina.com.cn/f/31r6sLO2avY.html.

在教育思想、教育目标、教育内容、教育方法等方面达成共识，形成教育的合力，那么教育将会起到事半功倍的效果；反之，则会相互抵消，产生零效应甚至副效应。

因此，我们做的第一项工作便是对家长情况的摸底调查。我们设计了科学合理的家长调查问卷，了解幼儿在家的自我服务能力情况及家长对幼儿自我服务能力问题的认识。在此基础上，我们做了第二项工作，建设家长学校阵地，借助家长会、家长培训学校、家长园地等多种形式，引导家长正确认识幼儿自我服务的重要性，根据幼儿的发展特点及需要制定科学的培养目标、研究内容及生活常规，实施科学的教育方法，培养幼儿良好的自我服务习惯，提高幼儿自我服务能力。第三项工作是幼儿园经常性组织幼儿开展自我服务展示活动，让家长及时了解幼儿的在园表现，与教师在教育目标、教育方法、教育内容等方面达成共识，选择适合幼儿的自我服务内容进行练习，家园坚持一致性教育，形成教育的合力，最终完成教育目标。

三、自我服务课程的成果集锦

（一）制定了各年龄组幼儿自我服务的具体培养目标

根据课题总体规划，结合各年级组幼儿的年级特点及自我服务能力现状，我们认真进行研究，围绕幼儿入厕、洗手、穿脱及整理衣服、进餐、睡眠、整理床铺与玩具等各个方面，制定了各年级组幼儿自我服务能力的培养目标，各年龄组幼儿之间的目标有区别，也有联系，为开展课题研究奠定了坚实的基础。

（二）构建了各年龄组幼儿自我服务培养的具体内容要求

根据各年龄组幼儿自我服务培养目标，围绕入厕、进餐、睡眠与整理衣物、个人卫生、维护环境卫生（小班上学期加了“入园”、大班下学期加了“自我保护”）七个指标制定了具体的研究内容及要求，各个指标根据幼儿的年龄特点各有不同：

小班上学期午休与整理衣物方面的内容要求是：在老师的帮助下，脱下外套、鞋子放在指定的地方；学习自己穿式样简单的衣服；学习分清左右，穿不系带的鞋（如有松紧带的鞋）。小班下学期午休与整理衣物方面的内容要求是：在老师的指导帮助下，主动脱下外套、鞋子放在一定的地方，基本能自己穿式样简单的衣服；基本能分清左右，穿不系带的鞋子。

中班上学期午休与整理衣物方面的内容要求是：在老师的指导下，脱下外套、鞋子放在指定的地方；起床时自己能把衣服上下对齐扣眼，系好纽扣或拉好拉链；能穿式样简单的衣服，天冷时能自己穿好外衣；能分清左右，熟练穿好不系带的鞋子；学习自己整理小毛毯等床上的简单物品。中班下学期午休与整理衣物方面的内容要求是：自觉脱下外套、鞋子放在指定的地方；起床时自己能把外衣穿好，能上下对齐扣眼，系好纽扣或拉好拉链；天冷时能自己穿好外衣；能分清左右，在成人指导下学习系鞋带；熟练地整理小毛毯等简单的床上物品。

大班上学期午休与整理衣物方面的内容要求是：自己脱去外衣、鞋子并放在指定地点，起床后自己能熟练地穿衣服（式样较简单的上衣、裤子），能上下对齐，扣好纽扣或拉好衣服拉链；会穿袜子，在成人指导下练习系鞋带；学习有顺序地整理床铺。大班下学期午休与整理衣物方面的内容要求是：能迅速有次序地脱去外衣、鞋子并放在指定地点；起床时自己能穿好衣服，并会穿套衫、上下连体衣、后拉链衫等衣服，穿上后能自己整理好；迅速分清左右，穿好鞋子，熟练地系好鞋带；自己有顺序地整理床铺。

（三）深入开展专题研究，撰写了研究报告

“幼儿自我服务能力现状及家庭教育策略研究”系山东省教育学会“十五”规划教育科研课题，该课题于2006年12月25日通过了省教育学会组织的专家通信鉴定。课题在深入调查幼儿自我服务意识和能力现状的基础上，全面分析了影响幼儿自我发展能力的各种因素，提出并构建了一套有针对性的教育指导策略和措施体系，丰富了山东省在这一领域的成果，达到了国内同类研究先进水平。

12 位教师在研究期间，进行了四个专题的研究，即：影响幼儿自我服务能力发展的因素分析；幼儿自我服务能力的培养策略研究；家园结合提升幼儿自我服务意识与能力的研究；在家庭中培养幼儿自我服务能力的策略研究。课题组与子课题组分别撰写了研究总报告与子课题研究报告，约计 8 万字；共设计教学主题 6 个，活动设计 65 篇。通过课题研究，提高了教师的研究能力，推进了课题研究工作的顺利开展。

（四）实践教育活动效果显著

一是幼儿自我服务意识与能力得到明显提高。通过一年半的实践研究，幼儿具有了自我服务的积极性，自我服务能力明显提高，动手协调能力有所增强；词汇量较以前更加丰富、思维更加敏捷，更加愿意帮助他人，更加团结和谐，综合素质得到全面提高。在全市幼儿园素质教育成果展示活动中，我们幼儿园的成绩非常突出，包揽了智能搭建、故事比赛等五个项目的第一名，其中参与研究的班级幼儿拿到了 3 个项目的第一名。

二是教师的教育观念与行为发生了转变。教师对“每个接近孩子的人都是教育者”“生活中每一个环节都是教育的时机”等教育理念的理解和运用更加准确，对幼儿的关注更加全面、细心，在自然状态下所呈现出来的关注幼儿的言行、需要趋向深入。对环境潜在教育功能的认识与利用更清晰和娴熟。教师的理论水平和教育实践能力以及对自身教育实践的反思能力进一步提高。

三是家长的观念和行为发生转变。家长经历了从开始的不理解、嫌麻烦到后来的积极配合、主动参与的转变过程。在这一过程中，家长找到了一条与孩子沟通交流的渠道，给孩子创设更为广阔的发展空间。家长对幼儿的发展有了新的认识，教养态度与行为有了较为显著的变化。

第三节　体育锻炼课程

健康，是人生第一财富；健康，是幸福生活第一步。我们的幸福取决于愉快的情绪，愉快的情绪取决于身体的状况，而身体的状况又往往取决于身体锻炼情况及健康的生活方式。幼儿正处于习惯养成的关键时期，从小培养坚持锻炼的良好习惯和健康的生活方式至关重要。

一、体育锻炼课程的生命指向

关注和促进幼儿的身体健康是幼儿阶段保育和教育的首要任务，这不仅关系到幼儿当前的健康状况，还会对其未来的发展乃至一生的健康产生重要而深远的影响。

（一）贯彻落实健康教育法规政策的需要

随着社会发展的国际化、知识经济的全球化，人才的竞争日趋激烈，健康成为一个人生存和发展的基本前提。当下，我国的幼儿体育教育日益受到重视，相关的法规与政策一直在不断地完善和推进。

《国务院关于基础教育改革与发展的决定》《关于幼儿教育改革与发展指导意见》《中共中央国务院关于加强青少年体育增强青少年体质的意见》《国家中长期教育改革和发展规划纲要（2010～2020年）》等文件都强调身体健康的重要性，并提出了一系列要求。比如，增强青少年体质、促进青少年健康成长，是关系国家和民族未来的大事；青少年的体质健康水平不仅关系个人健康成长和幸福生活，而且关系整个民族健康素质，关系我国人才培养的质量；广大青少年身心健康、体魄强健、意志坚强、充满活力，是一个民族旺盛生命力的体现，是社会文明进步的标志，是国家综合实力的重要方面；认真落实“健康第一”的指导思想，把增强学生体质作为学校教育的基本目标之一；全面实施《国家学生体质健康标准》，把健康素质作为评价学生全面健康发展的重要指标；广泛开展“全国亿万学生阳光体育运动”，鼓励学生走向操场、走进大自然、走到阳光下，形成青少年体育锻炼的热潮，确保学生每天锻炼一小时。

教育部颁发的《幼儿园教育指导纲要（试行)》中也明确指出：“幼儿园必须把保护幼儿的生命和促进幼儿的健康放在工作的首位。要树立正确的健康观念，在高度重视幼儿身体健康的同时，要高度重视幼儿的心理健康。”同时，将幼儿园的教育内容划分为五个方面，即健康、语言、社会、科学和艺术，健康列为幼儿教育五大领域之首。

（二）开发园本课程，促进我园课程改革的需要

反思我园在幼儿课程改革方面的工作，还存在一定的不足：一是幼儿体育活动没有形成有目的、有计划的教育活动，有的散落在日常生活活动的各个环节中，随意性较大，不能很好地发挥体育活动应有的作用；二是没有将体育锻炼与幼儿的人格发展、潜能开发、自主成长更好地结合起来，使实际成效受到影响，一定程度上影响了幼儿的健康成长和全面发展；三是教师组织的幼儿体育锻炼活动缺乏理论支撑，对幼儿的体育运动规律、运动量等专业知识了解不深；四是幼儿班额大，体育教育活动较难组织；五是体育器材设施配备不足，体育活动形式单一，在一定程度上影响了幼儿的体育锻炼；六是家长未形成正确的健康观念，幼儿缺乏应有的锻炼，体质弱、适应环境能力低。基于以上现状，我园立足构建健康教育特色园本课程，在培养幼儿具有良好的饮食习惯和自我服务能力的基础上，开展丰富多彩的体育活动，提高幼儿参加体育活动的兴趣，增强幼儿体质，提高其适应环境的能力，养成良好的健康习惯。

（三）丰富教育内容，促进幼儿健康成长的需要

幼儿健康教育是幼儿教育整体结构的重要组成部分之一，在整个幼儿教育体系中具有其他教育活动不可替代的重要意义。幼儿正处于生长发育的快速时期，身心发育和发展尚未完善，若能为幼儿提供适宜的健康教育，则有利于他们形成终身受益的健康行为方式与习惯，会对他们一生的健康产生持续的影响，此其一。其二，每个儿童都要从出生时的自然人逐步转化为社会人，儿童只有具有健康的身体和较强的社会适应能力，长大后才能很好地适应飞速发展的社会。而在当前独生子女群体中，有的出现心理障碍、性格偏离，有的动手能力和适应环境能力较差，有的任性、孤僻，这些无疑都会影响儿童的健康成长。因此，幼儿园首先应当注意的就是儿童的健康，幼儿教育一个重要的目的是培养身体强健的儿童，应该根据幼儿生长发育的特点和规律，积极开展健康教育，消除危险因素，纠正不良的生活卫生习惯，增强幼儿体质。

（四）提升研究能力，促进教师专业发展的需要

教育科研是园所可持续发展的动力，教育部颁布的《面向 21 世纪中小学教师继续教育工程》明确指出：教师必须能够积极参与教育科研，在教育教学改革中勇于创新，否则无法适应 21 世纪教育改革和发展的需要。课题研究是提升教师研究能力、促进专业发展的有效途径，我园以课题为统领，以幼儿为研究对象，以班级为教育现场，注重问题研究，践行“学习—讨论—实践—反思—再实践”的研究模式，使教师在研究中转变教育理念，解决实际问题，掌握师幼互动策略，提高驾驭教学的能力，逐步成为研究型、专家型的教师，为幼儿园发展注入勃勃生机。

二、体育锻炼课程的研究方向

尊重科学的教育理论，立足园本实践及幼儿身心发展特点，开展适宜的健康教育活动，培养良好的健康习惯，提高身体素质及适应环境的能力，是我们开展体育锻炼课程的总遵循。

（一）园本行动研究的理论支撑

一是幼儿动作发展理论。哥斯达黎加儿童教育学家和心理学家加夫列拉·马德里指出："运动、玩耍是儿童学会观察、认识、理解和说话的最佳'工具'。"[①] 他还指出，经科学实践证明，2～5 岁的儿童中，爱玩耍儿童的大脑比不爱玩耍儿童的大脑至少大 30%。3～6 岁幼儿正处于人体快速生长发育时期，他的每一步发育都是其中枢神经系统成熟的一个阶段，幼儿在进行体育活动的过程中人体的肌肉运动带动骨骼一起运动，感觉器官所接触的刺激增多，神经系统反应便更加灵敏，从而促进脑细胞的发育。心理学家认为，在幼儿的智能发展中，动作发展占主导地位，因此幼儿运动能力常被作为测试智力发展水平的主要指标。

二是游戏教育论。"儿童以游戏为生活，儿童好游戏是天然的倾向。"幼儿在游戏的时候会不知不觉地将全部精神拿出来，因此，"游戏可以锻炼幼儿的身体，是发展幼儿道德的利器"。在课题实施中，通过游戏激发幼儿对活动的兴趣，培养幼儿积极主动地参与体育活动，增强幼儿体质，培养良好的个性品质。

三是陈鹤琴健康教育理论。我国著名儿童教育家陈鹤琴充分认识到健康对于幼儿个体以及国家前途的意义，他认为："健全的身体是一个人做人、做

---

① 加夫列拉·马德里：哥斯达黎加儿童教育学家和心理学家，观点引自《国民报》。

事、做学问的基础”，“幼稚园第一要注意的是儿童的健康”；主张“幼稚园最重要的课程，就是怎样能使儿童多做游戏，多活动身体，并且使娇嫩的心灵多得到快乐”。[①] 运动能使孩子肌肉发达、强健有力；孩子愈运动，肌肉越能得到发展，内心就越充满快乐。

四是英国哲学家、启蒙思想家约翰·洛克的健康教育思想。17 世纪英国伟大的哲学家和启蒙思想家约翰·洛克认为：“人生幸福有一个简短而充分的描述：健全的心智寓于健全的身体。凡身体和心智都健全的人就不必再有什么别的奢望了；身体和心智如果有一方面不健全，那么即使得到了别的种种东西也是枉然。”[②] 幼儿时代的健康不仅能提高幼儿期的生命质量，而且为一生的健康发展赢得了时间。幼儿健康也是人类生命质量得以提高的基石，幼儿健康水平的提高体现了人类社会的进步。幼儿健康无论是对于幼儿个体还是对于全人类，都是极其重要的。

（二）研究现状及趋势分析

一是研究现状分析。20 世纪 60 年代后相继出现了“健康信念模式”“理性行为模式”“计划性行为理论”等，它们分别从不同的理论角度阐明了信念形成与健康行为建立的复杂性和规律性，有效地指导了健康教育实践，健康教育理论不断完善与发展。20 世纪 80 年代后，既有对健康教育基本理论加以探讨的《健康教育学》《卫生教育概论》《健康促进与健康教育》《健康教学与研究》等著作的出现，也有从哲学、社会学等多种学科角度探讨健康问题的《身体思想》《身体与社会》《健康心理学》等著作的问世，由于探讨健康

---

① 陈鹤琴：(1892～1982 年)，中国著名儿童教育家、儿童心理学家、教授，中国现代幼儿教育的奠基人，有《家庭教育》等著作。观点引自［EB/OL］. https://max.book118.com/html/2017/0921/134640490.shtm.

② ［英］约翰·洛克（John Locke，1632～1704 年），17 世纪英国伟大的哲学家和启蒙思想家。观点引自［EB/OL］，http://www.doc88.com/p－3405046094324.html.

问题的角度是多元的，因而对人类健康问题的认识也越发深刻。尤其是南京师范大学学前教育系主任、博士生导师、中国学前教育研究会学前儿童健康教育专业委员会主任委员顾荣芳的《学前儿童健康教育论》、欧新明教授的《学前儿童健康教育》以及首都师范大学向海英教授在健康教育领域的研究成果，在理论与实践操作层面给予幼儿健康教育工作者以具体指导。有些幼儿园开始重视幼儿身体健康教育研究，并先后出版了部分成果，如《幼儿阳光体育成果集》《健康教育课程》等，健康教育研究相关的研究成果得以日益丰富。

检索与查找的国内外相关研究资料。关于幼儿健康教育的目标、内容、途径与方法等方面的研究较为丰富，部分研究者的研究集中于健康教育课程内容中的某一方面，对幼儿园健康教育课程整体构建进行的研究较少，尤其是关于健康服务、健康保障、健康评价方面的研究较少；对于健康教育内容与其他领域的整合关注不够。从总体来说，完整的幼儿园健康教育并没有系统地展开，我们有必要对幼儿健康教育建立全面认识。另外，关于体育锻炼，今天全世界都面临着“运动不足”的重大挑战，中国人面临的挑战最为严峻，原因就在于我们全社会缺乏一种科学的体育文化，更因为我们的教育被应试教育所绑架，认为体育是浪费学生的学习时间，会影响孩子升学，这是一种反科学的教育理念，家长和孩子共同参与体育活动是最好的教育，也是最有效的教育。体育带给孩子的不仅是良好的健身习惯，更是顽强的意志品质，还有更高的学习效率。

二是研究趋势分析。从 20 世纪 20 年代“健康教育”成为一门独立的学科，到十几年前我国的幼儿园课程改革，对幼儿健康教育的重视逐步加强。随着社会的发展，学前儿童健康教育在一直不断地发展，健康教育工作者将更多地从了解学前儿童的健康态度入手，研究如何有效地改变和形成学前儿童积极的健康态度。学前儿童健康教育的重点将放在研究健康知识的传播和健康行为的建立与保持的理论和方法上，对体育运动锻炼的重新认识和解读上：体育不仅是输和赢，更是通过竞技超越自己；体育不仅是娱乐和竞赛，更是一种社会教化的手段，体育锻炼不仅要使孩子们强健体魄，更重要的是，体育对正处于成长中的人格塑造，也发挥着重要的作用。体育越来越具有全人教育的意义，是生命机能的教育、超越自我的教育、最好的团队教育，更是积极的人格教育。学前儿童健康教育的评估也将得到进一步的重视和研究；随着经济的发展和健康观念的更新，政府将加大行政干预力度，加强健康教育的组织与管理，学校健康教育将会尽早开始，使幼小儿童和青少年成为受教育的对象。

具体到幼儿园健康教育课程来说，既要重点突出幼儿体育锻炼的目标、方法及内容，又要全面兼顾幼儿的整体发展。通过研究，拟构建科学有效、便于操作的幼儿健康教育课程，家园互动的有效策略；制定适合本地、本园幼儿发展水平的各个年龄段的发展目标与具体锻炼内容；探索幼儿喜爱的活动器械的常规玩法与创新玩法，激发幼儿参与锻炼活动的兴趣。

（三）健康教育实践研究的目标与内容

健康教育总体的实践研究目标是，根据幼儿身心发展特点，探索开展适合幼儿身体发展的健康教育活动，使幼儿养成良好的健康习惯，提高身体素质及适应能力。具体目标是，形成适合本地区尤其是本园特色的幼儿健康教育的发展目标、内容体系；构建科学的、具有操作性的幼儿园健康教育课程；形成体育活动中家园互动的有效策略及组织形式；形成幼儿园体育活动器械的配备、制作及创新应用完整体系。

研究的主要内容是：幼儿各年龄段健康教育发展目标、内容体系；体育活动中家园互动的有效策略及组织形式的研究；民间体育游戏在幼儿园一日教育活动中融合与应用的研究；活动器械在幼儿园体育活动中有效利用的研究；远足活动与社区资源、自然资源融合教育的研究；幼儿健康教育环境创设与运用的研究。

三、体育锻炼课程的行动载体

（一）开展园本化体育活动，使幼儿感受运动的乐趣

“激发运动兴趣，提高运动能力，感受运动乐趣”，是我园一直追求的健康教育目标之一。围绕这一目标，深入开展“活动器械的有效利用”“探索家园互动的亲子策略”“丰富民间游戏，挖掘教育价值”“拓宽教育资源，让教育回归社会与自然”等子课题研究，变“被动体育”为“快乐体育”“阳光体育”，使幼儿在生动活泼的活动中得到健康发展。

一是丰富活动器械，激发运动兴趣。开展园本化体育活动的有效载体是丰富充实的活动器械，活动器械是户外体育活动中必不可少的操作材料。我园本着“购置与自制并举，废物巧妙利用”的原则，根据幼儿动作发展规律，购置了锻炼幼儿攀爬能力的攀爬网、攀爬梯、大小弓形门等，有助于力量和平衡练习的秋千、三轮车、滑板车、脚踏车、独轮车以及高低平衡木、梯子、平衡台及常规器械如球类、绳类、投掷类等玩法不一、规则不一、锻炼目的不同的活动器材 1160 件，做到活动器械种类齐全、数量充足，较好地满足了幼儿动作发展的需要，为教师组织户外体育活动提供了有力的保障。

除了购置必备的活动器械之外，我园还本着“废物利用，安全适用，创新趣味”的原则，采取教师、亲子制作相结合的方式，针对不同年龄阶段的幼儿特点，就地取材，巧妙利用，共同开发制作富有本园特色、适合不同年

龄幼儿锻炼的活动器械730件，使体育活动更加多样化、趣味化。教师们把日常生活中的废旧物品进行简单加工、改造，成为幼儿喜欢、功能齐全的活动器械，使废旧物品的教育价值得以体现。如小高跷（在易拉罐上穿上绳子）、软滚筒（除去大纸箱的箱顶和箱底，四周用宽带胶固定，孩子们便可以在筒内手脚交替、手膝着地练习爬行）、轮胎车（在轮胎上侧用绳子结网，底部安装不锈钢板，并打上小孔，避免雨后积水，在不锈钢板下面按上轮子）、小跳台（将废弃的幼儿桌椅板凳组合）、匍匐爬（将废弃的塑料小床拆除帆布，多个小床进行连接即可）、大型建构彩色积木（把空奶箱用糨糊、蚊帐布进行加工、处理，涂以不同的颜色）等。在自制器械中，亲子制作也发挥了重大作用，成为自制器械的有效补充。各班家长和孩子们根据教师提供的活动器械项目和制作步骤（结合幼儿年龄特点，进行创新制作），如，根据小班幼儿年龄小、身体肌肉发展不完善、各方面能力相对较弱的特点，制作了布飞碟、布垫、布棍、毛毛虫、响筒等器械并创新玩法，提高了幼儿的抛接、平衡、走、跑能力；针对中大班幼儿身体各部分肌肉力量、全身协调能力有了明显提高、合作竞争意识显著增强等情况，制作了软滚筒、跳袋、拉力器、格子桥、臂力器、高跷、可调式跨栏等，锻炼了幼儿的钻爬、跳跃、动作协调及控制能力。

为了提高器械的利用率，发挥其最大价值，我园建立了幼儿器械房，实施专人管理，根据器械功能进行科学分类，有序摆放，并制定合理的器械使用管理办法，各班教师根据活动计划，随时取用，有效组织，充分发挥了废旧物品在体育活动中的价值，同时也避免了教师的重复劳动。

二是创新器械玩法，提高运动能力。首先，掌握活动器械的常规玩法。每一种活动器械都有其普通的、常规的玩法，不同的器械对幼儿来说有不同的发展目标。每种器械的练习难度不一样，同一种器械在不同的年龄阶段也有不同的要求。如平衡练习，小班幼儿是单一的走平衡木或是头顶沙包走，中大班幼儿就需要把两者结合起来，头顶沙包走过平衡木。为了让幼儿的基本动作得到全面均衡的发展，我们制定了科学的活动器械管理与使用办法，规定每个年龄阶段的幼儿要熟练掌握 3 ～ 5 种活动器械的玩法，保障幼儿在三年时间里掌握大部分器械的基本玩法。其次，探索活动器械的创新玩法。在幼儿掌握了活动器械的常规玩法之后，教师根据幼儿玩的情况，从中选取幼儿喜欢的器械不断探索新的玩法，实现一物多玩。如绳的创新玩法，从大班开始，幼儿对绳开始感知与探索，从起初的自由玩绳、“揪尾巴”“蛇形跑”“跨小河”“接龙跳”等游戏入手，让幼儿亲密接触小绳，产生亲切感。然后探索跳绳的方法，从双臂摇绳时的不协调、不均匀到协调、均匀，再到边双手摇绳边跳绳；从跳 1 个、2 个开始，到能够连续跳绳 100 多个，跳绳的玩法不断创新，如个人跳小绳（双脚跳、单脚跳、蹲跳、花样跳）、双人跳小绳（二人面对面跳、二人背对背跳等）、多人跳大绳（原地跳、八字接龙跳、三人旋转跳）、跳绳与跳跳球组合跳等。最后，创新活动器械的特色玩法。所谓活动器械的特色玩法，就是教师根据幼儿的兴趣爱好和动作发展水平，选择一种或者两种具有班级特色的活动器械，不断探索挖掘，组织排练，最终呈现出与其他班级活动效果截然不同的特色创新玩法。教师们引导幼儿自主创新，与特色器械充分互动，在掌握常规玩法的基础上，创造性地探索出一件器械的多种玩法及器械的组合玩法，提高了幼儿创新能力，呈现出每一个班级的特色活动。如大班组的篮球：单手原地拍球、左右手交替拍球、滚抛接球、平衡拍球、双手拍双球、单双手行进拍球等；小班组的五角布垫：跳布垫，拼图形，钻隧道，布垫变布包后的夹包跳、投掷、抛接、踢布包等。在创新玩法中，很多内容是教师没有预设的，是幼儿经过不断地探索、尝试创新生成的，他们真正称得上是创造的大家。

三是感受运动魅力，培养运动习惯。首先，在游戏情境中感受运动的快乐。游戏是幼儿的天性，游戏对幼儿来说具有魔法效应。在器械活动中，我们结合幼儿的年龄特点，将比较枯燥的体育锻炼项目赋予游戏的情节和内容，使之趣味化，让幼儿在充满挑战、富有情节的游戏中体验运动的快乐，在快乐体验中实现身体素质的全面发展，从而培养幼儿坚强、勇敢、不怕困难的意志品质和乐观合作的态度。如大班开展的野战军事训练：幼儿身着迷彩服，教师分别扮演“团长”与“鬼子”，幼儿手持“手枪”“机关枪”，巧妙运用梯子、轮胎、油桶、扁担、玩具手枪、沙包等体育器械，在妙趣横生的游戏情境中发展幼儿跑、跳、爬、钻、平衡、跨越及投掷的综合运动技能。再如，在平衡运动区，教师和幼儿一起商量将活动场地布置成“勇敢者道路”，其中设有“沼泽地、泥泞小路、小桥、雷区、山坡”等，要求幼儿进入这一“道路”时，必须小心勇敢，自己想办法，保护自己不掉进“危险”区。幼儿在这种富有挑战性的情境游戏中体验克服困难、获得胜利的快乐。其次，在活动展示中体验成功。为了让幼儿体验成功的乐趣、自信的力量，诠释“我运动，我健康，我快乐”的特色教育理念，我们尊重幼儿的探索，享受幼儿成功的时刻，定期组织开展“四个一”活动，即每年开展一次动作达标活动、一次特色器械展示活动、一次庆“六一”趣味运动会、一次亲子运动交流会。尤其是幼儿趣味运动会，自 2006 年起，我园每年“六一”举办一次，截至目前，已连续成功举办了 14 届。运动会以年级组为单位，内容主要包括特色器械展示、运动项目展示两个方面的内容。特色器械展示是艺术与体育的有机结合，将艺术、运动融为一体，将小竹竿、滑板车、呼啦圈、跳跳球、轮滑鞋、皮球、跳袋等器械艺术化处理，教师们将各种器械的常规玩法与创新玩法、基本动作、队列队形进行巧妙编排，形成独

具一格的表演项目，幼儿在锻炼的同时，提高了综合素质。在运动项目展示中，老师们根据各年龄组幼儿的动作发展需要，精心设计比赛与展示内容，如大班组运动项目“双手拍双球行进跑接力赛”“30米滚筒接力赛”“滚轮胎过平衡木接力赛”“个人跳绳”“亲子跳绳”“合作跳绳”“家庭三人四足走”“滑板比赛”等；中班组运动项目“平衡拍球”“30米拍球接力赛”“家庭三人穿大鞋走”“骑三轮车50米绕障碍物接力”“推小车运沙袋”“家庭接力赛”等展示活动。活动面向全体幼儿，引导他们选择自己喜欢的项目或是优势运动项目，采取比赛与展示相结合的方式，为每个幼儿提供参与的机会和获得成功的体验，大大激发了幼儿的运动兴趣，提高了综合运动水平，增强了体质。孩子们参加完自己的运动项目后，对其他的运动项目也跃跃欲试，积极参与，激发了对体育运动的兴趣。看着孩子们精彩的表演，老师和家长脸上挂满的是开心、感动和自豪！家长们说，这才是真正的素质教育啊！

（二）探索家园互动策略，促进家园共同成长

家庭是幼儿园重要的合作伙伴，幼儿园应本着尊重、平等、合作的原则，争取家长的理解、支持和主动参与，并积极支持、帮助家长提高教育能力。因为在开展健康教育活动的过程中，仅靠幼儿园单方面的力量和努力是远远不够的，需要家长朋友的密切合作。因此，为了进一步获得家长的理解与支持，我园开展了家园互动的有效策略研究，从而达到“一个孩子带动一个家庭、一个家庭影响整个社会，大家积极参与体育锻炼”的目的。

一是沟通交流，达成教育共识。在亲子游戏中，家长既是参与者，又是孩子的玩伴。家长的重视程度决定着亲子游戏活动的质量，为了践行健康教育的核心理念，唤起家长对锻炼身体重要性的认识，激发家长和幼儿的参与热情，我园通过报告会、班级会、经验交流会、家园桥、联系便条以及离园环节沟通交流等多种形式，介绍亲子游戏玩法、规则及对幼儿发展的重要性，

提高家长的重视程度，激发了家长参与亲子活动的热情和动力。

二是亲子制作，感受实践乐趣。教师根据体育活动的目标和内容，指导家长和孩子利用废旧材料共同制作小型活动器械，来弥补幼儿园小型运动器械的不足。每学期初，教师们根据幼儿的年龄特点、兴趣爱好及班级活动需要，进行设计、出样，家长与幼儿共同收集材料并参与制作，合作完成了一系列有趣且符合幼儿动作发展需求的运动器械，如布飞盘、大小沙包、举重器等。通过亲子制作，融洽了亲子关系，让幼儿体验到制作的快乐，锻炼了动手操作能力。幼儿参与制作，也引发了其运动的兴趣和参与体育活动的积极性，激发了幼儿探索器械常规玩法和创新玩法的愿望，发展了创新思维能力。

三是亲子游戏，享受运动快乐。亲子游戏是家长与孩子共同参与，展示游戏成果，融洽亲子关系，提高幼儿运动兴趣和能力、引领家长积极参与运动的家园互动策略。我们依据幼儿的年龄特点和运动水平，确定亲子游戏项目，设计亲子活动内容。小班亲子游戏以参与类游戏为主，家长为主、幼儿为辅，共同体验亲子游戏的乐趣。如“背孩子拍球接力赛”由家长背孩子运球向前跑，绕过轮胎跑回，幼儿把球交给第二组家庭。游戏完成的质量取决于家长的跑动速度以及幼儿交换球的水平，两者缺一不可，亲子共同感受运动的乐趣。中、大班亲子游戏以合作性、竞赛类为主，家长、幼儿既独立又配合，共同完成游戏，如臂力练习“爱心接力”等。另外，还有很多传统游戏，如“老狼、老狼几点了”“切西瓜”“丢手绢”等，都是孩子百玩不厌的游戏。游戏中爸爸们的积极参与，弥补了幼儿园女教师多、男教师不足的问题，激发了幼儿的运动热情和积极性，培养了幼儿的阳刚之气。

为了提高幼儿及家长的运动兴趣，我园定期搭建展示交流的平台，使家长彼此之间了解同年龄幼儿的动作发展水平及其他班级活动开展情况，达到再学习、再促进、再提高的目的。每年的亲子趣味运动会，以亲子游戏项目为主要内容，分年级组进行，亲子项目兼具竞赛性、趣味性的特点，既锻炼了孩子的体能、培养了竞争意识，又增强了孩子与家长的交流与合作，深受孩子和家长的喜爱。如亲子跳绳，家庭三人跳、双人跳（爸爸或者妈妈与孩子跳），整个家庭成员积极参与其中，他们在不知不觉中喜欢上跳绳、喜欢上运动。他们还不断探索合作跳绳的技巧，配合越来越默契，动作越来越娴熟，大三班的一位妈妈与孩子亲子跳绳，一分钟跳 198 个，在趣味运动会中夺得亲子跳绳冠军。

通过一个个精彩的亲子游戏，把家长拉回了童年时代，不仅重温了游戏的快乐，也密切了家园之间、家庭之间、亲子之间的关系，最重要的是通过传递健康的意识，形成共同参与锻炼、提高身体素质的目的。

四是拓展资源，丰富教育内容。在幼儿教育多元化发展的背景下，家长是一个非常大的教育资源。他们有不同的职业、不同的兴趣爱好，在教育孩子中发挥着各自的作用。为弥补男女教师比例不合理、在体育教学上缺乏阳刚之气的现状，我们成立了“编外男教师”队伍，请家长朋友走进幼儿园，走进课堂组织体育活动，为孩子的身心健康成长提供帮助。

爸爸进课堂，不仅使幼儿对爸爸有了重新了解，对爸爸产生崇敬、依恋之情，同时也提升了广大家长的教育理念，使他们懂得，在幼儿成长的道路上，离不开爸爸的陪伴，家长真正成为家园合作的教育伙伴，实现了家园教育的和谐与统一，极大丰富了教育资源。另外，通过组织“健康教育活动开放日”“运动明星家庭评选”“‘我与运动’活动征文”等，充分调动了广大家长参与健康教育活动的积极性。在每年的“运动明星家庭评选”活动中，每个家庭积极参与，尽情展示特色项目，如“花样玩球”“武术表演”“倒立”“空翻”“花样跳绳”“抖空竹”等，开阔了幼儿视野，拓宽了教育的内容。在“我与运动”活动征文中，有位家长这样写道：“参加亲子活动，自己好像回到了童年，使我们从开始的被动配合、被动运动到现在的自觉运动，喜欢运动。感谢幼儿园，感谢孩子们，使我们养成了健身的好习惯，使运动成为一种常态的生活方式。”

（三）改编民间游戏，挖掘教育价值

民间游戏是流传于广大人民生活中的嬉戏娱乐活动，具有广泛性、自由性、竞赛性、趣味性等特点，内容具体生动，形式轻松活泼，它能因陋就简，就地取材，娱乐性强，易学易玩，几乎不受时间、地点、材料、人数的限制，影响了几代人的成长。我园遵循继承、创新、发展的原则，挖掘民间游戏活动中的价值，让幼儿在感受民间游戏的过程中健康成长。

一是收集整理民间体育游戏。我园充分发动教师、家长及社会力量，利用民间收集、资料查找、上网查询等方式，收集了大量的民间体育游戏，课题组教师遵循“民间性、科学性、趣味性”的原则，对收集的民间游戏素材进行科学取舍，整理调整、拓展创新，使所选内容适合幼儿的年龄特点。针对收集整理的10类50多个民间体育游戏，进行科学分类，确定了各年级组的民间体育游戏内容，为民间体育游戏在幼儿园的传承开展奠定了坚实基础。

二是感受民间游戏无穷魅力。首先，多形式有效整合。在实践过程中，我们结合幼儿的年龄特点对民间游戏进行了一系列的改编与创新，把民间体育游戏融入体育活动中，利用集体学习、户外活动与分散活动相结合的形式，每月新授一个民间游戏。集体学习掌握民间游戏的常规玩法，分散活动、小组练习巩固，熟练掌握，保证了民间游戏的学习活动有效推进，为我园教育教学拓宽了思路，使健康教育活动内容更加丰富、更加有趣。其次，创新民间游戏玩法。在开展民间体育游戏的过程中，幼儿在一定时间内按要求掌握民间传统玩法后，教师引导幼儿创新玩法，或创编歌谣，或添加材料，或增加人数，或变化队形，实现了一个游戏的多种玩法，提高了幼儿的创新能力。如民间游戏“炒黄豆”，传统玩法是两个小朋友手拉手，边说儿歌边翻身炒黄豆。创新之后改“炒黄豆”为“两人炒小菜”“四人炒小菜”“多人炒大菜”，两人（或四人或多人）借助拉力器，边说儿歌边翻身炒小菜（儿歌：炒、炒、炒小菜，炒完小菜吃小菜）。在游戏中，教师引导幼儿创编新儿歌，加入多种菜名，尝试多人合作围大圈炒大菜，感受面向圆心与背向圆心的不同游戏乐趣（“多人炒大菜”儿歌：炒、炒、炒大菜，炒完大菜吃大餐，吃什么？麦当劳、肯德基、日本料理、韩国烤肉、北京烤鸭、烤全羊、烤乳猪、烤牛排、拌驴肉、砂锅鸡、水煮鱼、生猛海鲜、炒腊肉等），发展了幼儿的创新、合作、协调等多种能力。同时，配以民间音乐、童谣，感受民间游戏的韵律美。民间游戏富有的节奏感和韵律，让幼儿特别喜欢，也适合幼儿的生理心理特点，易于激发幼儿积极参与的兴趣和愿望。因此，在开展民间体育游戏时，我们通常选用韵律感强的民间游戏，配上朗朗上口的民谣、儿歌等，或赋予游戏情节，或营造竞争氛围，使运动器具和材料“活”起来，使孩子们从“模仿学习”走向“快乐学习”。如：民间游戏“跳皮筋”，幼儿一边念民谣一边跳皮筋（民谣：你拍一，我拍一，马兰花开二十一，二一六，二一七，二八二九，三十一，三一六，三一七……），增加活动的趣味性和韵律感。又如，练习民间游戏“夹包跳”时，我们创设“小兔采蘑菇”的情境，让幼儿模仿小兔，配上韵律感强的儿歌，让幼儿在富有节奏的儿歌配合下夹物并脚跳，他们兴趣盎然，完全融入其中。

（四）远足活动，拓展幼儿视界与社会认知的主要途径

一是远足活动，拓展幼儿视野。随着人们生活条件的不断改善，为了出行方便，每个家庭都购置了汽车，坐车成为人们主要的出行方式。步行、跑步几乎成了奢侈品，城市幼儿的体质严重下降。因此，为了增强幼儿体质，磨炼其意志，我园制定了远足活动实施方案，把远足活动作为健康教育课程的一项重要内容，让幼儿在自然、轻松的环境中提高耐力与坚持性，体验远足活动的快乐，让教育回归自然与社会。

我园坚持大班每周开展一次、中班两周开展一次、小班每月开展一次远足活动，并根据幼儿的年龄特点和耐力，设置不同的行走路线，让不同年龄的幼儿能够承受并得到锻炼和提高。同时，不断丰富活动内容与形式，如“大带小”远足活动，尝试以混龄的形式开展远足活动，途中哥哥姐姐拉着弟弟妹妹的手一起行进，给予关心帮助。又如亲子远足活动，邀请家长参与，在家长和教师、家长和家长的互动中，加深了彼此之间的情感和友谊，使远足活动成为家长交流教育孩子经验的平台和家园密切联系的重要纽带。每到周五，我园的孩子都会排成长队，扛起班旗，雄赳赳、气昂昂地到户外走一走，春花夏草，秋实冬雪，商场军营，公园田野，到处留下了孩子们的欢声笑语，最远的一次，中、大班的孩子竟徒步行走6千米！这对于出门坐车的城市孩子们来说非常了不起！远足活动，陶冶了幼儿的情操，开阔了他们的眼界。

二是挖掘资源，探索自然奥秘。走得多了，我们逐渐发现，单纯的远足活动模式与内容单一，注重了幼儿运动体能的培养，而没有与丰富的社区资源、充满奥妙的大自然结合起来，没有与各领域的教育内容有机联系起来，没有形成一个培养幼儿全面发展的整体。这引发了我们进一步的思考与探索，何不将远足活动与社区资源、大自然结合起来，进一步进行拓展呢？于是，我们开始了对社区资源及自然环境进行有效利用与开发的探索研究，这是健康教育课题的又一层拓展。

苏霍姆林斯基把大自然比喻为“活的思想发源地”“取之不尽的活水源头”，主张在“蓝天下的学校”中开展儿童教育活动。大自然千姿百态，瞬息万变，蕴藏着巨大的教育资源，是一部具体、真实、形象、生动的百科全书。社会也是提高幼儿亲社会行为的有效载体，这些为幼儿教育提供了可利用的丰富资源。

我园认真梳理并深入挖掘教育资源，把教育资源大致分为自然资源、社会资源、人力资源、文化资源等。在此基础上，我们合理开发利用公园、自然博物馆、植物园等资源，并组织开展不同形式的远足及社会实践活动，让孩子们置身于真实的自然情境中，与大自然和谐相处。春天，万物复苏，带孩子们到新世纪公园、小树林寻找春天，观赏桃红柳绿的自然美景，感受春天的盎然生机；夏天，光着小脚丫踩水、玩水，观赏雨后彩虹；秋天，天高云淡，带着孩子们观察飘落的树叶，用树叶做粘贴画，采摘成熟的水果，感受收获的快乐；冬天，雪花飘飘，大地银装素裹，堆雪人、打雪仗是孩子们的最爱。丰富的教育资源，使孩子们收获了教师难以用语言描述的丰富知识，真正让环境做了幼儿探索活动的“无形教师”。孩子们在大自然中自由探索，快乐游戏，锻炼体能，收获知识。

教育资源的梳理，避免了远足活动的盲目性，增强了远足活动的计划性、教育性，使教育不再局限于封闭的活动室，而是指向更为广阔的空间。如下图：

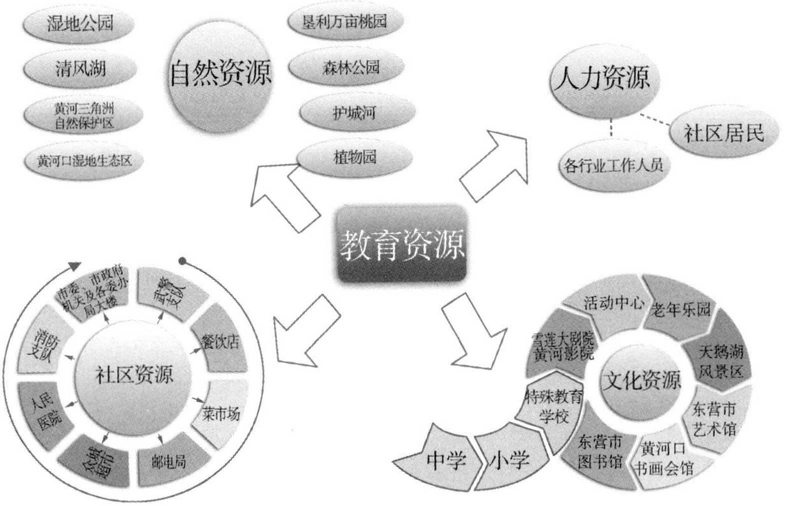

图 2－1　幼儿园周边教育资源分布图

活动纪实一：可爱的小蜗牛①

清风湖公园就要对外开放了，我们班把本周五的远足活动确定为参观清风湖公园。

一路上，孩子们很高兴，坚持步行到达了清风湖公园。休息时间，他们玩得兴致勃勃，看美丽的小花小草，玩新安装的各种健身器材……突然，我发现谢宇浩和几个孩子在旁边的草地上，围在一起议论纷纷，他们有的站着，有的蹲着，还有的都快趴在了地面上，特别专注。昨天刚下过小雨，草地有些湿，我忙喊："孩子们，草地上有泥！"可他们根本没听见，我的喊声反倒引起了旁边几个孩子的注意，也跑了过去。是什么东西如此吸引孩子们呢？我也忍不住走了过去看个究竟，原来他们发现了一只蜗牛。

孩子们围着小蜗牛议论纷纷：

"你们看！蜗牛的背上有花纹！"

"它爬过之后地上很湿，很黏！"

① 本书中活动纪实中的案例皆为东营市实验幼儿园的案例，且均已获授权。

“它头上是什么东西啊？”

孩子们边说边用手轻轻触碰蜗牛头上的触角，那触角一下子缩了进去，引得孩子们“嗷！”的一声惊叫。过了一会儿，那缩进去的触角又慢慢地伸了出来，这又引起了他们更大的欢呼声。

看到孩子们对蜗牛这么感兴趣，我说：“孩子们，再找几只蜗牛，把它们带回班里吧。”孩子们可高兴了，立刻分头去找，不一会儿，就找到了好几只大大小小的蜗牛。远足活动结束后，我们把蜗牛带回了班里，养在一个瓶子里。

整个下午，孩子们都不断地去看蜗牛，还有好几个孩子跑过来问我：“任老师，蜗牛吃什么？”“为什么下过雨蜗牛才出来？”

下午离园时，我请有兴趣的幼儿回家搜集关于蜗牛的资料。从那天开始，关注蜗牛的孩子越来越多，有的带来了蜗牛的图片，有的从网上下载了蜗牛的资料，还有的给蜗牛带来了食物。看到孩子们对蜗牛这么感兴趣，我及时调整了班里活动计划，开展了关于蜗牛的主题活动。孩子们的兴趣始终非常浓厚，学习主动性特别强，整个活动取得了很好的效果。

活动反思：

一次远足中的意外发现和教师对幼儿兴趣的及时捕捉与引导，使部分幼儿的兴趣变成了全班幼儿的共同关注，生成了新的主题。活动中，教师及时为幼儿提供足够的时间和空间，幼儿通过自己的学习方式去收集资料，积累经验，从而引出了更多的问题，提升了幼儿自主自觉的学习意识，善于发现问题、寻求答案的能力，真正体现了幼儿才是真正的学习主体。

活动纪实二：参观植物园

在“有趣的植物——参观园林处”活动中，幼儿在教师的引导下，制定参观计划和规则，绘制路线图，带着在“快乐种植”“水果品尝会”活动中的问题“松树有叶子吗?”“树能活多久?”“香蕉有种子吗?”“甘蔗是水果吗?”等，参观了园林处。参观时，孩子们情绪高涨，一边观察一边不断地询问解说员阿姨：“这是棵什么树呀?”“枸杞树的年龄真比我爷爷还老吗?”“这是化石吗?”解说员阿姨耐心地回答他们的问题，一路下来孩子们收获真不少，不仅了解了树的种类，还掌握了各种树的生长特性。

活动结束后，老师给孩子们布置了一个任务，回家把参观经过用绘画的形式记录下来，也可以讲给家长听，请家长帮忙记录。第二天，孩子们带来了口述日记与同伴进行了分享。丁林小朋友说：“一大早，我就着急地来到幼儿园，开始我还担心迟到呢，结果没迟到。然后我坐着幼儿园的车来到园林处。我看到很多的花和树，还有一块大石头，一高兴我就唱了起来‘来，来，来，秋天多么美！’后来我还发现了蒲公英，我用力地吹，吹得头都有点晕……”

在市内有效自然资源得到了充分利用之后，我们又把目光投向了市外。2007 年 10 月 12 日，我们在全园中大班幼儿之间开展了一次家园亲子同游活动——走进生态博览园，探索自然奥妙。这次远足是一个突破，对我园远足活动是一次很好的检验，每名幼儿走完了全程 9 千米的路程。在整个活动中，孩子们学会了分享，学会了互相帮助，同时进一步增强了幼儿与父母之间、家庭与家庭之间、幼儿园与家庭之间的感情。最重要的是锻炼了孩子们的身体，愉悦了心情，培养了幼儿不怕困难的勇敢精神和坚持到底的顽强意志，收到了意想不到的效果。

三是深度整合，巧用社区资源。教育家陶行知先生曾经提出“生活即教育，社会即学校”的精辟理论。我园树立“教育回归自然，回归社会”的理念，把远足活动与社会实践活动相结合，带领幼儿走出幼儿园，走进社会，先后开展了“参观电视台”“走进汽车城”“走进飞禽馆”“关注消防关爱生命”“走进农贸市场”等 48 项社会实践活动，有效整合社区资源，扩大了教育空间，让幼儿获得认知与人际互动经验，促进了幼儿全面和谐的发展。

活动纪实三：参观电视台

中班下学期第四个主题活动《谢谢你帮忙》，主题目标是通过活动，让幼儿认识各种职业与人们的关系，感谢不同行业的人对社会的贡献。教师与幼儿商量之后，决定去参观电视台，到真实的环境中体验、探索和收获。参观前，老师引导幼儿做好活动前的准备：确定参观路线，事先联系电视台的工作人员做好为幼儿讲解的准备工作；请幼儿讨论携带必备物品（每人准备一顶太阳帽、一瓶矿泉水等），并组织幼儿进行谈话，确定要了解的内容：

幼儿 A：播音员在什么地方播报新闻？

幼儿 B：人们是怎样到电视上去的？

幼儿 C：电视塔有多高？它是干什么用的？

……

带着孩子们的疑问，老师和孩子们一起走进了电视台。工作人员带幼儿先后参观了大演播室、编辑室、新闻播报室、虚拟演播室、电视塔等。在新闻播报室，孩子们还体验了一次做主持人的感觉，有的幼儿还用英语进行播报。孩子们一边参观，一边提出了各种问题，工作人员为孩子们耐心地讲解。参观结束后，老师组织幼儿谈话，请小朋友谈一谈参观后的感受，孩子们争先恐后地举手回答老师的问题。有的说：我知道新闻是怎样制作出来的了；有的说：我知道电视上的人为什么那么漂亮了，因为他们化妆了；还有的孩子说，电视台的叔叔阿姨工作很辛苦，他们每天都要制作很多的节目……孩子们滔滔不绝地说着自己的体会和感受，场面非常热烈。

在活动中，每个孩子都有自己不同的感受、体验和发现，通过组织幼儿谈话、写口述日记、用绘画的形式表征，幼儿的感受和经验得到梳理，在体验与实践中构建知识，提高能力。也正是由于有了亲身的体验，孩子们才乐

于表达和交流。更为重要的是，通过这次活动，孩子们体会到了不同职业与人们生活的关系，体会到大人工作的艰辛，学会了运用恰当的方式表达自己的感情。

活动纪实四：走进西餐厅，感受多元文化

为了让孩子们感受多元文化，了解中西餐文化的差异，我们决定带领孩子们走进玛斯特西餐厅。

活动前，我们鼓励幼儿和家长共同收集有关西餐的图片资料，之后进行了一次气氛热烈的谈话活动。孩子们围绕“什么是西餐?”这个问题议论纷纷：“肯德基里的东西就是西餐!”“西餐就是吃的东西，有面包什么的。”“好像是外国人吃的饭。”“我知道了，那应该是西方国家吧?”“我妈妈带我去过，还吃牛排了呢!”孩子们你一言我一语地讨论着，宝宝和星雨以前去过西餐厅，对西餐有一定的感知经验，于是，她们两个便给孩子们介绍自己所了解的。

宝宝：“西餐和我们平时吃的中餐不同，食物不同，味道不一样。”

星雨："我们用筷子，西餐用刀、叉，制作的方法好像也不一样。"

通过谈话活动，孩子们初步了解了西餐不同于中餐的基本礼仪及文化。

在与西餐厅经理交流后，我们带着孩子们走进西餐厅，去亲自体验西餐文化。一路上，孩子们非常兴奋，一路上飘荡着他们的歌声、笑声和欢呼声。一走进西餐厅，孩子们就被这里优美的环境和别具一格的西方饮食文化深深吸引了。

宝宝："这里太美了。"

小宇："像神秘的大森林。"

林林："我感觉像走进了童话世界。"

在西餐厅，孩子们参观了牛排、披萨、沙拉、咖啡、果汁的制作过程，学习了西餐餐具的使用方法，还跟西餐厅的师傅学习且亲手制作了西餐，品尝了不同于中餐风味的西餐。活动完成时已是下午6点，但孩子们依然兴趣盎然。回到幼儿园，孩子们继续兴奋地交流着自己的感受与收获。于是，我们又引导孩子在家长的帮助下，写一份"走进西餐厅"的口述日记。第二天，孩子们带来了写有真实、稚嫩语言的口述日记和同伴进行分享。幼儿生活的环境是多元的，材料的提供也是多方位的，从教室到幼儿园，从家庭到社区，从幼儿到教师，从家长到"路人"，从书本到网络……在探索活动中，我们要挖掘环境中一切可利用的资源，为幼儿提供"取之不尽，用之不竭"的材料。

通过这次社会实践活动，孩子们品尝到了不同于中餐的西餐风味，知道了西餐餐具的使用方法，学习了初步的西餐礼仪，了解了西餐文化，接触到了中西方饮食文化的区别。同时，孩子们在直接的体验中认识环境，认识世界，从中得到多方面的提高。

活动纪实五：了解一封信的旅程

随着科技的不断进步，人与人的联系方式越来越先进，相隔万里也能通过视频聊天说话，所以写信离孩子的生活越来越远。这在实际教学中也得到验证：在大班分享阅读故事《一封信的旅行》时，一名幼儿带来的一枚邮票引起了孩子们的讨论，有的孩子说是照片，也有的孩子说不是照片，但只有国栋和帅淇两名小朋友说是邮票，因为他们曾经跟父母去邮局寄过信。为了丰富孩子们的经验，我们组织孩子参观了邮电局，开展了搜集邮票、设计制作邮票、写信、寄信等系列主题教学活动……

系列活动使老师们深刻认识到，幼儿的学习不仅仅局限在幼儿园这一封闭环境中，而是辐射到幼儿生活的方方面面，活动具有很大的开放性。在开放的环境中，幼儿放飞着自己快乐的心情，他们尽情地发现、探索、体验，自己寻找资料、自己解决问题，真正成为学习的主体。

（五）开设特色化微型活动，凸显幼儿优势发展

根据幼儿兴趣和课程需要，我们开设了形体训练、感统训练、武术、轮滑、乒乓球、围棋等微型课程。微型课程分为三个层面：首先是面向全体，全面推开。根据幼儿动作发展水平，在小班开设亚太体智能课程，中班及以上开展形体训练、武术等活动课程，大班开展轮滑课程（从 2006 年春季引进该课程，系统学习轮滑，已成为我园一道亮丽的风景线）。微型课程面向全体幼儿，活动时间为每周一次，一学期 16 次。形体训练主要内容有音乐反应、扩指、手臂动作、弯腰、转腰、前吸腿、团身与前压腿等练习，形体训练课程符合幼儿年龄段的心理和生理特征，并陶冶情操和美育身体。课程集舞蹈教学的严谨性、娱乐性与知识性融为一体，注意幼儿情趣和训练的科学性、系统性、全面性及舞蹈的中国特色，有力地促进了幼儿的身心发展。其次是面向特殊幼儿开设的活动课程。针对感统失调的幼儿，开展了感统训练课程每周一次，并制定了训练措施，提高幼儿动作协调与专注能力。三是针对有优势特长的幼儿开设的特色课程，如围棋、乒乓球等课程。并根据课程特点，确定活动时间，围棋每周两次，乒乓球每周五次。经过循序渐进的训练，发展了幼儿优势领域，提高了综合素质。

四、体育锻炼课程的成效考量

在健康教育文化的引领下，不仅幼儿的运动兴趣得到激发，身体素质得以增强，而且幼儿的认知、情感得到发展，良好习惯、健康性格得以养成。尤其是我园全体教职工树立正确的价值取向，科学培植办园特色，扎实开展有效的健康教育活动，为推进项目建园、特色办园、品牌立园，促进幼儿园可持续健康发展奠定了坚实基础。

（一）构建健康教育课程，确立健康教育的实践模式

通过不断地摸索，形成了园本化健康课程基本框架，初步构建了园本化的健康教育课程，确立了适合本园的体育活动模式。在课程建设中，形成了以教材为主、课题为辅、特色课程为补充的基本课程框架。我们以《山东省幼儿园教育活动教材》为主，将多套教材进行选择、组合，作为我园的共同性课程。将我园健康教育子课题“活动器械在体育活动中的有效利用”“民间游戏的整合与创新”“远足活动与社会实践活动的融合与开发”等与课程内容整合。另外，根据幼儿处于动作发展的关键时期这一特点，开设了形体训练、武术、轮滑、感统训练、围棋、乒乓球等微型课程为补充，从而形成了我园园本课程体系，丰富了课程内涵。

为了凸显健康教育特色，我园健康教育内容占整个课程内容的30%。健康教育课程中正规的体育活动、户外区域自由活动、微型课程按照6∶3∶1比例呈现。

早操是幼儿一日生活中的重要环节，是幼儿园每天必须进行的一项户外体育运动。它既能增强幼儿体质、发展幼儿基本动作，又能培养幼儿集体意识、锻炼幼儿意志。我园把早操活动作为促进幼儿健康的重要手段，经过不断调整，形成了独特的早操模式。一是科学调配时间。在保证每天

活动时间不少于半个小时的前提下，我们根据季节及时调整早操时间，春、夏、秋的早操和冬季的间操轮换进行，保障不因季节影响幼儿锻炼时间。二是创新早操模式。为了激发幼儿参与早操活动的兴趣，提高早操活动质量，增强幼儿体质，我园经过探索，创编具有趣味性、互动性、游戏性的间操，逐步形成了以队列队形（以走、跑为主）、器械操、徒手操、器械综合练习为内容的间操活动模式，激发幼儿“我要做”“我愿做”“我乐做”的内在驱动，真正让幼儿动起来、跳起来、玩起来，改变以往站得多、动得少、活动量不足、间操内容单调、幼儿兴趣低的弊端，使幼儿兴趣盎然地参与到早操中来，并且做到运动密度适合，运动量适当，早操成为全园幼儿喜欢的一项集体活动。

（二）促进了幼儿和谐发展

以园为本，特色育人，丰富多彩的健康教育活动，使孩子们受益匪浅。远足社会实践活动，促进了幼儿的社会性发展。孩子们更加关心生活、关注社会，在了解社会的同时，轻松愉快地融入社会，他们在不断地与周围的人和社会广泛的相互作用中获得人生有益的经验，为其良好人格品质的形成及完善打下坚实的基础。身体素质明显得到提高，全园幼儿的身高、体重增长达标率100%，血色素达标率100%，幼儿的出勤率一直保持较高的水平。同时，体育活动也促进了幼儿心理的健康发展，他们表现出了活泼开朗的性格、勇敢果断的品质，学会了团结与谦让、合作与分享。进入小学后，通过跟踪调查，小学老师一致反映从我园毕业的孩子个性突出、反应敏捷、思维活跃、综合能力强，对体育活动充满兴趣，运动习惯良好。

以2005年11月、12月小班组幼儿出勤情况分别和2010年11月、12月为例进行对比，见表2-7、表2-8。

表 2-7　　2005 年 11 月、2010 年 11 月份小班组幼儿出勤情况对比表

项目 班级	幼儿在册人数（人）		实际出勤人数（人）		出勤率（%）		平均出勤率（%）	
	2005 年	2010 年	2005 年	2010 年	2005 年	2010 年	2005 年	2010 年
小一班	37	43	24	37	65%	82%	74%	85%
小二班	35	41	24	39	69%	89%		
小三班	33	43	26	36	79%	80%		
小四班	32	43	22	39	69%	85%		
小五班	29	42	24	39	83%	87%		

表 2-8　　2005 年 12 月、2010 年 12 月份小班组幼儿出勤情况对比表

项目 班级	幼儿在册人数（人）		实际出勤人数（人）		出勤率（%）		平均出勤率（%）	
	2005 年	2010 年	2005 年	2010 年	2005 年	2010 年	2005 年	2010 年
小一班	37	43	9	33	24%	73%	51%	75%
小二班	35	41	19	32	54%	73%		
小三班	33	43	18	35	55%	78%		
小四班	32	43	16	36	50%	78%		
小五班	29	42	18	33	62%	75%		

表 2-9　　课题研究前后大班组幼儿跳绳情况对比表

项目 时间	每班平均人数（人）	一分钟跳小绳	一分钟跳大绳	玩法记录
2006 年以前	40	平均 28 个（间断记录）	无	单、双脚跳小绳（两种玩法）
2007 ~ 2011 年	40	平均 59 个（连续记录）	8 人集体鱼贯式跳绳 82 个，5 人集体跳 80 个	小绳：8 种玩法 大绳：6 种玩法
情况对比	开展课题研究后，幼儿的运动技能得到很大提高。2006 年以前只停留在幼儿对绳感兴趣上，没有系统地引导幼儿创新玩法，开展课题后教师鼓励幼儿探索、发现，形成了独具特色的玩法展示活动。以 2011 年器械展示大班跳绳玩法为例，玩法有：单脚、双脚跳小绳，个人跳反绳，一带一双人跳小绳，双人彩虹跳小绳，双人旋转跳小绳，一带多跳小绳等 8 种小绳玩法；集体跳大绳，鱼贯式跳大绳，四人旋转跳大绳，大绳带小绳，多人反上跳大绳，大绳跳跳球等 6 种大绳玩法，共计 14 种玩法。			

表 2-10　　2010 ～2011 上下学期大班组幼儿跳绳情况对比表

玩法（举例）	大班上学期	大班下学期
单人跳小绳	平均 26 个/分钟（间断）	平均 61 个/分钟（连续）
双人合作（一带一）跳小绳	平均 15 个/分钟（间断）	平均 50 个/分钟（连续）
5 人集体跳大绳	平均 22 个/分钟（间断）	平均 76 个/分钟（连续）
多人鱼贯式跳绳	平均 32 个/分钟（间断）	平均 83 个/分钟（连续）

表 2-11　　课题研究前后大班组幼儿拍球情况对比表

项　目 / 时　间	班级人数（人）	个人一分钟原地拍球计数	合作拍球	玩法记录
2006 年以前	40	平均 58 个 间断记录	无	单、双手拍球两种玩法
2007 ～ 2011 年	40	平均 265 个 连续记录	2 人以上滚接球，2 人以上拍传球，2 人以上抛接球，2 人以上传接球	个人拍球 12 种，合作拍球 4 种
玩法情况说明	自开展生态健康教育课题以来，我园开展了丰富多彩的体育活动，教师引导幼儿充分挖掘各类体育器械的玩法，积极创新各类体育项目，使幼儿的运动技能得到很大提高。以 2011 年 5 月大班体育器械拍球展示为例，主要玩法有：单手拍球、双手拍球、平衡板拍球、行进拍球、转身拍球、跨腿拍球、空中抛球、沿身体滚球、沿路线滚球、优美球操、传接球、抛接球、拍传球、滚接球、跨栏拍球、双手拍双球等 16 种玩法。			

表 2-12　　2010 ～2011 上下学期大班组幼儿拍球情况对比表

拍球玩法（举例）	大班上学期	大班下学期
转身拍球	无规律性转身拍球	规律性转身拍球
拍球接力	行进跑拍球接力	行进跑拍球跨栏接力赛
双手拍双球	间断性拍双球	原地连续性拍双球、行进跑拍双球
跨腿拍球	无规律性跨腿拍球	规律性跨腿拍球

与2005年11月份、12月份幼儿出勤相比，在暖气、幼儿年龄等客观条件没有改变的情况下，2010年幼儿出勤率明显提高，幼儿体质明显增强，适应环境的能力显著提高，克服困难的勇气大大改善。从幼儿对活动器械的探索玩法方面来说，也得到明显改善，幼儿的创新能力、运动技能大大提高。

（三）促进了教师素质的提高，形成良好的运动习惯

一是促进教师的专业发展。教师在研究实践过程中，采取以问题研究为主的教研方式，注重健康教育理论学习，开展体育活动观摩、年轻教师体育活动达标、年级组同课异构等一系列活动，引导教师不断反思，老师们对体育活动的认识与组织由浅入深，不再只关注表面的活动形式，更多地开始关注细节及内在的教育价值，教师对体育活动的组织驾驭能力得到提高。老师执教的体育活动多次在优质课评比中获奖，如2007年刘恺老师执教的体育活动《多用的梯子》获东营市优质课评比一等奖，刘秀梅老师执教的《七十二变美猴王》获山东省优质课评选一等奖，刘会云老师在东营市教学能手评选中执教《玩球》获得好评等，还有多篇健康教育活动论文在省、市各级评选活动中获奖。

二是教师形成良好的运动习惯。在课题研究的过程中，全园教职工对“健康第一”理念的理解和认识得到了前所未有的提升，教职工主动参与健康活动的人数和比例大大增加，精神面貌焕然一新。幼儿园工会每年组织教职工仰卧起坐达标、跳绳达标与比赛、长跑等丰富多彩的活动，全体教职工积极参与，形成了群众性健康活动的庞大群体。在2009年全省健美操比赛中，我园代表队荣获一等奖、最佳服饰奖、最佳运动员奖；2009年在全市职工趣味运动会中，我园教师获一等奖1名、二等奖4名、三等奖若干名，总积分全市第7名；在2011年市直机关女职工10千米健步行活动中，全园有19人参加，我园9名教师进入前50名，其余12人全部在90分钟内完成全部比赛路程；在全园跳绳达标活动中，一名教师10分钟跳绳1483个。老师们坚持体育锻炼的良好习惯提高了身心健康水平，教师体质得到明显改善。

（四）家长的观念和行为发生转变

家长的观念和行为也经历了一个从开始嫌麻烦到后来积极配合、主动参与的转变过程。家长对健康的观念和态度转变了，参与幼儿园活动的积极性提高了，他们与孩子一起制作简单体育器械、走进课堂组织活动、利用空闲时间和孩子一起进行体育锻炼，并适时对我们的工作提出合理化建议，实现了预期目标。

（五）促进了幼儿园的内涵发展

春到，草自青；天道，亦酬勤。经过全园教职工的共同努力，一项项荣誉接踵而至：全国幼儿素质教育示范单位、全国爱国教育示范基地园，山东省十佳幼儿园、学前教育先进集体、优秀家长学校、心理健康教育先进集体、A级食堂、花园式单位、职工健美操比赛一等奖等20余项省级以上奖励；全市文明单位、群众满意窗口单位、支持农村教育先进单位、教科研先进单位、师德建设先进集体等60余项市级奖励；多名教师分别荣获省特级教师、“教学能手”等称号；20多名幼儿荣获“十佳齐鲁新苗”“齐鲁健康宝宝”“黄河口十佳新苗”等称号；我园连续多年在全市“六一”儿童节庆祝大会暨素质教育成果展示活动中取得佳绩；《同在蓝天下》等舞蹈多次代表东营市参加省教育厅与省教育电视台、齐鲁电视台联合举办的大型晚会；报送的专题片《特色发展育蓓蕾　根植沃土自芬芳——东营市实验幼儿园特色教育活动侧记》在山东省教育厅基础教育处组织的特色教育活动评比中获一等奖，研发的课程资源《幼儿健康教育课程》在山东省教研室组织的“山东省首届普通中小学、特殊教育学校、幼儿园优秀课程资源评选”中荣获一等奖。“幼儿园健康教育课程的开发与实施研究”取得了丰硕成果，由原山师大教育学院学前教育系主任向海英教授、东营市教科院宋国香院长学术指导的，我园聚合骨干力量编撰的《幼儿园健康教育课程的开发与研究》丛书（4 本），2012 年 6 月由天津教育出版社出版。

以园为本，特色育人，它成就了幼儿健康成长，成就了教师的专业提升，成就了幼儿全面和谐而富有特色的发展。

第四节　户外区域主题游戏课程

一、户外区域主题游戏课程的精神拓宽

户外区域是幼儿园根据活动内容对户外空间重新划分的活动区域。一般来说，每个幼儿园结合户外空间大小和园本课程需要，分隔成若干个功能的活动区域，这些区域有时候具有单一的功能，有时候具有多种功能；有时候单独使用某一个活动区域，有时候两个或者三个区域整合使用；有时候由一个班级使用，有时候由多个班级幼儿共同使用。

主题游戏课程是以一个话题为中心，进行延伸扩展，进而形成更多的话题和活动，在活动中贯穿运动、空间、语言、音乐、人际等能力的培养目标。这里是指教师从主题活动中生发户外区域游戏活动，将各种学习内容围绕一个中心展开、连接、全面整合，使幼儿获得与主题活动内容相关的较为完整的体验。

（一）促进幼儿健康和谐发展的责任

幼儿期是一个人身心发展的重要时期，健康的身体和心理是实现幼儿全面和谐发展的基础和重要条件，也是实现社会发展和家庭幸福的重要保障。当前，随着社会的发展、科技的进步，新时代对人的整体素质提出了更高的要求。而幼儿园作为基础教育的基础，培养身心健康的幼儿是我们的首要任务，必须把保护幼儿的生命和促进幼儿的健康放在工作首位，树立正确的健康观念，遵循幼儿身心发展规律，激发幼儿运动兴趣，养成良好运动习惯，

增强身体素质。在高度重视幼儿身体健康的同时，要高度关注幼儿的心理健康，创设宽松温暖的精神环境，充分尊重幼儿的个体差异，根据幼儿不同的心理发展水平，研究有效的活动形式和方法，因人施教，满足幼儿的发展需要，使其感受到尊重和接纳，保持积极的情绪状态，从而培养良好的个性心理品质，为其终身发展奠定基础。俗语“三岁看大，七岁看老”充分说明幼儿时期教育的重要性。如果幼儿阶段没有培养起幼儿健康的认知、良好的运动习惯，没有解决好一些心理上的冲突等，幼儿将来便难以适应社会的要求。另外，幼儿的心理若处于不平衡或者不健康状态，就会线性或者非线性地导致异常行为倾向，影响他们今后的成长与发展。人与人之间，人与社会之间，不可避免地会存在矛盾冲突，而良好的心理素质对社会稳定和谐具有润滑剂的作用。因此，从小注重幼儿身心健康教育，不仅对幼儿本身的发展有益，从社会进步的角度来看，也是避免各种冲突事件发生、维护社会稳定、保证家庭幸福的需要。

（二）完善园本化健康课程的使命

“十一五”期间，我园独立承担并主持开展了山东省教育学会规划重点课题“幼儿园健康教育课程开发与实施的研究”，创设了立体化、教育化、特色化的健康教育环境，探索形成了支持性教育策略，构建了“四化”健康教育模式，幼儿的操作、探索、创新能力明显提高，动作技能、身体素质明显增强，意志品质得到锻炼，逐步形成良好的健康教育习惯。出版了研究成果《幼儿园健康教育课程的开发与研究》之《幼儿体育活动样式》《民间体育游戏的挖掘及创新》《快乐的亲子游戏》《远足与教育资源的整合与开发》等4本丛书，并顺利通过鉴定。专家鉴定组给予高度评价，并建议在传承课题成果的基础上，进一步聚焦户外区域活动内容，进行深入研究，推进幼儿园特色品牌内涵发展。

我园根据专家指导建议及自身发展需要，发挥实验幼教集团的办园优势，聚焦主题情境下的户外区域游戏活动，在关注幼儿运动兴趣、提高动作发展水平的同时，关注幼儿的心理健康教育，实现幼儿身心和谐发展，促进幼儿的完整成长，进一步完善优化园本化课程内容，凸显办园特色，打造健康教育特色品牌。

（三）提升教师研究能力与专业情怀

教育科研是园所可持续发展的动力，是提升教师研究能力、促进专业素养的有效途径，我园以课题为统领，以幼儿为研究对象，以班级为教育现场，注重问题研究，践行“学习—讨论—实践—反思—再实践—再提升”的研究模式，使教师在研究中转变教育理念，解决实际问题，掌握师幼互动策略，提高驾驭教学及师幼互动的能力，逐步成为研究型、专家型的教师，促进幼儿园的内涵品质发展。

二、户外区域主题游戏课程的依据支撑

（一）理论依据

一是约翰·洛克的健康教育思想。17 世纪英国伟大的哲学家和启蒙思想家约翰·洛克认为：“人生幸福有一个简短而充分的描述：健全的心智寓于健全的身体。凡身体和心智都健全的人就不必再有什么别的奢望了；身体和心智如果有一方面不健全，那么即使得到了别的种种东西也是枉然。”幼儿时代的健康不仅能提高幼儿期的生命质量，而且为一生的健康发展赢得了时间。幼儿健康也是人类生命质量得以提高的基石，幼儿健康水平的提高体现了人类社会的进步。幼儿健康无论是对于幼儿个体还是对于全人类，都是极其重要的。

二是加夫列拉·马德里幼儿动作发展理论。哥斯达黎加儿童教育学家和心理学家加夫列拉·马德里指出，“运动、玩耍是儿童学会观察、认识、理解

和说话的最佳‘工具’”，他还指出，经科学实践证明，2 ～ 5 岁的儿童中，爱玩要的儿童大脑比不爱玩要儿童的大脑至少大 30%。3 ～ 6 岁幼儿正处于人体快速生长发育时期，他的每一步发育都是其中枢神经系统成熟的一个阶段，幼儿在进行体育活动的过程中，人体的肌肉带动骨骼一起运动，使感觉器官所接触的刺激增多，神经系统反应更加灵敏，从而促进脑细胞的发育。心理学家认为，在幼儿的智能发展中，动作发展占主导地位，因此幼儿运动能力常被作为测试智力发展水平的主要指标。

三是埃里克森人格八阶段理论。以美国埃里克森为代表的新精神分析学派以人格特征为标准将人生划分为八个阶段，其中有三个阶段是在家庭和幼儿园完成的。第一阶段为婴儿期（0 ～ 1 岁），发展的任务是获得信任感，克服不信任感，体验着希望的实现，儿童获得的积极成果是身体舒适，获得安全感。第二阶段为儿童早期（或称“学步期”，1 岁半 ～ 3 岁），发展任务是获得自主感，克服羞耻感和疑惑，体现着意志的实现，积极的成果是坚持的能力和自主的能力。第三阶段为学前期（或称“游戏期”，3 ～ 6 岁），发展任务是获得主动感和克服内疚感，体验目的实现，积极的成果是掌握新任务的主动性。每一发展阶段任务的完成情况和效果对下一阶段的任务产生影响，并深刻影响其后期人格的形成，关系到个体的心理健康水平。

四是尤・布朗芬布伦纳的发展生态学理论。根据美国著名心理学家布朗芬布伦纳的发展生态学理论，幼儿园和家庭是影响幼儿的两个最重要的微观系统，环境的发展潜力将随着一个环境与其他环境之间存在的支持性联系的增多而提高。中间系统中各微观系统间的互动质量越高，促进幼儿发展的可能性就越大。从某种意义上来说，幼儿在微系统发展效果的好坏会受到中间系统的影响。中间系统是家庭和幼儿园这两个微系统的交集，如果幼儿在家庭和幼儿园中学到的行为规范和道德准则等内容存在很大差异的话，那么幼儿在以后所表现出来的行为和心理肯定会非常矛盾。因此，家园教育的一致性至关重要。

五是埃斯萨等人的自我概念理论。美国学前教育专家埃斯萨等人提出的自我概念理论指出：幼儿生活的环境是由家庭、学校、社区这三个同心圆组成的，最靠近幼儿的同心圆是家庭及其成员，第二个同心圆是学校及朋友（同伴），最外面的一个同心圆是社区及其社区成员。埃斯萨认为，家庭、学校、社区中的成人之间、成人与幼儿之间的关系对幼儿的发展至关重要；幼儿的学习范围是从自己（身体）、家庭（家庭成员）扩展到学校（教师和朋友）、周围的社区环境（社区及社区中的工作人员）；幼儿随着年龄的增长，会越来越对其生活的社区及社区如何运作产生兴趣；家庭、学校、社区的密切合作有助于幼儿形成积极的自我概念。埃斯萨的自我概念理论可以给我们以下几方面的启示：（1）应循序渐进地扩大幼儿的学习视野，从幼儿的内部世界走向外部世界。（2）应促进成人之间积极的相互作用，在教师、家长、社会人士之间缔结良好的关系。（3）应密切成人与幼儿之间的友好关系，以促进幼儿自尊心、自信心的发展。

（二）实践支撑

一是开展主题化活动。主题活动是以一个话题为中心，进行延伸扩展，进而形成更多的话题和活动，在活动中贯穿运动、空间、语言、音乐、人际等能力的培养目标。这里是指，教师从大的主题活动中生发与户外区域运动有关联的活动，将各种学习内容围绕一个中心有机连接，使幼儿获得与主题活动内容相关的较为完整的体验。

二是创设情境化环境。根据主题内容创设游戏情境，激发幼儿参与活动的兴趣，调动幼儿活动的主动性，使其体验活动的快乐。情境化环境最大的作用是：以情动情，以情启智，以情怡性，情境成为一种“力”，驱动着幼儿主动投入到活动中去。

三是开展户外区域游戏活动。根据幼儿园环境及幼儿的身心发展特点及动作要求，因地制宜地为幼儿创设多个活动游戏情境，投放活动器械和材料，使幼儿与材料充分互动、探索器械玩法、发展幼儿运动能力。

四是加强个案观察研究。加强个案观察研究，目的在于科学了解幼儿健康发展状况，提升健康课程实施水平。个案观察研究十分注意了解当事人的“故事”，了解当事人对于问题的观点，而健康课程主要研究的问题就是通过这些“故事”和观点来达到对现状的把握。同时，健康课程研究还注重在真实生活背景中去考察研究对象，注重社会现象的整体性和相关性，强调对所发生的事情进行整体的、关联式的考察，而课程实施的教育实践活动以及幼儿的身心健康本身就牵涉了周围生态环境中诸多的影响因素，也牵涉了真实生活中错综复杂的关系。因此，我们需要采用个案观察的研究方法，将健康课程实施的实践活动及其效果还原在真实背景中加以探讨。此外，该研究方法能用较开放的方式收集资料，因而有利于从更全面的角度全景式地认识研究对象，并有利于发现问题或提出新的看问题的视角，这也是深度实施健康课程所期待的。

三、户外区域主题游戏课程的多维创生

（一）环境创设：健康课程实施的资源支持

一是创建户外区域环境，营造快乐运动氛围。首先，打造生态化自然环境。我园最初把户外场地划分为轮滑区、游戏活动区、器械区与沙池戏水区四个大的区域。随着健康课程研究与实践的深入，教师们根据幼儿的基本动

作发展需要，把游戏区与器械区划分为攀爬区、平衡区、钻爬区、跳跃区、投掷区等。随着季节的变化，还将占地面积3000多平方米的树林等绿荫资源拓展利用，将自然因素融入户外活动环境的创建中，如在北边的树林中铺设了木栈道，安装了小木房、木凳、小桌等休闲设施，悬挂了小吊床等，使之成为一个休闲娱乐的场所；充分利用南场地有高坡、有绿草、有大树的资源优势，投放沙袋、迷彩网、轮胎、梯子等器械，孩子们穿梭在林间追逐打闹，从小山坡上爬上爬下，时常上演“野战”场景。幼儿活动空间的延伸，使户外活动环境更具有自然性、生态性。

其次，构建立体化多元空间。我们在开发、拓展树林资源的同时，充分利用墙面、器械等空间资源，采用立体设计，投放走、跑、跳、投掷、攀爬等功能材料，从平面空间延展到立体空间，加大活动难度，赋予环境挑战性。如，我们根据活动场地的地理位置，设置了曲线形木质长廊，在廊柱间创设不同功用、不同材质、不同难度、隐含不同发展目标的活动器械。或利用软绳创设格子型、蜘蛛网型的攀爬网，或利用木杆、铁杆、铁链等创设攀爬架；或利用长绳、木板、轮胎等创设多功能的平衡器械；或投放吊环锻炼孩子臂力，充分体现活动器械的层次性，满足不同年龄、不同水平幼儿的攀爬、平衡、投掷等活动需求。又如，充分利用活动场地中九棵呈九宫格排列的大树，用绳网有机连接，使之成为一个整体，网下悬挂高低不齐、大小不同、形状各异的五彩塑料桶、塑料瓶，在树与树的间隔处摆成轮胎方阵，或者在树与树中间拴上下两条长绳，使活动场所变得有挑战、有趣味，孩子们可以纵跳打“怪兽”、勇渡“黄河”、智创“关口”等。在游戏过程中，他们自己增加难度，如渡“黄河”时，孩子们双脚蹬住绳索，双手抓紧绳索，并不停晃动；孩子们多的时候，他们有时会在绳索一侧，由于绳两侧重量的不对等，身体会倾斜成与地面45°角、30°角，实在不能挑战成功的时候，他们也会马上调整难度，有的孩子钻到绳索的另一侧，使绳索两边的重量相当找回平衡而顺利过关。

同时，设立开放式活动区域。原先的户外活动区，班级教师投放材料的使用对象一般局限于本班级幼儿，即为本班幼儿独享。健康课程实施以来，我们调整思路，打破班级和活动区的界限，由班级向年级组甚至全园幼儿开放，所有区域都成了幼儿运动的场所，由封闭走向开放。如，大班户外主题活动《我是中国人》，大一班设置了综合区“闯关小勇士”，大二班设置攀爬区“勇敢蜘蛛侠”，大三班设置投掷区“救火英雄”，大四班设置平衡区“我是快乐邮递员”，大五班设置钻爬区“小小侦察兵”等区域场景。每名幼儿所选区域由本班1个区域扩大到年级组5个区域，交往的对象由本班幼儿扩大到年级组幼儿，孩子由陌生到熟悉，从封闭学习到相互合作，体验更广的人际关系，从中也学会了尊重同伴、协商合作。

二是有效利用标识，积极渗透健康教育。随着健康课程研究与实践的不断深入，教师的教育理念也不断发生变化，由原先的说教、灌输式教学变为尊重幼儿学习的主体地位，并有效使用标识，将教育的意图渗透到户外环境中，解

决了教师由于不放手、说教引起的幼儿等待时间长、时间隐性浪费等问题。

首先，有效运用标识。标识是在环境中通过各种符号、示意图、照片等直观形象的形式，起到引导和规范的作用。从固定区域到轮换区域活动期间，由于打破了班级的界限，幼儿与幼儿之间、幼儿与教师之间不熟悉，给户外区域活动开展带来了困难。我们通过研究与讨论，注重发挥环境的暗示作用，制定了分区标识、流程标识、数量标识、评价标识、材料归位标识，通过标识内化规则，规范行为，确保区域活动有序开展。

分区标识。我园配备了可移动式区域标牌，对各区域活动范围进行了大致界定。

流程标识。根据活动内容，教师把区域活动流程及器械玩法用图文结合的形式呈现出来，幼儿按照兴趣自主选择区域，根据图示与器械充分互动，掌握器械玩法，按照自己的运动能力进行锻炼，体现个体差异。比如，钻爬区“神勇小兵”，区域牌上摆放“走过小桥”“爬过拱形桥”“爬过草地”“穿过拱形门”“钻过圆形网筒”“爬上高山”的活动流程图，幼儿按照流程图，走过平衡木、翻过 1/4 半月板、匍匐爬过垫子、钻过拱形门和鼠笼、爬上攀岩墙取下小红旗，取得最后的胜利。

数量标识。教师为班级幼儿配备带有照片或学号的进区卡，区域牌上设有 30 个插卡处，实行“牌满为止”原则，区域进区牌插满后，幼儿选择其他区域，有效控制每个区域的活动人数，减少人数多带来的等待和无序，确保户外区域活动质量和安全。

评价标识。各个区域配备一定数量不同颜色的皮筋，一个区域一种颜色，幼儿进区后把皮筋套在手腕上，手腕上的皮筋数量代表幼儿玩过的区域，帮助教师了解幼儿活动情况，并根据情况进行适当调节、引导，促进幼儿均衡发展。

材料归位标识。为活动区域配备了不锈钢架、不锈钢推车、储物箱等盛放材料的工具，规定了材料的摆放位置并明确标识，引导幼儿活动后将材料物归原处，摆放整齐。

其次，合理利用音乐提示。我园充分发挥音乐的教育功能，把音乐贯穿于区域活动中，通过音乐起到转换、暗示功能，提醒幼儿进入不同的活动环节。区域活动开始，在音乐的伴奏下，师生一起做热身活动，活动身体各关节后，先在固定区域游戏；换区音乐响起，班级幼儿轮换到其他区域；最后，舒缓的收拾整理音乐响起，并用语言进行提示，幼儿进入放松、整理环节，整个户外区域活动结束。

三是投放多样活动器械，激发幼儿快乐运动的兴趣。活动材料是户外区域活动环境创设的重要组成部分，对户外区域活动的开展起着举足轻重的作用。研究表明，游戏材料和儿童发展之间存在一种双向关系，也就是说，材料会影响幼儿的行为方式，而幼儿也会根据自己的需要决定对材料的操作方式。在材料投放中，教师注重材料的组合性，体现材料的层次性，诱发幼儿的运动兴趣，满足幼儿多样性、多层次的体验需求。

首先，探索器械的组合功用。教师创新使用材料，强化组合功能，探索出“单一材料组合”“固定器械与移动材料组合”的形式，让幼儿在器械的不断变化中探索、尝试、运动。

单一材料的组合。教师尊重幼儿基本动作发展规律，在跑跳、平衡、钻爬、投掷等活动区域中，投放性质相同或不同的材料，引导幼儿积极参与尝试、拼摆，体验材料组合带来的变化，丰富运动的经验。如：大班钻爬区“爬长城”中，老师和幼儿利用平衡木、垫子、竹梯、木架、轮胎、木凳等活动材料进行组合变化，创设了“山海关”“雁门关”“嘉峪关”等活动场景，让幼儿在快乐游戏的过程中，锻炼攀爬、平衡的能力，激发幼儿的爱国情感。

固定器械与移动材料的组合。固定器械是指幼儿园大中型活动器械，位置固定、不便于移动。主要有大中型滑梯、攀岩墙、木质运动长廊、S 网、钻笼、彩虹隧道等。移动材料是指体积小、重量轻，能够移动的运动材料。教师们根据主题内容，把固定运动器械与移动式器械巧妙组合，赋予其游戏情境和问题情境，活动不再是简单、枯燥的锻炼和练习，而是在情境中有趣的活动。如，大班攀爬区“勇敢的蜘蛛侠”中，教师将木质运动长廊中攀爬网、轮胎墙、塑钢攀岩等固定器械与1/4半月板、布飞碟、小铃铛等辅助材料进行组合，创设“蜘蛛侠闯关”等游戏情境，小小“蜘蛛侠”们手脚协调地攀爬到五彩网的最高点，摘取布飞碟后向下攀爬，走过拱形桥，攀爬到轮胎墙顶部摇响小铃后爬下，最后爬上攀岩顶部翻越下来。小小“蜘蛛侠”依次闯关，促进了手脚协调、攀爬及平衡能力的发展，同时体验到游戏带来的愉悦情绪。

其次，追求材料的层次价值。《3～6岁儿童学习与发展指南》中强调：注重幼儿的个体差异。幼儿的发展是持续、渐进的过程，同时也表现出一定的阶段性特征。每个幼儿在沿着相似进程发展的过程中，各自的发展速度和到达某一水平的时间不完全相同。幼儿的运动能力是有差异的，即使是同一年龄段的幼儿其运动能力、水平发展也各不相同。因此，教师根据幼儿的年龄特点和运动能力，创设多层次的运动环境，提供难易不同的活动材料，鼓励幼儿勇敢地尝试，教师给予支持和帮助，让幼儿体验成功后的喜悦，增强活动的自信心。如在大班户外主题活动“了不起的我”中，教师创设了攀爬区，设置了不同的攀爬难度。幼儿徒手攀爬五彩格，攀爬一定高度轮胎墙后从悬挂的小框中取出毛绒玩具，手持毛绒玩具攀登轮胎墙并将其送入悬挂的小筐内等，体现游戏的多样玩法。幼儿根据自己的水平选择不同层次、不同难度的活动器械，既使能力稍弱的幼儿体验到成功的喜悦，也让能力强的幼儿体验挑战成功后带来的满足感。

（二）主题活动：架构健康课程的主要载体

一是师幼共创主题游戏活动。在户外区域活动中，教师根据省编教材主题活动或重大节日、社会事件等，遵循幼儿基本动作发展规律及生理、心理发展特点，追随幼儿活动兴趣，与幼儿共同确定主题内容。如中国古典神话小说《西游记》是幼儿百看不厌的文学作品，其中离奇曲折的情节、鲜明的人物性格特征深得幼儿喜爱。户外区域游戏主题“七十二变美猴王”就是源于某天大六班一位幼儿从家里带来的猴王面具和金箍棒，引起了其他幼儿的关注而拓展出来的主题活动。孩子们一起谈论孙悟空、唐僧、猪八戒等，讲《西游记》的故事，学扮孙悟空等。老师及时有效介入，经过师生共同商议，生发了“七十二变美猴王”户外区域主题游戏活动，它改变了原来单一的运动，激发了幼儿的内在动力，促进每一个幼儿健康快乐成长。

二是注重游戏情境的有效创设。幼儿是通过游戏进行学习的。为了激发幼儿的运动兴趣，老师们以主题内容为主线，结合故事或动画片的内容，设计与主题相关联的情境，让幼儿入境动情，变被动为主动，玩在其中，乐在其中。

首先，创设故事情境。在户外区域主题活动“七十二变美猴王”中，每个区域的情境都围绕“七十二变美猴王”创设，分别创设了平衡区之“谁是美猴王”、投掷区之“群魔乱舞”、综合区之“美猴王智勇闯关”、钻爬区之

"巧夺天梯"等，每个区域情境有效对接。活动中，孩子们赋予自己孙悟空的游戏角色，依次选择活动区域进行活动。户外区域活动因为有了故事情境而变得生动形象、富有童趣。

其次，赋予任务情境。教师通过赋予任务情境，以完成任务为目标，激发幼儿活动的内驱力。如，大班平衡区"担担乐"，教师提供呼啦圈、木质钻桶、半月板、平衡木、自制梅花桩、扁担、矿水桶等材料，创设"我给小树去浇水"等情节，幼儿用扁担挑水，走"小桥"、跳"荷叶"、钻"隧道"、爬"高山"、过"小河"等，到达目的地给"小树"浇水。又如"综合运动区"，教师为每个运动器械进行数字标识，设计并提供"闯关"游戏卡，"小勇士"们取下"闯关游戏卡"，按照"3—6—1—4—2"或按照"5—7—8—3—1"等不同的顺序卡，背负自己选择的、具有一定重量的背包，克服重重困难，连续闯关之后，把胜利的小红旗插到沙池中，顺利完成任务。在开心游戏的过程中，培养了幼儿不怕困难、挑战自我、坚持到底的良好意志品质。

（三）活动保障：强化健康课程实施的支持条件

一是科学规划游戏时间。研究证明，游戏时间的长短会影响幼儿游戏的质量。《幼儿园工作规程》中明确规定："幼儿户外活动时间在正常情况下每天不得少于 2 小时，每日户外体育活动不得少于 1 小时。"经过管理人员和子课题组教师的反复研讨，我们调整作息制度，增加户外区域游戏活动环节，规定户外活动时间，每天保证 60 分钟的户外区域活动时间；实施年级组错时活动制度，每个班级按照"户外区域活动安排表"每天进行活动。充足的时间为幼儿持续、深入地活动提供了保障。

二是统筹安排班级活动。在活动区域推进过程中，我们遵循"循序渐进，逐步拓展"的原则，活动周期为一个月：第一周，教师带领幼儿熟悉本班负责区域，了解并熟悉活动区域规则及玩法，丰富活动经验；第二、三周轮换区域，每个班按照安排表依次熟悉其他区域，熟悉规则，探索材料玩法，体验多样性运动；第四周打破班级界限，幼儿自由选择活动区域，自主探索、与人合作，与材料充分互动。

三是实施支持教育策略。（1）实施激励措施。教师以关怀、接纳、尊重的态度与幼儿交往，给予鼓励、赏识，帮助幼儿克服运动中的活动障碍和心理障碍，激起参与运动的信心，产生勇于挑战的信念，享受运动带来的乐趣。（2）实现同伴互助。教师引导幼儿与同伴之间建立良好的互动关系，在动作发展、情感培养、意志品质提升中相互支持、相互鼓励、相互影响，达到共同提高的目的。（3）教师适当介入。活动中，当幼儿出现对动作要领未掌握、对活动兴趣减弱或不感兴趣、活动存在安全隐患的时候，教师适时、适度介入，给幼儿提供支持与帮助，推进户外区域活动的开展。

教师激励案例：我不是胆小鬼

在平衡区，孩子们依次走过高平衡木、爬过拱形桥、走过梯子小桥，取下“小动物”，推车送“小动物”回家，顺利完成了游戏。轮到胆小的婷婷时，她一直犹豫着，颤颤巍巍地走到平衡板的中间时，腿开始剧烈颤抖，不敢往前走一步。后边的孩子喊道：“胆小鬼，快点走。”婷婷的眼睛里含满了泪水。这时一直在旁边观察的刘老师问她：“婷婷，需要帮忙吗？可以先扶着老师的手试一试？我相信你一定能行！”婷婷紧紧地抓住老师的手，在老师的鼓励和帮助下，走过了平衡木。之后，婷婷再一次尝试走平衡木，虽然面色紧张，腿也在发抖，但她依然坚持了下来，还兴奋地告诉老师：“刘老师，我敢走了，我不是胆小鬼。”

活动分析：在有挑战的活动中，教师激励性的语言、微笑的眼神、点头或者竖起大拇指等手势都是幼儿战胜恐惧、害怕的法宝。

同伴互助案例：我会跳格子

中班盖浩然比较胖，动作协调能力差，“跳格子”难住了他。老师示范了“单双脚跳”的动作要领并带着他跳了两遍后，诗涵和思桐也加入了帮助盖浩然的行列，在游戏接近尾声的时候，诗涵和思桐兴奋地把老师拉到盖浩然身边，说：“老师，盖浩然会跳了。”盖浩然憨憨地笑着说：“老师，我会跳格子了。”看着两个“小老师”教得满头是汗，看见盖浩然动作稍显笨拙的单、双脚跳格子，老师高兴得把他们三个揽入怀中，对他们跷起了大拇指：“你们真棒！”

活动分析：活动中教师采用“同伴互助”的策略，积极发挥同伴作用，实施同伴互助，由能力强的幼儿帮助能力弱的幼儿，方法更贴近幼儿，更容易被其他幼儿接受，效果会更好。

教师介入案例：你们想怎么玩？

随着户外游戏的推进，“炸碉堡”游戏已是孩子们第三次玩了。一进入场地，孩子们就说：“怎么又玩这个游戏呀！”作为老师，谁也不愿意听到这种消极的声音。老师问：“你们想怎么玩？”“老师，我能再加点器械吗？”航航弱弱地问。“你想加什么，加在哪儿？”老师接着问。“加三个拱形门，加在平衡木和跨栏的中间。”

“我觉得航航的想法很好，谁还有好主意，让我们的游戏更好玩呢？”子贤说：“老师，我发现有半月板的地方每次都有好多小朋友在等着，咱们能不能再加一条路呢？”“老师，我想在‘碉堡’的地方加一个跳跳床，可以吗？”孩子们按照自己的想法创意拼摆……同样是“炸碉堡”的游戏，这一次孩子们迫不及待了……

活动分析：随着游戏的推进，幼儿兴趣开始减弱，教师及时介入，提出问题：“你们想怎么玩”？把问题抛给了孩子们，引发孩子思考。教师倾听孩子的想法，相信孩子，把活动的主动权交给孩子们，鼓励孩子们通过“添加”器械的方式，变化器械的组合方式，使活动变得有趣。

四是丰富活动经验。每次活动结束后，教师会灵活地根据活动需要，组织幼儿谈话，分享活动中解决的难题，谈谈活动中最开心的事情等，帮助幼儿拓展新经验，把零散经验系统化，使个人的经验成为大家共同的智慧。

（四）家园共育：提升健康课程实施水平的重要举措

幼儿心理健康教育的实施，需要借助切实有效的活动载体，活动载体既要体现幼儿心理健康教育的科学性，又要展现幼儿心理健康教育的可操作性。参照班杜拉三元交互理论，我们分别从环境、认知及主观能动性三个方面进行研究。从研究实践中可以看出，影响幼儿心理健康发展的因素主要有成熟程度、环境和幼儿的自主能动性，即幼儿自身的年龄特点影响幼儿对客观事物的认知；家庭环境、幼儿园环境和社区环境对幼儿情绪、情感和个性的发展具有潜移默化的作用。在这个过程中，幼儿调动主观能动性来应对环境的变化。根据本园实际情况，我们把研究范围主要确定于幼儿园和家庭之间，把幼儿园环境、幼儿在园的一日生活及家园共育等作为研究内容。

1. 在软环境建设中潜移默化培养幼儿健康心理品质

对幼儿来说，对其生理和心理发展影响最大的环境是幼儿园和家庭。为幼儿营造一个有利于心理健康发展的良好物质环境和精神环境，在幼儿心理健康教育中发挥着重要作用。

首先，创设自由开放的心理环境。我们积极为幼儿提供开放的环境，引导幼儿在这样的环境中充分交流表达、展现自我，实现自我价值感。

创设引发性、支持性的公共环境。在幼儿园楼梯、走廊等公共区域，创设了“世界那么大，我想去看看”的主题环境区，引导幼儿感受幼儿园以外的精彩世界；“我的世界”主题环境，为幼儿表征自己眼中的世界提供了素材，温馨的故事绘本区，成为引导幼儿了解自我意识的素材。

创设关爱性、鼓励性的班级环境。考虑到幼儿社会化发展的需要，根据幼儿心理特点，各班级创设了交流区、情绪屋等有利于幼儿心理健康成长的环境，形成了私密性、半开放性、开放性的多层次心理环境。如创设心情栏，幼儿每天入园的第一件事，就是来到这里根据自己的心情选表情卡，教师及时观察表情卡及情绪区活动情况，了解幼儿情绪状态，引导他们学会管理情绪的方法并释放不良情绪；创设情绪屋，在其中投放柔软舒适的毛绒玩具、色彩温暖的背景墙、绘画用品和电话等材料，当幼儿有需要时走进温馨小屋，选择不同的形式缓解不良情绪，如有的幼儿抱住毛绒玩具缓解焦虑，有的幼儿用绘画的方式表征自己的情绪，有的幼儿用模拟打电话倾诉的方式排解不良情绪；设置温馨提示语，班级的角角落落里有生活小提示，叠衣步骤提示、自主取餐点提示等，在潜移默化中培养了幼儿独立自主、合作、关爱的心理品质；创设“我是小明星”“我最棒”等赏识栏目，记录幼儿成长的点滴进步，使其在成功的体验中增强自信。在这样的环境中，幼儿自由地进行表达，随时调试不良情绪，还可以随时与教师和其他小朋友进行社会化的互动、交流，逐渐形成独立自主的心理品质。

其次，创设关心支持的心理环境。幼儿园是幼儿进入社会的第一站，我们力求把幼儿园营造成“家”的延伸，让幼儿体验到家的安全与温暖，又感受到幼儿园的接纳与支持，对幼儿园产生归属感。

创设包容、尊重、接纳与关爱的师幼关系。教师以关怀、接纳、尊重的态度与幼儿交往，她们的态度和引导方式为幼儿创设了安全、温馨的心理环境，在教师“你真棒!”“我相信你能行!”“你再试一试!”等语言的引导下，孩子们敢于尝试、勇于探索、乐于操作，增强了自信心。

营造协商、合作、平等与互助的同伴关系。同伴关系是幼儿人际关系的主要组成部分，尤其是在中班以后，其重要作用甚至会超越师幼关系，营造和谐的同伴关系成为培养幼儿良好心理品质的重要内容。在实践中，老师们从细处着手，如师幼共同讨论制定班级约定，当幼儿之间出现争执的时候学会了协商解决，长期以来，同伴间争抢玩具的现象少了，相互商量的现象多了；告状的少了，同伴间共同遵守班规的多了，孩子们合作、分享的意识明显增强。

营造理解、协作、引导与配合的家园关系。幼儿健康心理品质的形成需要进一步延伸到家庭生活中，家庭是幼儿健康成长的重要环境，教师利用多种渠道密切与家长的联系，双方及时沟通幼儿的表现，并根据幼儿的表现作出相应的教育策略。如一个以前非常开朗的孩子最近遇事经常哭闹，教师与家长交流后得知，他的家中新添了小弟弟，家长没有及时处理好这一关系，这个孩子常用哭闹的方式引起家长的关注。教师与该幼儿谈心，引导其积极参加“大带小”活动，在班级中开展“我的弟弟妹妹”的话题讨论，请家长配合做好孩子的心理疏导工作，逐渐地，孩子从心理上真正接受了小弟弟，性格逐渐变得开朗起来。

2. 重视健康课程实施的关键点

幼儿心理健康教育是一个系统的工程。幼儿园的一切环境、每个环节的活动、教师的一言一行等等，都影响着幼儿心理的健康发展。因此，我们捕捉幼儿心理发展的敏感期，将心理素质的培养融合渗透到幼儿在园一日生活的各环节中，解决幼儿心理冲突，使其体验成长的快乐。

首先，关注幼儿心理成长的敏感期。团体动力学认为，团体具有吸引各个成员的内聚力，能把个体的需求与团体目标连接在一起，使团体行为深深地影响个体行为。主题活动是幼儿团体心理健康教育的综合形式，在幼儿心理健康教育中具有重要作用。幼儿在主题活动中与同伴相互作用，通过集体活动建立起团体规范和价值，幼儿在这样的活动中实现自我认识与自我成长。而心理敏感期是指幼儿在某个年龄阶段容易形成某种健康的心理品质。我们根据幼儿各年龄阶段最为主要的心理冲突，总结该年龄段最为关键的心理品质，以主题教育形式融入幼儿日常教育教学活动，形成了 8 个教育主题、16 个次主题、109 个教育活动，对幼儿进行正面引导，帮助幼儿感知、体验、实践，不断提高幼儿的心理感知度。如针对新生入园面临入园焦虑的问题，开展亲子入园适应主题教育活动，以减轻入园焦虑；大班孩子面临上小学、换牙等问题，开展“我不担心”的主题教育活动，从心理和行为习惯上做好准备，并将这些课程与家长及时沟通，助推课程的实施。主题教育活动的开展，使幼儿顺利渡过心理成长敏感期。

其次，重视游戏的独特价值。游戏是幼儿最主要的学习方式，游戏在幼儿心理健康教育过程中，具有发展幼儿心理素质的功效。从人格发展上来说，幼儿在游戏中心理压力最小，对自己行为的掩饰也最少，是幼儿表达真实自我的重要途径。从社会发展上来说，幼儿在游戏中建立人际关系，学会竞争与合作。从情绪发展上来说，游戏有利于幼儿积极情感的发展和消极情绪的疏导。从心理治疗上来说，游戏又具有解决幼儿心理冲突的功效。当幼儿游戏出现冲突时，教师以游戏角色身份介入进行疏导和干预，帮助幼儿解决问题。如小班幼儿常常会出现尿裤子情况，对于胆小内向的幼儿来说尿裤子是一种负面情绪的导火索。有个内向的孩子午休尿裤子后不好意思向老师说，值班老师发现后，用游戏的口吻对他说：“我们玩个换裤子的游戏吧，你躺在被窝里悄悄地换一条裤子，换裤子的时候争取不让老师看到小屁股，你就赢了！”内向的幼儿在游戏中完成了换裤子的过程。游戏疗法在治疗幼儿心理疾病中有着重要的地位，这种疗法容易被幼儿接受，治疗过程在游戏中悄然进行，幼儿在重复游戏中获得了解决问题的方法。

再次，关注幼儿个体差异。由于遗传因素和后天生活环境的差异，幼儿具有各自不同的特点。在幼儿园的一日生活中，教师持续追踪观察，综合幼儿的具体表现和有关背景资料的分析研究，最容易发现幼儿发展性的心理品质，也最容易发现个体的差异性，便于实施有针对性的

教育干预。在研究实践中，我们分析并关注各年龄段幼儿的共性问题，观察各年龄段幼儿在一日生活中遇到的共性心理矛盾，并根据心理矛盾总结梳理幼儿各年龄段最为重要的心理冲突。如从幼儿情绪变化入手，总结梳理出小班幼儿情绪变化特点：当他们的想法没有实现时、离开熟悉的环境和人时、自己的东西和权利受到侵犯时最容易哭闹；快乐的情绪是在需求得到满足时、获得成功体验时最容易呈现。小班阶段的入园焦虑指向的心理冲突是信任与不信任。就这样，教师在幼儿的一日生活中，根据孩子的年龄特点，进行有针对性的观察，方便了教师在集体教育活动中解决幼儿的共性问题，也让我们在关注幼儿共性问题的同时，关注幼儿的个体差异，对个别幼儿进行个案跟踪，帮助幼儿及时转化不良行为与情绪。如通过观察发现，大班某幼儿绘画作品长时间无法按照教师的引导进行主题绘画，画面杂乱，内容多为植物大战僵尸的情景。在多次与幼儿、家长交流中得知，该幼儿痴迷于手机版的植物大战僵尸游戏，为此，教师与家长制定了切实可行的方案，运用正强化的方式控制玩手机游戏的时间，调整游戏内容，逐渐地，这个孩子玩手机游戏的时间大大减少，绘画内容也逐渐丰富。

四、户外区域主题游戏课程的行动反思

（一）成效显著

一是取得了健康课程实践研究的第一手资料。在研究的过程中，教师及时撰写并收集过程性研究资料，共汇总整理研究资料约 30 万字，其中撰写课题研究报告与子课题报告约 5 万字，教师教育案例 13 万字，幼儿园大、中、小班健康教育主题教育活动设计约 12. 5 万字，为我园健康课程的深化研究提供了翔实的第一手参考资料。

二是形成了我园健康课程群。在健康课程的研究与实践中，我们遵循

"主题化、情境化、个别化"原则，采用全员参与、多元渗透、多渠道推进的策略，构建了适合本园的健康教育课程。结合小、中、大班三个年龄段幼儿的年龄及心理特点，开发了《小小的我本领大》《春天我们去郊游》《快乐六一嘉年华》12 个户外主题活动、68 个次主题、94 个教育活动，形成了 8 个心理健康教育主题、16 个次主题、109 个教育活动，为教师实施园本化课程奠定了坚实基础。

三是促进了幼儿健康快乐成长。主题化、情境化、多元化的户外区域活动，大大调动了幼儿参与的积极性，他们与器械有效互动，体验到多种运动的快乐，幼儿身体素质、运动能力、对环境的适应能力明显提升；他们打破班级界限，积极与其他幼儿进行交往、沟通，促进了幼儿的社会性发展；他们挑战环境、挑战运动器械以及自我，激发了运动潜能，拓展了思维方式，培养了大胆勇敢、团结互助、自信乐观的态度和心理品质。也就是说，主题情境下的户外区域游戏，在促进幼儿动作发展、提高身体素质的同时，也润物无声地提升了幼儿的心理健康水平。另外，根据幼儿的心理发展需要，开展了预防式专题心理健康教育，幼儿的心理品质得到很好的发展：幼儿能愉快地接受来自老师和成人的帮助；能够主动与父母、老师、小朋友表达、交流自己的感受和想法；乐意寻求新的生活体验，适应新环境的能力不断增强；做事的信心和耐心有了很大提高；幼儿主动参与集体性活动，敢于自我表现；和小朋友友好相处、平等合作、乐意关心他人，富有同情心；遇到困难能主动想办法解决；能接受教师和家长的劝导，不任性等。

四是实现了教师专业化发展。在课题研究实践中，教师发现问题、提出问题的能力明显增强。针对研究过程中发现的问题，教师们主动学习，图书室查询理论书籍，网络搜寻相关经验，外出培训聆听专题讲座等，努力成为教学实践的研究者、园本教研的参与者。教师们把解决不了的问题带到我园组织的"华东师范大学订单式高级研修班"上，主动请教专家教授，解决实际问题。教师们实施行动研究，关注园本教研过程，解决活动中遇到的实际问题，掌握了教育支持策略，专业素养及园本教研水平不断提高。

教师们立足幼儿健康快乐成长，进一步确立正确的教育观和儿童观，教育理念不断转变，专业素养不断提升。他们遵循教育规律，实施科学育人，最终促进了幼儿全面和谐而富有个性的发展，推动了园所健康、和谐、富有特色的发展。幼儿园和教师个人取得骄人的成绩：2012～2015 年期间，我园《以人为本，特色育人，促进幼儿健康快乐成长》获山东省第二届幼儿园特色教育活动展评一等奖，《幼儿园健康教育课程的开发与研究》获山东省第二届普通中小学、特殊教育学校、幼儿园优秀课程资源评选活动一等奖等 48 项集体荣誉；教师个人先后荣获山东省特级教师、山东省教学能手、山东省首届学前教育教研科研十大名园长、东营市有突出贡献的中青年专家、东营市名师、东营市教育名家等 76 项荣誉称号，有 12 人取得心理咨询师证书；教师撰写的论文在国家、省、市各级业务部门组织的课程资源、教育成果评选中有 169 项获奖，在各级专业报刊发表论文及成果 81 项。

五是转变了家长的家庭教育观念。家长报告会、家长会、家长开放日等“五个一”活动，促进了家长观念与行为的转变。在参与课题的过程中，家长们体会到了家庭在幼儿发展中的作用，看到了自己的教养观念、教养方式及自身素质在幼儿身上的反射。家长对促进幼儿良好性格养成的“爸爸进课堂”活动，促进幼儿社会化发展的社会实践活动，促进幼儿亲社会行为的区域游戏活动，由开始的被动参加到积极主动参与，对幼儿的诸多行为，也由以前的放任或熟视无睹到尝试用幼儿心理发展的知识来进行解读，努力用民主开放的教养方式理性育儿，把理智的爱、合理的期望融进自身教育行为。家园合作，共同为幼儿创设了良好的心理发展环境，提高了家庭教育质量。

（二）不足之处

一是教师的健康教育理论水平有待提高。在研究过程中，深感健康教育及幼儿心理学方面的专业知识还很欠缺，对幼儿的行为分析及指导策略不够专业，遇到特殊的个例，有时会感觉束手无策，教育效果欠佳，因此，需要组织教师进行系统的学习，不断提高理论水平。

二是开发实施健康课程的能力有待增强。在研究的过程中，教师也遇到了前所未有的困难与压力，根据需要开发课程、关注幼儿兴趣生发课程的能力不够，需要继续学习相关的理论知识，不断完善自我，提高开发园本化课程的能力。

三是基于健康课程实施的园本教研水平有待提高。园本教研的过程不是一帆风顺的，总会碰到这样或者那样的问题。尽管每次组织研讨活动，都会提前告知教师研究讨论的问题，但是由于缺乏专家的指导，很多时候教师给出的答案并不理想，有时甚至没有答案，在一定程度上影响了研究的深度和质量。因此，探索园本教研形式、提升专业素养、解读幼儿行为等依然是我们致力于解决的事情。

四是家园合作的成效需要进一步提升。尽管在家园合作方面做了很多工作，但是依然存在不尽如人意的地方。如，家园教育不合拍、家庭教育理念相对滞后等问题，也需要逐一解决。

幼儿健康成长的问题应是幼儿园、家庭和社会合力持久培养的过程，我们也更期待在今后的课题研究过程中，三位一体形成合力，共同为幼儿创造一片更加健康的空间，为每一个孩子都能成为一个出色的社会人打好基础。

第五节　自主游戏课程

《中国学生发展核心素养》以科学性、时代性和民族性为基本原则，以培养“全面发展的人”为核心，涵盖文化基础、自主发展、社会参与三个方面，综合表现为人文底蕴、科学精神、学会学习、健康生活、责任担当、实践创新六大素养。

我们作为基础教育的奠基阶段，从事着“根性”教育事业，对照《中国学生发展核心素养》中“自主发展、社会参与”等关键方面，深入学习并解读“学会学习、健康生活、实践创新”三大核心素养的实质涵义，同时结合我们当前的研究现状及幼儿阶段的年龄特点，不断地进行自我反思、自我革新、自我挑战，针对“如何开展自由、自发、自主的真游戏，把游戏的权利真正还给孩子”这一真问题，开展园本教研，回归游戏现场，尊重成长规律，使每一个孩子成为会善思考、有主见的智慧儿童。

一、自主游戏课程的幼儿立场

自主游戏课程的构建，从幼儿园游戏活动中存在的突出问题——“幼儿缺乏游戏的自主性”入手，实践者立足教育现场，通过体验式、参与式等扎实有效的园本教研活动，大胆创新实践，探索出推动幼儿自主游戏的教育策略，即：创设独立且关联的活动区域，提供适宜且开放的游戏材料，保证充足且自主的游戏时间，开展自主且有趣的区域游戏，掌握支持且有效的教育策略等，极大地提高了幼儿的自主学习意识与能力，促进了社会适应性发展，培养了游戏精神和专注学习品质，建立了完整的人格，为其以后的生存发展奠定了坚实基础。

（一）幼教法规的颁布与实施

《3～6岁儿童学习与发展指南》的深度解读与贯彻执行。2012年9月，教育部正式颁布《3～6岁儿童学习与发展指南》，《3～6岁儿童学习与发展指南》在“说明”部分强调实施《3～6岁儿童学习与发展指南》的过程中，应把握以下几个方面：一是关注幼儿学习与发展的整体性。幼儿的发展是一个整体，要注重领域之间、目标之间的相互渗透和整合。游戏是促进幼儿整体性发展的最好体现。二是尊重幼儿发展的个体差异。自由、自发和自主是游戏的本质特征，“三自”意味着每个幼儿都在现有的水平上，根据自己的兴趣和需要进行活动，幼儿的个体差异在游戏中体现得最为淋漓尽致。三是理解幼儿的学习方式和特点。要珍视游戏和生活的独特价值，创设丰富的教育环境，合理安排一日生活，最大限度地支持和满足幼儿通过直接感知、实际操作和亲身体验获取经验的需要。四是重视幼儿的学习品质。专注的学习品质对幼儿的终身学习至关重要，幼儿在游戏时最为专注。我们深入学习《3～6岁儿童学习与发展指南》解读，使《3～6岁儿童学习与发展指南》的贯彻执行上升到一个新的高度，为《3～6岁儿童学习与发展指南》的真正落地找到新的支撑点。

《幼儿园工作规程》的颁布与实施。2016年新颁布的《幼儿园工作规程》中指出：“幼儿园应当因地制宜创设游戏条件，提供丰富、适宜的游戏材料，保证充足的游戏时间，开展多种游戏；应当根据幼儿的年龄特点指导游戏，鼓励和支持幼儿根据自身兴趣、需要和经验水平，自主选择游戏内容、游戏材料和伙伴，使幼儿在游戏过程中获得积极的情绪情感，促进幼儿能力和个性的全面发展。”“应将环境作为重要的教育资源，合理利用室内外环境，创设开放的、多样的区域活动空间，提供适合幼儿年龄特点的丰富的玩具、操作材料，支持幼儿自主选择和主动学习，激发幼儿学习的兴趣与探究的愿望。教育活动的过程应注重支持幼儿的主动探索、操作实践、合作交流和表达表现，不应片面追求活动结果。”《幼儿园工作规程》的颁布与实施，引发我们新的思考与行动。

（二）基于问题下的行动研究

“十二五”期间，我园独立承担并主持开展了山东省教育科学规划课题“幼儿园健康教育课程开发与实施的深化研究”，创设了立体化、教育化、特色化的健康教育环境，探索形成了支持性教育策略，聚焦户外区域游戏，立足幼儿全面发展，多措并举，齐心用力，幼儿的动作技能、身体素质明显增强，意志品质、良好的健康习惯逐步形成，操作、探索、创新能力明显提高。出版了课题研究成果《户外区域游戏课程园本化实践案例》《幼儿心理健康课程园本化实践案例》，课题顺利通过成果鉴定。鉴定小组给予高度评价，研究成果达到省内领先水平。专家给出指导建议：“在传承课题成果的基础上，进一步聚焦研究内容，在幼儿自主游戏课程建设方面进行深入研究，构建自主游戏课程，促进幼儿自主能力及社会性发展。”我园认真听取专家意见，反思前期课题研究中存在的突出问题——幼儿缺乏游戏的自主性，突出表现在：一是户外活动区域名称及目标指向性单一，导致幼儿活动兴趣逐渐降低；二是游戏材料不丰富、不开放，材料控制了幼儿；三是教师高控、包办代替现象严重，导致幼儿学习主动性不强，较为被动；四是教师对自主游戏的本质内涵理解不到位，缺乏游戏素养；五是教师缺乏对幼儿自主游戏的指导策略。我们以问题为导向，制定科学策略，不断深化课题研究，推进自主游戏进程。

（三）自主游戏课程开发与实施的现实意义

构建幼儿自主游戏课程，旨在剖析制约幼儿自主游戏的原因，探索推动幼儿自主游戏的有效途径、教育策略及指导方法，提升教师的研究意识与能力，构建适宜幼儿个体需要和兴趣，符合幼儿已有经验、发展速度、学习需要的多元化自主游戏课程，提高幼儿的自主学习意识与能力，实现自我探索、自我选择、自我建构和自我创造的过程，促进其社会适应性发展，培养游戏精神和专注学习品质，使幼儿建立完整的人格。

自主游戏具有自主选择、自由操作、自由组合、互动合作和自娱自乐、多元发展等特点。自主游戏使幼儿在一定的游戏环境中，能够完全根据自己的兴趣需要，以快乐和满足为目的，自由选择、自主开展、自发交流，是一种积极主动的活动过程，是一种生理、情感、认知、社会性等身心各要素的整体投入。这一过程也是幼儿兴趣需要得到满足、创造性充分发挥和人格不断健全的过程，它不仅能丰富幼儿的一日生活，引发游戏兴趣及各种探索活动，满足不同幼儿的好奇心、求知欲和好动的天性，而且还有助于拓展幼儿的经验和视野，丰富认知，发展创造性思维，培养幼儿勤于探究、乐于合作分享的良好品质等。分析当前幼儿游戏状态，存在幼儿习惯于被动参与，缺乏游戏自主性的问题。我们开展幼儿自主游戏课程开发与实践的研究，对于破解幼儿游戏自主性不强，探索推进自主游戏深入开展的教育策略，促进幼儿自主、专注等学习能力及学习品质的形成具有重要的实践和研究价值。

自主游戏课程的开发与实施，既需要教师较高的专业素养，又需要环境及材料的隐性支持。我们将教育目标淡化隐形于环境及材料中，通过细心观察分析幼儿游戏行为，形成有效的支持策略，建构自主游戏课程，使幼儿在社会性、情感、认知和身体等各方面都得到发展，无形中培养了幼儿自主探究、勇于尝试的学习精神，坚持独立、认真专注的学习品质，促进了幼儿全面而有个性的发展，为其一生的发展奠定坚实的基础。

二、自主游戏课程的行动目标

（一）建构自主游戏课程的理论依据

一是皮亚杰游戏理论[①]。皮亚杰非常重视儿童在游戏中自由自在地活动。

---

① 让·皮亚杰：(Jean Piaget，1896～1980 年)，瑞士近代最有名的儿童心理学家，提出了皮亚杰游戏理论（Piaget’s theory of play），亦称“游戏的认知发展阶段理论”。

在游戏中，孩子并非为了追求游戏的结果，而是为了在游戏过程中使自己的认知、情感、动作等方面得到充分自由的发挥，而不受现实的、成人的约束，从而获得兴趣、需要以及情感上的满足。因此，皮亚杰认为，教师的主要任务在于给儿童提供相应的游戏材料和设备，激发儿童的兴趣，使儿童在游戏活动中自由地探索事物、发现问题。由此可见，自主游戏是一种符合儿童身心发展要求的快乐而自主的实践活动，具有自主、自愿的特点，因此，我们要充分尊重游戏者的心愿，发挥游戏者的主动性、自主性，从而促进儿童的认知发展以及整个心理建构的发展。

二是陶行知的“六个解放”理论。“六个解放”即：一是解放儿童的头脑，使他们能想；二是解放儿童的双手，使他们能干；三是解放儿童的眼睛，使他们能看；四是解放儿童的嘴巴，使他们能谈；五是解放儿童的空间，不要把儿童关在笼中，使他们能到大自然、大社会里去扩大认识的眼界，取得丰富的学问；六是解放儿童的时间，不把他们的功课表填满。我园开展自主游戏的初衷，就是为了把游戏的权利还给幼儿，真正实现“六个解放”。

三是维果茨基的“最近发展区”理论。维果茨基认为，游戏创造了儿童的最近发展区。幼儿的认知发展存在着一个介于儿童自己实力所能达到的水平与经过别人的帮助之后所能达到的水平之间的差距，这一差距被称作“最近发展区”，我们也可以将它理解为一个人的最大潜力。游戏活动中，幼儿根据自己的发展水平，结合自己的兴趣和需要进行活动，个体差异体现得淋漓尽致。游戏反映发展，教师可以通过游戏了解幼儿的现有发展水平；游戏巩固发展，幼儿在游戏中的循环反应可以不断巩固发展；游戏促进发展，幼儿通过大量的自发性的探索行为，引发认知冲突，从而产生新的最近发展区。

四是加德纳的多元智能理论[①]。霍华德·加德纳指出：人脑的思维和认识世界的方式是多元化的，每个人都有八种或八种以上智能，这八种智能代表了每个人不同的潜能，这些潜能在儿童的发展中具有同等重要的地位，它们既相对独立，又互相渗透和促进，只有在适当的情境中才能充分发掘出来。多元智能理论关注个人的全面和谐发展，它强调个人富有个性的发展。自主游戏课程不仅仅局限于发展幼儿多种智能的一个或几个方面，同时也为各个智能领域的发展创造了机遇。幼儿在其感兴趣的自由环境中进行自主游戏，有助于他们展现许多平时隐藏着的潜力，在熟悉的环境中，他们更容易进行探索，并且易于将其探索的成果学以致用，从而引发他们进一步探索与学习的愿望。并且，自主游戏课程能够更好地关注幼儿的个别差异，尊重其独特的智力特征，最大限度地适应每一位幼儿不同的学习需要。

（二）创新构建自主游戏课程的研究思路

思路决定行动，行动决定效果。自主游戏课程开发与实施的研究，采用“全园统筹，管理外促，整体推进，专业引领，行动研究”的策略。学习《幼儿园工作规程》《3～6岁儿童学习与发展指南》等学前教育法律法规，认真贯彻落实《3～6岁儿童学习与发展指南》精神，反思前期课题研究《幼儿园健康教育课程开发与实施的深化研究》中存在的突出问题——幼儿缺乏游戏的自主性，检索、查找国内外相关研究资料，分析研究现状及发展趋势，结合本园发展实际，决定从户外区域游戏环境与材料投放的隐形课程构建及实施、幼儿自主游戏课程的构建与实施、幼儿自主游戏课程的评价、推进自主游戏课程深入开展的教师专业发展研究等四个方面入手，以期提高幼儿的自主学习意识与能力，实现“六个自主”（自主选择游

① [美] 霍华德·加德纳：(Howard Gardner)，是世界著名教育心理学家，最为人知的成就是“多元智能理论”，被誉为“多元智能理论”之父。现任哈佛大学教育研究生院心理学、教育学教授。

戏区域，自主选择游戏内容，自主选择游戏伙伴，自主生发游戏玩法，自主整理游戏材料，自主表征游戏过程），促进其社会适应性发展，培养游戏精神和专注学习品质，使幼儿建立完整的人格；提升教师研究意识与研究能力，过程中注重行动研究，使其进一步理解“自主性游戏”的真正内涵，掌握促进幼儿自主游戏的教育策略，尊重并解放幼儿，做幼儿活动的研究者、支持者、推动者，不断提升游戏素养和专业素养，进而构建幼儿自主游戏课程，形成目标合理、内容科学、评价有效的幼儿自主游戏课程体系。

三、自主游戏课程的整合提升

（一）创设开放关联的活动区域，发挥环境课程的育人作用

一是整体规划，创设多元户外游戏区域。我园户外活动场地面积有15940平方米，在“幼儿自主游戏课程开发与实践”课题开展之前，我们将场地划分为平衡区、投掷区、攀爬区、跑跳区等户外区域，并根据每个区域的活动目标和特点，配置了活动材料。幼儿与材料有效互动，促进了基本动作的发展。但是，由于区域名称及目标指向性单一，缺乏整合性，导致幼儿活动兴趣逐渐降低。因此，本着“全面规划，因地制宜，丰富多元，生态野趣”的原则，依据五大领域的发展目标，遵循户外区域创设要体现“运动，建构，表演，美劳，探索发现”五大类内容，把户外活动环境重新调整、布局，创设了搭建梦工厂、森林乐园、沙滩城堡等13个户外游戏区域，并设计了特色鲜明、易于识别的标识牌，形成了相对固定的户外活动区域，投放了丰富、适宜、开放的游戏材料。如，野战训练营，它位于我园南场地的树林之内，春天小草发芽，树木吐新绿；夏天绿树成荫，鸟唱虫鸣，郁郁葱葱的草坪铺地而生；秋季果实压枝，黄叶飞舞；冬季来临落叶铺地宛若驼色毛毯。地势有高低适中的土坡，也有平整的林荫大道，

植被有高低不同的灌木丛，更有承载起孩子们快乐的粗壮大树。又如嬉水区。它位于我园场地东侧，是孩子们在炎炎夏日极喜欢的户外活动区域之一。一个圆形大水池连接两个圆形小水池，空中俯瞰好似米奇。水适合所有心智状态的孩子，玩法变化无穷。

区域之间既体现整合，又体现开放与互动，承载着幼儿的全面发展，极大地促进幼儿知识与理解、方法与技能、情感与认知及身体的发展。

二是优化整合，实现户外区域有机联动。首先是区域整合。我们将原先以单一动作发展为侧重点的攀爬区、跑跳区、投掷区、平衡区、钻爬区等活动区域整合为闯关游戏区，将各种活动器械有机链接，幼儿与各种器械有效互动，在游戏中潜移默化地提高了运动能力。同时，为了避免时间的隐性浪费，我们把原先的攀爬区等各个区域进行了编号，幼儿进入活动区域之后，自由选择标有不同顺序号的卡片，不同路径地开展游戏活动与锻炼。其次是区域联动。我们巧妙利用北大门东侧的宽敞地带，创设了交通游戏城，规划了交通路线，配置了交通指挥亭，网购了体现各种社会角色的交警服饰等，购置了百余量诸如三轮车、独轮车、人力车等多种功能的幼儿车辆；创设了交警指挥台、红绿灯、“嘉年华4S体验中心”，其中设有“洗车间”“维修部”“休闲吧”。在“洗车间”投放了小桶、喷壶、抹布、雨靴、手套、旧洗衣机；在“维修部”投放了各种维修工具以及废旧童车；“休闲吧”则是孩子们存放水壶的位置，并且放有幼儿读物；在“换衣间”中放有交警、消防员、维修工及洗车工的帽子、衣服等工作服；“加油站”则把废旧的饮水机经过美化变身为一个个加油设备，为幼儿开展交通游戏奠定了坚实的基础。幼儿通过全真模拟角色游戏，了解交通规则及行为，丰富社会经验，培养良好的人际交往能力及守规则、懂礼貌、善自律等品德，体验了交通游戏带来的无限乐趣。最重要的是情境化的学习方式生动活泼，润物无声，更易于被幼儿接受。同时，我们又利用苗木成林、绿树成荫、绿草如茵等自然条件丰富的树林，创建了森林乐园，先后投放了“盘丝洞”、锥形网、小吊床、小木桥、小木房、攀登梯、平衡木等活动材料。每样材料兼顾大、中、小班幼儿的年龄特点与性别差异，游戏材料高低不同、疏密有别，适合全园不同年龄段的幼儿玩耍。

森林乐园临近交通游戏城，孩子们经常穿梭于两个区域之间，在享受交通游戏的快乐之余，又体验到森林乐园中“小吊床”“爬高乐”等带来的乐趣，为幼儿提供合作交流、大胆想象、选择策略和解决问题的条件，促进了其认知和社会性发展。

独立且关联的活动区域，使幼儿园真正成为孩子们的游戏乐园，让看得见的学习随时随地发生，让幼儿随处可游戏，一处多游戏，让幼儿的学习看得见痕迹，留得下踪影。

（二）创新支持且有效的教育策略，推进游戏课程持续深入开展

随着《3～6岁儿童学习与发展指南》的颁布与实施以及华爱华教授对

《3～6岁儿童学习与发展指南》的精准解读，我们对当前游戏活动中存在的问题进行了对镜反思与专题讨论，孩子们的户外区域游戏到底是真游戏还是假游戏？经过研讨，大家一致认为，虽然游戏活动丰富而精彩，组织形式别样而创新。但是，我们自身存在突出的问题，就是孩子们缺乏游戏的自主性。幼儿几乎所有的活动都在教师的策划与控制之下，孩子们习惯于被动参与，有时候甚至消极等待，很多时候都以教师允许和规定的方式进行游戏。

发现并提出问题之后，我们不断进行改革，通过一次次园本教研、外出学习、游戏观摩、请教知名专家等，我们彻底醒悟，终于明白了什么是真正的游戏，幼儿真正需要怎样的游戏。随着园本教研的不断深入，一系列问题迎刃而解，支持推进自主游戏深入开展的教育策略也逐渐形成。

一是保证充足且自主的游戏时间，满足幼儿游戏需要。

首先，科学统整，确保充足的游戏时间。充足的时间是确保游戏效果的基础。过去我园每天安排户外区域活动、间操、餐后散步、户外自由活动分别为30分钟，一天累计两个小时。虽然，户外活动时间符合《幼儿园教育指导纲要（试行）》中的规定要求，也能够满足幼儿的活动需要。但是，一次性游戏时间不充足，不能保证幼儿深入持久地进行游戏，无法满足幼儿的游戏愿望。针对这一问题，课题负责人组织课题组成员进行了集中教研。因为问题相对集中，大家很快达成了共识：调整作息时间，化零为整，将一天零散的自由活动时间、户外区域活动时间进行整合，将原先30分钟的户外区域游戏时间调整为60分钟。游戏时间不足的问题解决了，随之又出现了新的问题：在长达一个小时的户外活动中如何解决幼儿喝水、如厕的问题？有的老师提出回班级喝水，有的老师说活动时间不太长不用组织喝水，有的老师则提出幼儿自带水壶等。我们针对多种建议逐一论证，终于有了最佳方案：幼儿自带水壶，按需喝水；搭建简易卫生间，幼儿按需如厕，安装洗手盆，幼儿随时洗手。

人性化的科学安排既保证了游戏的时间，又符合幼儿的生理需要。

其次，科学调整，确保在适宜的温度下开展游戏。根据不同季节的不同气温等特点，我们适当调整作息时间，在比较炎热的夏季，将户外区域游戏时间调至下午的15:45～16:45；在比较寒冷的冬天，将户外区域游戏时间调至上午的9:50～10:50等，确保幼儿在适宜的温度下进行游戏。另外，根据部分户外区域材料可移动的特点，在不同的季节进行不同的位置调整，如搭建梦工厂活动区域，冬天，在开阔的场地上沐浴着温暖阳光自由搭建；夏天，将搭建材料装在可移动的不锈钢框内，运至有阴凉的车棚下面惬意地搭建。适宜的温度，使幼儿的自主游戏有了基本的保障。

解放幼儿，让其自主支配游戏时间。在一个小时的户外区域游戏过程中，教师除了提醒幼儿要注意安全以外，充分解放幼儿，不做集体安排、不做统一要求，幼儿完全可以根据自己的兴趣需要，约上能力相当、相互喜欢的小伙伴，到户外活动区域自由选择游戏材料，自主支配游戏时间，自由选择游戏内容等，真正进入游戏世界，成为游戏的主人。在此基础上，巧用音乐和语音进行提醒，使幼儿的游戏更加自主。当游戏接近尾声的时候，因每个户外区域的材料不同、数量不同、收整所用的时间也不同的缘故，我们便用幼儿喜爱的音乐《虫儿飞》和语音提示的双结合方法，提醒幼儿游戏活动即将结束，要做好结束前的准备工作。当听到《虫儿飞》音乐的时候，搭建梦工厂、快乐大本营等区域的幼儿便可以进行收整，其他区域的小朋友可以继续游戏，五分钟之后听到“小朋友们，自主游戏的时间马上就要结束了，请小朋友们把玩具送回家吧”的语音提示时，幼儿便结束游戏，全部进入收整阶段，使活动进入到下一个环节。

充足且自主的游戏时间，保证幼儿真正进入游戏世界，尽情地探索、大胆地交流，更加持久地进行游戏。在每一个游戏现场，幼儿的激情被点燃，生命质量得以提升。可以说，每一个幼儿都生机勃勃、独一无二，每一个生命都充满了张力。

二是提供适宜且开放的游戏材料，引发幼儿自主游戏。虞永平教授在《学前教育质量问题需要三思而笃行》一文中，特别强调了游戏材料的重要性，他指出：“游戏材料是幼儿发展的关键，良好的材料能引发幼儿不断地探索、交往和表现。材料多样化，幼儿的探索就会多样化；材料具有开放性，幼儿的探索就会更加自由、自主，更容易获得有益的新经验。”① 这成为指导教师投放材料的标准。

开放性的材料，能够引发幼儿的游戏行为。为此，我们对材料的投放进行了深入研究，为每个活动区域提供低结构游戏材料，不断引发幼儿的游戏行为，让幼儿控制材料，而不是材料绑架、控制幼儿，使幼儿拥有游戏的自主权，不断获得有益的新经验。如，在野战训练营这样一个儿童乐园里，我们最初的设想是让孩子们扮演“战士”，可以进行体能训练、可以进行对抗作战，于是我们创设了“大型碉堡”“作战工事”“轮胎桥”“高空悬梯”“升降轮胎车”等，投放了攀爬梯、攀爬架、沙包、海绵垫、沙袋、玩具机关枪、迷彩军帽、轮胎、梯子、迷彩网、彩旗等。随着孩子们的自主探索和不断创新，我们及时对应孩子们的需要，相继投入了背筐、锅碗瓢盆、火苗、担架、垫子、医护急救包、吊瓶、听诊器、医生服装等，这些材料引发了更加丰富的游戏情节，每次作战或训练都会有女孩子们负责做饭、看病等，游戏活动由原来的简单跑动对抗衍生出了炊事班、战地医院、中草药师等等，吸引了更多的女孩子和年龄小的孩子加入。随着孩子们运动技能的增强和挑战自我的需求，更为了满足部分动作能力较强孩子的发展需要，我们又依势而建，用竹梯设计了“吊桥”“瞭望塔”，用滑轮和轮胎设计了“升降机”。孩子们

① 虞永平，南京师范大学教育科学学院教授，中国学前教育研究会理事长、中国学前教育研究会课程与教学专业委员会主任。观点引自2013年10月14日《中国教育报》刊发文章《学前教育质量问题需要三思而笃行》。

把这些“险关”加入到游戏情节中去，不断挑战自我，经过一段时间的锻炼，中班大部分孩子都能直立行走通过“吊桥”，也能几人齐心协力用“升降机”把他们的同伴拉到半空，再缓缓降下，玩得不亦乐乎。当然，孩子们也有调皮的时候，他们会坏坏地使个眼神，一起松手，将“升降机”突然放下，把坐在“升降机”上悠哉乐哉的幼儿重重地放在地上，好在地上放着厚厚的保护垫，确保幼儿活动安全。

野战训练营得天独厚的环境，为孩子们提供了唾手可得的游戏材料，如满地的树叶可以当成“蘑菇”“草药”“饭菜”等，随手捡起的枯树枝在孩子手中变成了“宝剑”“捣药锤”和“冲锋号”。正是像树叶、木棍这些随手可得的低结构材料使得孩子们能自主掌控、大胆想象，不断尝试与探索。任何一种人为的玩具都无法与大自然的赐予相媲美。在这里，在教育无痕的游戏中，在潜移默化的熏陶下，不仅提高了幼儿钻、爬、跨跳、平衡等动作技能，还培养了勇敢坚强的意志品质和解决问题的能力，培养了良好的合作精神和对体育游戏的兴趣，孩子们变得更加独立、自主、自立，与同伴协商、合作分享的能力也大大提高。因此，作为老师只有站在幼儿的后面，去追随幼儿的兴趣，幼儿才能获得真正的自主。

又如嬉水区，为了满足孩子们游戏的需要，我们在嬉水区投放丰富多样的玩水工具，如水车、压水器、大脸盆、瓶子、漏网、旋钮玩具、水箱、水枪、钓鱼器械、海洋球等。每个孩子都会依据自己的喜好，选择适合的游戏材料生发自己的游戏。另外，雨鞋、备用衣服和毛巾也是孩子在玩耍时必备的物品。在这里，他们可以尽情地体验水宝宝的乐趣，玩水枪、打水仗、摇水车、划船、钓鱼、捞鱼、利用各种工具运水等，从而使幼儿感知水的特性，发展想象力和创造性；体验同伴之间合作的乐趣；学会分类、有序地收整玩水工具等。

在幼儿与材料的有效互动中，我们认真观察教育现场，了解幼儿的游戏需要，及时提供支持与帮助。如，在沙滩城堡，我们预设的主要功能是幼儿玩沙的过程中，了解沙的特性，发展感知觉，激发创造力、想象力；练习大小肌肉动作，发展手眼协调能力；初步感知容器（小桶）与内容物（沙子）之间的关系，增加对空间关系的认识能力；通过大带小混龄游戏，学会与同伴进行分享，体验合作的乐趣等。因此，我们在沙滩城堡活动区域，有针对性地投放了游戏材料：第一，废物巧利用类材料，如保鲜膜纸棍、奶粉桶、矿泉水瓶、废旧塑料管、粗细不同的 PV 管、旧玩具、餐具、炊具、小水杯、废旧塑料筐、塑料桶、保温桶等；第二，购置类材料，如挖沙机、玩沙工具、塑料翻斗车、漏沙吊筐、引水渠、花洒、小水桶、水瓢、花园铲、塑料铲、小铁铲、各种塑料模具、铁筛子、线轴、储物箱以及供幼儿自由取水的水系统等。在以湿沙为主、干沙为辅的沙滩城堡里，幼儿玩沙、玩水，堆小山，架大桥，挖山洞，建房子，造公园，尽情地发挥想象去创造，感受玩沙、玩水带来的乐趣。与此同时，还可以感受四季并随着四季的变化展开活动：春天孩子们在这里种树、种花；夏天挖沟引水，架桥修路；秋天捉虫拾叶，吟诗作画；冬天藏宝寻宝，尽情欢笑。他们嬉戏玩耍，充分游戏，一方沙土给孩子们带来无穷的乐趣和丰富的体验。在搭建梦工厂活动区域，我们提供了各种形状的大型木质积木、泡沫垫、彩色砖等，为幼儿的快乐搭建提供了保障。在野战训练营，堆砌土丘、投放沙袋、枪支、迷彩网、轮胎、梯子、锅碗瓢盆等开放性游戏材料，生发了“野外对战”“炊事班的故事”“战地医院”等游戏。

三是形成支持且有效的指导策略，提升幼儿游戏水平。在自主游戏的起始阶段，教师并没有掌握自主游戏的指导策略与方法，放任不管或者高控现象依然是制约自主游戏开展的关键问题。随着《幼儿园工作规程》及《3～6岁儿童学习与发展指南》的贯彻实施，教师们认真学习游戏理论、关注教育现场、解读幼儿行为、分享教育故事。尤其是教育案例的分享，为教师提供了便捷的、直接的学习方式以及操作层面的支持和帮助，老师们逐渐掌握了支持幼儿自主游戏的指导策略。

幼儿自主游戏案例一：采蘑菇的炊事班

今天又到了拓展训练营游戏的时间，我和窦老师商量着再投放点材料来激发孩子们的游戏兴趣。我们想到了以前玩游戏用的塑料背筐闲置在仓库，决定用这些小筐挂在树上设置一些寻宝关卡，让孩子们玩寻宝的游戏（自主游戏以后，老师不再自作多情地为孩子们设置游戏，但我们也试图引导孩子们不断生发新的游戏）。说干就干，我和窦老师分头将十几个塑料筐挂在适当高度的树杈（塑料筐挂得有高有低，我们的设计意图是满足不同水平孩子的发展需要，低的唾手可得，高的需要借助梯子之类的工具才能摘到），我们一边干活一边幻想着孩子们玩寻宝游戏的美好场景，心中不禁暗暗窃喜。

正当我挂到第三个的时候，我班的果果等几个小姑娘发现了我的举动，围过来好奇地问：“老师，你在干什么啊？”“我在把它挂到树上啊。”果果指着塑料小筐问："老师，这个是用来干什么的？""你们想用来干什么都行。"（差点把我们老师设计的想法脱口而出，还好忍住了，一定要牢记问题越开放，孩子越自主）霈儿说："老师你别挂了，给我们当背篓吧，我们想采蘑菇用。"听霈儿这么一说，孩子们都跟我要起了小筐。我很爽快地答应了孩子们的要求（原来追随孩子的兴趣这么简单）。背上"背篓"的孩子们，情不自禁地唱起了歌曲《采蘑菇的小姑娘》，歌声传遍了整个拓展区。孩子们一路走一路歌地向山上（野战区东面的土坡）出发。

走着走着，孩子们似乎意识到了什么："用什么当蘑菇呢？"孩子们的脸上露出了迷茫的表情（游戏似乎快要中断了，是不是该介入、该支持一下？我的脑海也迷茫了，但是，但是……我记起了一个声音"再等等"）。就在这时，一诺举着一片树叶向大家挥舞着："我有办法了，咱们用树叶当蘑菇吧！"女孩子们都兴奋地跳了起来："对，我们用树叶假装蘑菇，看谁采得多。"孩子们马上低头认真地投入到采"蘑菇"的劳动中。只见霈儿身背小筐，手里拿着一片树叶，像小狗咬自己的尾巴一样在不停地转圈，原来她穿了一件带帽子的马甲，向后伸手放"蘑菇"的时候，总是放不到小筐里去。经过几次小狗咬尾巴式的努力，"蘑菇"还是落到了马甲的帽子里。霈儿向我求助，我鼓励她想办法试着自己解决问题（别怪老师狠心不帮忙，我没有权利剥夺你成长的机会）。采"蘑菇"的队伍里大部分孩子都遇到了类似的麻烦，爱动脑筋的韵歌首先想到把小筐摘下来放到地上，等"蘑菇"采完了再背上，同伴们纷纷效仿（韵歌解决问题的方式是一种创造性思维的体现，思维的灵活性得到锻炼，同时也带动了同伴学习）。采"蘑菇"的队伍在不断壮大，几个没有小筐的小姑娘，也用帮别人采"蘑菇"的方式愉快地融入游戏中（有时候材料的不足，反倒能激发幼儿的合作行为）。

不一会儿工夫，"蘑菇"装满了筐，你们互相帮忙把满筐的"蘑菇"背到背上，兴奋地欢呼着、笑着。可是短暂的喜悦过后，你们的表情像僵住了一般，你看看我，我看看你，眼神里一片茫然，你们似乎又断电了，接下来该干什么呢？（游戏又一次中断了，她们只不过是一群刚刚5岁的孩子，思维的完整性和丰富性还有待进一步发展。好吧，我继续等待，等待你们新的惊喜）。过了大约一分钟，果果说："咱们该煮蘑菇了。"我用手指着放锅具的方向说："对啊，你们的'蘑菇'煮出来一定很香，我刚才看见山的那边有一些锅。""锅在哪里啊？"你们一个个都跃跃欲试，我指了指旁边用轮胎垫起的横梯和绑在树上的迷彩网，说："过了这座独木桥，钻过那个山洞，就能找到锅了，加油！"在果果的带领下，孩子们背着"蘑菇"毫不犹豫地出发了，韵歌在过"河"的时候不敢站立，只能弯下腰，手脚并用往前爬，可是一弯腰，"蘑菇"就撒出来，反复几次尝试以后，韵歌的"蘑菇"都洒光了，排在后面的好姐妹帮她重新装满筐，没有背筐的萱萱主动牵起韵歌的手扶她过"河"，钻"山洞"时聪明的孩子们不再只顾弯腰，而是双腿弯曲，半蹲式地通过了"山洞"，"蘑菇"没有再撒出来（只有经历失败和困难，才能激发你们不断思考和尝试，坚持、不放弃的意志品质是你们走向成功的武器，这样的过程才是最有价值的成长）。

终于，孩子们成功地到达了目的地，找到了几套锅具，他们很兴奋，但是似乎并不满足：“我们在哪里做饭呢？”

沐晨望着四周有些犹豫，我顺手把一个轮胎拖到一片小空地上，孩子们很聪明地发现这正是她们需要的灶台，他们看到湛源手里拿着用纸壳画成的“火苗”，还邀请他给烧火，刚才还举着“火苗”无所事事的湛源一下兴奋起来，他冒着“枪林弹雨”，四处找更大更多的“火苗”（培养孩子们的交往能力和合作意识不能空谈，只要有事件和任务就会引发合作，在合作中必然能习得交往技能，提高交往能力）。孩子们热火朝天地煮起了“蘑菇”，有的翻炒、有的放盐（盐是霈儿和沐晨“跋山涉水”“不远万里”从最东面的沙池区运来的沙子），有的继续采“蘑菇”。彤彤捡了一个金黄色的大纸球，孩子们惊呼起来：“这是‘炸弹’，会把我们的锅炸烂的，赶快扔掉。”彤彤毫不犹豫地把“炸弹”扔得很远。正在参加“战斗”的嘉浩看到这一情景，端着“枪”雄赳赳地来到锅灶旁，愤愤地说：“我来保卫你们的锅，看谁敢炸！”（平时柔柔弱弱、安安静静的小嘉浩在“战争”中显示了他男子汉英勇、负责的一面，看到他的表现我很惊喜，真为他感到高兴）

饭做好了，孩子们首先去喂“伤员”，然后招呼战场上的“战士们”来吃饭！孩子们玩了整整一个小时没有喊累，队伍越来越壮大，故事越来越精彩，直到游戏时间结束，孩子们才依依不舍地收拾玩具离开场地。就这样，“采蘑菇的小姑娘”演变成了“炊事班的故事”。

经历了幼儿自主游戏之后的年级主任许海英感慨道：“孩子是天生的艺术家，孩子是天生的创作家，孩子是天生的表演家。曾经我们高喊着口号‘激发幼儿兴趣，培养幼儿能力’，挖空心思、苦思冥想地设计各种所谓的‘游戏’，但孩子们无穷无尽的想象力、创造力是我们这些自诩聪明的成人无法企及的。像树叶、木棍这些随手可得的低结构材料使孩子们自主掌控、大胆想象，不断尝试，使野战区每天都在上演不一样的精彩！孩子的‘饭’还得他们自己掌勺，我们老师也许仅仅是个拾柴者。让材料引发游戏行为，孩子才能在行动中体验、在行动中学习、在行动中成长。”

一场场科学有效的园本教研活动，一次次生动有趣的学习故事分享，引导教师解读幼儿的表现，剖析自己的行为，分析游戏背后的教育价值，使他们逐渐掌握了支持推动幼儿自主游戏的指导策略：

第一，最少的干预，给予幼儿自主游戏的空间。游戏，是幼儿想做，不是要幼儿做；游戏，是充分相信幼儿能做；游戏，是幼儿积累直接经验的过程。所以，在游戏之初，我们要管住自己的手，闭上自己的嘴，瞪大自己的眼，竖起自己的耳。幼儿游戏过程中，教师充分解放幼儿，做幼儿游戏的观察者、支持者、合作者，不干扰、不打断、不催促，给幼儿足够自主的时间和空间，让幼儿完全根据自己的兴趣需要，或到规定区域或自选区域进行游戏，自主支配游戏时间，自由选择游戏伙伴及材料，自由想象、自由探索、自由表达，使幼儿更好地成为他们自己。

第二，最多的观察，解读幼儿的游戏行为。观察幼儿的游戏行为，记录有意义的游戏活动，判断幼儿实际的发展水平，分析幼儿行为背后所蕴含的教育价值。观察游戏行为是前提，观察的过程就是观看、记录的过程。那应该观察什么、记录什么呢？老师们认为，观察要从材料、幼儿两个方面进行。观察幼儿是否对材料感兴趣，材料能否诱发幼儿的游戏行为，材料的多少是否适中。观察幼儿时既要全面，又要突出重点；既要短时间观察，又要长时间持续观察。同时，应该重点关注有探索性及突出表现的幼儿、离于活动之外的幼儿、有困难需要帮助的幼儿、有冲突的幼儿等。

记录活动表现是手段。老师按照自己的记录习惯，或采取便条记录或采用影像记录，为活动结束后整理、撰写教育故事与学习故事提供了方便。分析解读游戏行为是关键。教师树立“在游戏中发现幼儿的学习，在游戏中了解幼儿的发展”的理念，用教育的眼光敏锐地观察幼儿的游戏，获得具体、真实的信息，了解幼儿的兴趣、特点和需要，记录有价值的学习与思维过程，解读游戏行为，掌握幼儿的实际游戏水平，作出科学评价，提供适宜的支持与帮助，更有效地拓展幼儿的经验，促使他们更健康地发展。

为了更进一步了解幼儿、解读幼儿，我们采用体验式园本教研的方法，多次组织园本教研活动，如“怎样提升快乐大本营的运动功能?”在游戏现场，老师们实地操练，当起了孩子，体验着孩子们的感受和需要。大、中、小三个年级组的教师利用高低不同、长短不等的梯子、长板、轮胎等，自由拼摆、搭建，之后运用拼搭的“S路”“高架桥”“多功能滑梯”等尝试锻炼，有的老师骑上自行车、滑板车从“高架桥”下钻来钻去，有的老师找来孩子体验搭建作品是否适合，从而更加了解幼儿的发展和需要。

第三，最巧的支持，满足幼儿本真游戏的需求。在幼儿游戏的过程中，教师通过观察幼儿的操作学习、实践探索、交往合作等行为，科学分析幼儿行为背后所蕴含的教育价值，准确判断幼儿实际的发展水平，并适时提供支持和帮助。支持包括教师介入和教师指导。从幼儿的游戏中，教师总结出了介入时机、介入方法及有效指导的最佳策略：

适时把握介入时机。教师要在幼儿多次尝试、反复求证无果的时候适当介入；要在幼儿无所事事、游戏无法推进的时候适当介入；要在幼儿活动存在安全隐患的时候适当介入，这些都是教师介入的最佳时机。

科学运用介入方法。介入的方法主要包括直接介入和间接介入。直接介入是指教师在指导游戏时，并不直接参与游戏，而是以一个外在的角色，采用语言提示和材料提供的方法，引导、说明、建议、鼓励游戏中幼儿的行为。如，当野战训练营的“碉堡”倒塌的时候，在几位颇具领导力小朋友的组织下，幼儿开始自己搭建。但是由于沙袋、梯子混杂在一起，幼儿搬来搬去，半天不见效果。这时候老师直接介入，用语言提示幼儿先把梯子搬出去，然后把沙袋垒高。当幼儿完成后，老师再次进行直接指导并和他们一起进行检查是否牢固，确保游戏安全。而间接介入是指教师以游戏中的角色参与幼儿游戏，以游戏情节需要的角色动作和语言，来引导幼儿的游戏行为。其方法主要是与幼儿平行游戏或共同游戏，给幼儿提供支持、帮助，推进游戏的开展。如在野战训练营，当幼儿救治“伤员”时，由于经验不足，无法展开救治，这时，琳琳老师便以一名“伤员”的身份间接介入游戏，引导孩子使用听诊器，给她包扎、扎小针、输液等，推进游戏的进行。

教学有法，教无定法。教师不可能用同样的方法介入所有的游戏，指导所有的孩子。华爱华教授提出了判断自己的介入是否有效的三条标准：“你的介入是否尊重幼儿的游戏意愿；你的介入是否帮助幼儿获得新的经验，提升游戏水平；幼儿对你的介入是否积极响应。”这三条标准时刻提醒着教师们不断“校正”自己的教育行为。

有效进行个性指导。首先，教师的指导是整合的。游戏反映的是幼儿发展的整体性，因此，教师从幼儿的经验出发进行的指导也必将是整合的，不能出现各领域之间彼此的割裂。其次，教师的指导应体现个体差异。由于每个活动区域不同、游戏不同、幼儿之间的个体差异等原因，教师指导时要根据每个幼儿的实际需要，提供不同的支持和帮助，体现个体差异性。同时，教师的指导体现顺应性。幼儿对万物充满好奇和探究的欲望，教师的指导应在顺应幼儿天性的前提下，在幼儿内部动机的驱使下，培养良好的学习品质。

（三）开展自主且有趣的区域游戏，促进幼儿健康、智慧、快乐地成长

一是扎实有效的园本教研，助推自主游戏有效开展。在刚开始的户外区域活动中，有的老师并没有真正理解自主性游戏的内涵——自由、自主、自发，他们总是不放手，不相信幼儿是一个有能力的学习者，导致预设活动多、幼儿主体地位不凸显、自主活动少等问题，影响了幼儿的自主发展；有的老师则出现变革后的不适应，对幼儿的活动放任不管，任其自由、随意进行。如何真正解放幼儿？如何让幼儿的游戏更加自主呢？

北京市早期教育研究所刘丽老师说：“有效的园本研究是以幼儿园存在的突出问题为研究课题，以一线教师为研究主体，将幼儿园教育实践活动与教育研究紧密地结合在一起，将研究成果直接应用于幼儿园教育教学实践的研究活动。”

针对种种问题和困惑，我们开展了丰富适宜的园本教研活动。有效的园本教研碰撞出了智慧的火花，提出了教育的策略，推动了自主游戏的深入开展。同时，管理人员每天进入游戏现场，观察教师与幼儿的活动，了解幼儿与材料的互动，发现幼儿的游戏需要，发现问题及时组织园本教研活动，依靠大家的力量，进行头脑风暴、智慧碰撞，共同寻求解决策略。在为他人提供帮助的同时，老师自己也积累了宝贵的经验。另外，除了统一订购的材料外，老师与家长们一起行动起来，搜集日常生活中随处可见的瓶瓶罐罐、锅碗瓢盆、各种材质的包装盒、麻绳等，尽可能提供低结构、便于操作的游戏材料，使它们成为游戏中的重要资源，避免了材料的符号化、结构化与成人化。多样且开放的游戏材料，使幼儿用自己感兴趣的方式与适合自己的速度操作学习、探索发现，收获了教师难以言表的“收获”。

扎实高效的园本教研，使教师们的教育理念得以转变，幼儿的自主游戏精神得以培养。

二是科学有序的换区模式，促进幼儿全面和谐发展。经过一段时间的探索与实践，孩子们在选择伙伴、选择材料、生发游戏等方面有了较大的自主性，但在打破游戏区域、自主选择活动区域方面还存在一定的局限性。如何才能实现真正意义上的幼儿自主呢？老师们出谋划策，主动参与讨论，进行智慧众筹：

教师A：开展“小鬼当家”活动，请全体幼儿在这一时间段，自由支配活动时间，教师固定活动区域不动，指导前来游戏的幼儿。

教师B：先从大班开展完全意义上的自主游戏，教师从中积累经验，然后推及全园幼儿开展自主游戏。

教师C：用音乐提示的方法，提醒幼儿游戏开始、结束的时间，搭建梦工厂整理材料比较麻烦，可以提前5分钟，听到音乐时开始整理，其他班级听到语音提示后再进行整理。

教师D：应该规定每周哪几天到固定区域玩，哪几天自由选区玩……

我们边讨论、边实践、边总结，终于找到了答案。我们采用小步递进的方式，实施“三步走”策略，实现幼儿游戏的自主性，形成了相对稳定的换区模式：周一、周二、周三固定区域玩；周四、周五进行轮换，双周周五一次自选区域玩。

第一，固定区域，丰富活动经验。每个班级固定户外游戏区域，幼儿连续持久地与材料有效互动，进行深入的操作、探索、实践、研究，积累了丰富的区域游戏经验，提升了实践与创新能力，自己解决问题与争端的能力提升了，探究的意识和能力增强了，自主游戏让幼儿变得更聪明、更智慧。让我们随着镜头一起见证孩子们的智慧与执着。

自主游戏案例二：小玩具，大智慧

户外区域自主游戏的活动时间马上就要结束了，孩子们迅速进入了收整阶段，独立搬运、小车推送、小组合作……瞬间，繁忙热闹的游戏场逐渐安静下来。然而，搭建区因各种各样的大小积木种类繁多，收拾起来自然要费时一些，孩子们依然在忙碌。

涵涵和梦梦两人一组一起收拾玩具。梦梦找来一个不锈钢玩具筐，把小积木放了进去，装满后她俩一起用力抬，想把玩具抬走，可玩具筐一动不动。这时，涵涵悄悄离开了，只剩下梦梦一个人，她两手一起用力，小脸憋得通红，但玩具筐依然纹丝不动。这时，她用双手拉住玩具筐一侧的提手往后拉，小屁股因为用力摆来摆去，一会儿工夫小脸就涨得更红了。通向终点的路并不是一帆风顺的，大小不等的积木块挡住了去路，梦梦把挡路的小积木块继续往筐子里装（你没有因为筐子重而放弃，反而继续往筐子里装积木，老师佩服你的勇敢和执着）。梦梦费了九牛二虎之力把积木筐运到一半，由于积木实在太重，梦梦终于拉不动了。

这时，她的“小粉丝”闻达发现自己最喜欢的梦梦遇到困难了，招呼了几个小伙伴跑了过来，想一起抬走，可是积木太重，加上装了满满一筐，那重量可想而知。孩子们聚在一起，开始想办法，闻达说：“我有办法了，我们把圆柱积木放到筐子底下当轮子，推着走不就行了吗?”这个办法马上得到了小伙伴们的赞同，他们找来两个圆柱体积木，想放到玩具筐底下，可是又遇到了新的问题：玩具筐太沉，圆柱体太大，他们根本没办法完成。正一筹莫展时，博闻突然大喊：“我有办法了，你们等着!”一会儿工夫，只见他拿着一块长木板跑了过来，他招呼小伙伴将长木板一头放到玩具筐底下，然后又将圆柱体塞到木板底下，形成了一个“杠杆”（我不禁惊叹，到初中或高中才学习的杠杆原理，已经被幼儿园阶段的孩子灵活应用）。终于，“玩具车”制造成功，孩子们欢呼起来，他们高兴地推着“玩具车”往前走，可是没走几步，因为“轮子”不固定，玩具筐很快从圆柱体上滚落下来，刚刚还在欢呼的孩子们瞬间又安静下来了，梦梦也撅起了小嘴巴……

我这时候正用手机记录这精彩的瞬间，一个戴眼镜的小男孩看到我在拍他们，歪着小脑袋很不高兴地说：“老师，我们都弄不动了，你不来帮忙，还拍我们。”（孩子，你们也许不懂，老师的观望和看似冷漠，其实正是给你们提供了自己想办法解决问题的机会，假如我过早地伸出援助之手帮助你们，“杠杆原理”怎会诞生呢?）

突然，梦梦看到可心一个人用滑板推着满满一篮子积木，很迅速地运到了目的地。梦梦四处寻觅，很希望自己也能拥有一辆滑板车，可是，满场地没有发现第二辆，好失望啊！看着看着，她伤心地流起了眼泪，不知如何是好。我再也按捺不住了，走到她的跟前问：“你是不是也想要一辆滑板车？她冲我点了点头。我小声跟她说："去和你的小伙伴说说看，滑板车能不能借你用一下？梦梦站到那里一动不动，于是，我拉起她的手一起走到可心跟前，说明原因，可心很爽快地答应了。

借到了滑板车，梦梦开心极了，她把滑板车放到地上，几个小男孩齐心协力将玩具筐抬到滑板车上，可是滑板车没走多远，新的问题又产生了，草坪与塑胶地的衔接处有一条浅沟，挡住了滑板车的去路，不管他们怎么转动滑板车都无济于事，这时他们不得不重新将玩具筐抬下来，先把滑板车推过去，再将玩具筐抬到滑板车上，历尽千辛万苦，总算把玩具顺利送到目的地。梦梦红彤彤的小脸上露出开心的笑容。

这时，体育老师发现了孩子们的需要，从器械房搬来几辆滑板车，其他孩子看到后也纷纷开始效仿。才过了一会儿的工夫，凌乱的搭建区就恢复了原本的整齐。梦梦和可心一起把所有的滑板车摆放整齐，这才恋恋不舍地离开活动区，走向活动室……

小玩具带来大智慧，每天都有很多的智慧故事在这里发生……

第二，轮换区域，尝试多种体验。一段时间之后，采取整体轮换的方式，班级教师组织幼儿到其他活动区域进行自主游戏，幼儿逐一体验不同户外区域带来的新奇和感受。

第三，自选区域，实现自主游戏。在幼儿熟悉了所有户外区域活动之后，我们采取班级试点、大中小三个年级组逐一放开的方式，推进自选区域游戏的开展。期间，每个户外区域的指导教师相对固定，600 多名幼儿打破年龄及班级界限，实现了全园幼儿的完全自主游戏，他们主动交往、团结协作、自娱自乐……在户外区域自主游戏的推行中，幼儿逐渐实现了"六个自主"，即自主选择游戏区域，自主选择游戏伙伴，自主选择游戏内容，自主生发游戏玩法，自主整理游戏材料，自主表征游戏过程，幼儿真正拥有了自主游戏的权利。

四、自主游戏课程的人格化育

（一）提炼了自主游戏教育理念

通过实践研究，我们认识到，提升自主游戏效果，实现幼儿人格化育，要抓住“五个关键”。

关键一：幼儿完整人格的构建是适应社会发展的关键。在自主性游戏的过程中，幼儿之间打破班级与年龄阶段的界限，彼此交往；师幼之间走出班级的小圈子，与全园所有的教师积极互动，主动沟通，这种交往与交流，很好地促进了幼儿的社会性、适应性发展，提高了独立自主的能力，养成了自我管理的良好习惯。同时，游戏是整体性的，幼儿真正拥有了自主游戏的权利，他们用自己感兴趣的方式与适合自己的速度，主动探索、反复实践、挑战自我；他们按照自己的节奏探索创新、大胆交往，解决争端。幼儿游戏时是快乐的、放松的，他们全身心投入游戏，真正做回自己，真正回归幼儿童年本真，真正体验来自内心深处的愉悦感、满足感和成功感，这种游戏时的巅峰状态是别的活动所不能替代的。另外，幼儿在游戏时最为专注，并且这种专注能够长时间自我坚持，有利于培养专注的学习品质，发展开放灵活的思维方式，锻炼坚强勇敢的意志力，实现多元化发展，建构完整的人格，对其一生的生存、适应与发展起着至关重要的作用。

关键二：高水平教师专业素养是构建游戏课程的关键。解读幼儿的过程中，教师理解了要更加科学地爱孩子，要从儿童的视角理解孩子、尊重孩子。教师要理解和孩子在一起，不是你要教他做什么，而是和孩子们一起生活，把节奏放慢一些，使感受力和洞察力丰富和细腻起来。作为教师，要具有帮助孩子成长的能力，要具有解读幼儿、支持幼儿发展的能力，要具有敏锐观察、适时介入、科学指导的能力。教师们转变了教育理念，改善了教育行为，提升了教育智慧，掌握了支持策略。她们学会了观察、分析，适时介入、有效指导，明白了什么是真正的游戏，什么是真正的幼儿学习，她们成为幼儿活动的研究者、支持者、推动者与分享者，实现了专业素养的有效提升。

关键三：开放适宜的游戏材料是幼儿自主发展的关键。独立且关联的活动区域，开放、丰富、适宜的游戏材料，使幼儿园真正成为孩子们的游戏乐园，让看得见的学习随时随地发生，让幼儿的学习看得见痕迹，留得下踪影，幼儿的探索更加自由、自主，不断获得有益的新经验。

关键四：有效园本教研与策略是推进游戏开展的关键。经过长期的园本教研与现场实践，教师立足幼儿自主性发展，最终形成了有效的指导策略：保证充足且自主的游戏时间，创设独立且关联的活动区域，提供适宜且开放的游戏材料，开展自主且有趣的区域游戏，掌握支持且有效的教育策略。科学智慧的指导策略在实践中的积极运用，使孩子们真正拥有了自主游戏的权利，拥有了快乐幸福、值得回忆的童年。

关键五：课题研究的有效开展是创建特色品牌的关键。通过课题研究，使我园真正成为贯彻落实《幼儿园工作规程》《3～6 岁儿童学习与发展指南》精神的先进园所，丰富了以健康教育为办园特色的内涵品牌发展，形成了园本课程文化，对我园课程建设、教研文化的建设和升级，具有里程碑式的意义。简而言之，自主游戏点亮了幼儿的生命，促进了幼儿的全面发展，培养了关键的核心素养，为幼儿终身发展奠定了坚实的基础。

（二）构建了自主游戏课程体系

实践研究的过程中，教师及时撰写并收集过程性研究资料，共汇总整理研究资料约23万字。其中，撰写课题研究报告约2.9万字，整理“融入幼儿学习的游戏教育环境”13篇；收集“点亮本真童年的区域自主游戏”儿童学习故事65篇；收集整理“嵌入游戏课程的教师专业发展”园本教研活动实录14篇；收集“助力共同成长的多元课程评价”专家点评等40余份。过程性资料的收集整理、提升总结，为我园自主游戏课程的开发与实践提供了翔实的第一手参考资料。另外，在自主性游戏课程的开发与实践中，采用全员参与、多元渗透、多举措推进的策略，构建了适合本园的自主游戏课程，具有很强的推广与应用价值。

（三）打造了自主游戏特色品牌

研究成果《在健康课程开发实施中促进幼儿快乐智慧成长——东营市实验幼儿园园本课程建设实践透视》《把孩子变一朵花，香给这个世界看》《陌上蓓蕾缓缓开——山东省东营市实验幼儿园健康教育特色办园掠影》《打造让孩子健康成长的乐园——山东省东营市实验幼儿园健康教育掠影》《构建幼儿快乐成长的环境》《开发实施本真游戏，培育发展核心的素养》等文章在《东营日报》《教育家》《山东教育》《中小学园长》刊物上宣传与推介；研发的课程资源《我的游戏我做主——基于户外区域自主游戏开发与实施的园本教研》入选2015年山东省幼儿园教师远程研修课程资源，供全省3万名幼教工作者远程学习；《把游戏的权利还给孩子——基于户外区域自主游戏开展的园本教研》等多项成果被评为第二十五届东营市社科联成果一等奖、课程资源评选一等奖；专题片《回归童年本真　绽放童年精彩》获2016年山东省特色教育活动展评一等奖；特色经验《幼儿自主游戏的开发与实施》在全国幼儿园游戏教学专题研讨会、“国培计划”、山东省省直“第一书记”帮扶村幼儿园园长和骨干教师培训班上交流推广；我园多次承办全国、省、市健康教育及自主游戏研讨活动并提供观摩现场，承接北京、浙江、上海、湖北等地的全国幼教同行前来交流观摩近万人次；幼儿园先后荣获“全国实施素质教育先进单位”“山东省学前教育先进集体”“山东省百所家园合作示范园”等百余项荣誉。

第三章

生态健康管理

健康是一种文化，生态健康是一种品质。追求高品质的生态健康，既需要思想文化和先进理念的引领，也需要依靠组织、制度和管理的力量，把底部夯实、根基打牢、范围拓宽。通过刚柔并济的管理，我们在更广阔的场域，不断营建充满生命活力和温情的生态教育圈。

第一节　品质管理文化

在本节，我们主要从组织、制度的视角，探讨生态健康教育的支撑、拓展所涉及的有关管理文化，包括追求可持续发展的规划文化、促进优质均衡发展的集团化文化、打造成长共同体的团队文化、以爱育爱的思行文化、家园社区“三位一体”的共建文化、基于大数据分析的信息支持文化。

一、追求可持续发展的规划文化

发展规划是指一所幼儿园根据国家或地区教育发展战略划的要求，系统地分析幼儿园发展现有的基础及所处的环境，确定幼儿园规划年内要达到的主要目标和发展途径，把握幼儿园的优先发展项目，并按照自己的价值观，通过幼儿园共同体成员的共同努力，挖掘自身教育资源，采取各项有效措施，提高幼儿园管理效能，最终提高办学水平和教育质量，推动幼儿园可持续发展。

发展规划是一种思想方法，是民主集中的成果，是一种管理模式。一份好的发展规划是办园的行动指南，是幼儿园坚持依法治园、规范办园、加强教育质量管理的重要基础，是实现幼儿园工作动态平衡、完善园本管理机制、促进自主发展的依据。一份好的发展规划有利于凝聚人心，激励干部工作积极性，对于幼儿园的有效变革和发展具有重要的意义。

（一）发展背景分析

一是幼儿园基础情况。幼儿园创建于 1989 年，园所占地面积 22345 平方米，建筑面积8240平方米，户外活动场地面积15940平方米，是一所现代化省十佳幼儿园，也是局属学校幼儿园中首个教育集团。2011年领办市晨晖幼儿园，占地面积14400平方米，建筑面积8200平方米；2012年领办经济技术开发区东凯幼儿园（2015年领办结束）。集团内共有幼儿1348名，教职工175名，本科以上学历的教师占比78%。

二是三年发展回顾。在各级领导的关心支持下，在全园教职工的共同努力下，上一轮三年发展规划顺利完成，在队伍建设、教育教学、园所管理等方面取得了显著成效。

1. 业务精湛的教职工团队。幼儿园有一支结构合理、善于创新的管理团队，4名园长中，学前教育专业3名（女），计算机专业1名（男）；不同的性别及专业结构，为科学决策奠定了基础。同时，还拥有一支专业精湛、爱岗敬业、乐于奉献、充满自信的教师团队，平均年龄34.6岁。在编教师80人中，研究生5人，本科74人，专科1人；政府购买服务人员中，教师53人，本科25人，专科28人，本科教师占比78%，专业合格率100%。教师队伍中，拥有齐鲁名师、齐鲁名校长、山东省特级教师、山东省教学能手、山东省优秀教师、东营市学科带头人、东营市教学能手、东营市名师工作室主持人等53人次，为园所健康可持续发展提供了有力的人力支撑。

2. 科学规范的园所管理。坚持刚柔并举的管理机制，注重以人为本，实施“自主发展教育”的管理思想，注重实施民主管理、科学管理、自主管理，营造了积极主动、奋勇争先、干事创业的良好氛围。

3. 多元丰富的育人环境。幼儿园拥有现代化的办园条件与教学设施，创建了丰富的室内外活动区域，投放了丰富、适宜、多元的游戏操作材料，为幼儿的健康成长奠定了坚实的基础，是师生以及家长非常喜爱的家园、花园、乐园。

4. 现代完备的教学设施。开设“办公平台、安全教育平台、网站”三大平台，科学配备高标准现代化设施，先后配备计算机、摄像机、多媒体等设备，成立了信息中心，服务一线教学，实现了教育现代化。

5. 富有特色的健康课程。幼儿园立足教育科研，坚持问题导向，实施行动研究，先后独立开展了山东省“十二五”教育科学规划课题《幼儿园健康教育课程开发与实施的研究》《幼儿园健康教育课程开发与实施的深化研究》《幼儿自主游戏的开发与实施》等，取得显著成效，先后两次荣获山东省中小学、幼儿园优秀课程资源评选一等奖，拍摄的专题片先后两次荣获山东省特色教育活动展评一等奖，构建了园本化健康教育课程体系，凸显了健康教育办园特色。

6. 富有内涵的园所文化。秉承“爱岗、奉献、协同、创新”的办园精神，明确“自主发展教育”思想，确立“为每一个孩子幸福快乐成长奠基”的办园宗旨，明确“创建健康教育特色品牌，建设师生共同成长幸福家园”的办园目标，践行“用爱心播种快乐，用理解滋润心灵”的教育理念，以健康教育为主线，构建园本化特色课程，打造生态健康教育幼教品牌。

三是发展中的问题与挑战。尽管取得了一些成绩，但是发展中依然存在一些问题和挑战。比如，精细化管理尚需加强，集团化办园模式尚需进一步探索，创新意识不够，师资短缺不稳，教师开发健康园本课程的能力有待提升，家园共育模式需进一步探索，教育软环境有待于提升，等等。

（二）规划依据

以党的十九大精神为指导，认真贯彻《幼儿园工作规程》《幼儿园教育指导纲要（试行）》《3～6岁儿童学习与发展指南》《关于指导推进家庭教育的五年规划（2016～2020年）》《关于学前教育深化改革规范发展的若干意见》等精神，坚持科学发展观，关注幼儿发展核心素养，遵循幼儿为本、师德为先、能力为重、终身学习的原则，践行“生态健康教育”理念，改革创新、科学发展，强化教师队伍建设，打造生态、趣味、多元育人环境，构建健康特色课程，促进幼儿全面和谐而富有个性的发展。

（三）发展目标

一是发展总目标的确立。认真践行“创新、协调、绿色、开放、共享”发展理念，聚焦幼儿发展核心素养，不断培育提升生态健康教育文化，积极建设生态健康特色课程，努力培养锻造卓越教师团队，放眼全国，聚力建设优质高端、特色高效的现代化幼教集团品牌。

二是工作分目标的细化。具体见表 3-1：

表 3-1　　生态健康教育发展规划具体工作一览表

项目	内容及措施
党建工作	落实“一岗双责”，严格落实“三会一课”及主题党日制度，建设学习型党组织；提升、完善党员活动室党建图书架等设施设备；成立党总支，每年严格按照规定程序做好发展党员工作；深化党建特色品牌创建工作。
队伍建设	打造优质团队。重点抓好四支队伍建设，即：管理团队、名师团队、骨干教师团队、青年教师团队。
课程建设	通过持久深入地开展健康教育课题研究，继续优化丰富适宜的园本化健康特色课程。
幼儿发展	通过组织开展丰富多彩的活动、微课程、体验课程及室内外区域自主游戏等，促进幼儿全面和谐发展。
管理工作	完善管理制度，运用 5S 管理模式，实施精细化管理；优化教职工考核评价实施方案、职称评聘方案、绩效考核方案等，激发教师成长动力，调动工作积极性。
办园条件	改造提升园所基础设施，配备现代化设施，加强信息化建设，凸显园所文化。
校园安全	完善幼儿园安全管理体系，加强制度建设，扎实落实隐患排查与整改，做好安全教育与培训，抓好三防建设，确保师生安全。
卫生保健	完善卫生保健制度，抓好工作落实；加强疾病宣传与防控，优化膳食营养，注重特殊儿管理，确保幼儿健康成长。
结对共建	选派优秀师资力量，开展联动教研、培训观摩等活动，促进结对园所共同成长。
家园社区	家园社区密切结合，充分利用家长、社区教育资源，拓宽交流合作渠道，实现资源共享，形成教育合力。以“互联网 +”为依托，实现网络学习空间人人通。

（四）行动路径和措施

为推进三年发展规划的顺利实施，我园将在“自主发展教育”思想的引领下，实现文化引领，凝聚发展共识；构建园本健康特色课程，提升生态课程文化；实施科学管理，激发成长动力；加强队伍建设，提升专业素养；实施快乐教研，提高自主研究能力；基于儿童发展视角，促进幼儿健康智慧快乐成长；改善办园条件，优化育人环境。各项任务分年度逐项落实，确保三年发展规划顺利完成。

（五）保障措施

一是加强组织领导。成立以园长为组长、分管园长为副组长的工作领导小组，定期督查规划完成情况，研究解决过程中出现的问题和困难，确保规划如期完成。

二是加强宣传发动。召开全园教职工会议，详细解读规划，要求全园教职工齐心协力、上下同心，向着共同的目标不断奋进。

三是强化落实制度及工作方案。认真贯彻落实规章制度及《教职工考核评价实施办法》《奖励性绩效工资考核分配方案》《教师职称评聘方案》《师德师风三维度考核实施办法》等方案；制定日常工作重点环节的评价标准并贯彻落实。

四是强化民主管理与监督。以党支部为核心引领，强化园务委员会、教代会、家委会等组织的作用，监督并参与幼儿园重要工作决策，形成发展合力。

五是做好经费统筹使用。合理编制预算，提高经费使用效益，厉行节约，使各项工作有序运转，确保规划顺利完成。

六是建立与社区的广泛联系。挖掘、整合、利用社区资源，为幼儿发展提供支持性环境，实现优质资源的辐射。

二、促进优质均衡发展的集团文化

近年来，我园认真贯彻东营市集团化办学统一部署，于2011年8月领办了东营市晨晖幼儿园，于2012年8月领办了东营经济技术开发区东凯幼儿园，成为市直学校中的首个教育集团。与此同时，还与广饶、垦利、利津三县共10所乡镇中心幼儿园建立了城乡发展共同体。近五年来，实验总园坚持从实际出发，探索实施了多种领办模式，如晨晖园为紧密型领办模式、东凯园为托管型领办模式、利津县集贤学区等8所中心幼儿园为跨区域城乡发展共同体模式。

（一）实施统一管理，提升办园水平

领办之初，实验总园提出“六统一”管理思路，用最短的时间规范园所管理，提升办园水平。

一是统一文化引领，塑造教育品牌。我园在“忠诚　立人　求索　致远”的东营教育精神的统领下，秉承“为每一个孩子幸福快乐成长奠基”的办园宗旨，确立“创建健康教育特色品牌，建设师生共同成长幸福家园”的办园目标，践行“用爱心播种快乐，用理解滋润心灵”的教育理念，形成了“自主发展教育”思想，设计“快乐和谐，健康向上”的园徽，谱写富有深刻寓意的园歌《起点》，努力打造“生态健康教育”品牌，积极培育集团内全体教职工正确的价值观念和保教行为，实现了名园文化在集团内部的培植和发展。

二是统一制度管理，规范教育行为。制定完善了《东营市实验幼儿园园本化管理制度》，涉及行政管理、教育教学、安全管理等日常工作的各个方面，每一项工作都有法可依、有章可循。这是幼儿园多年办园思想的凝练、团队智慧的结晶，也是集团化办园的“软财富”。

三是统一人员配备，优化师资结构。首先是强化管理人员配备。从总园选派懂业务、擅管理的副园长担任领办园的执行园长；竞聘2名中层分别担任保教主任、后勤主任，留用原幼儿园1名管理人员担任安全办主任，共同协助执行园长开展工作。其次是选派骨干教师。集团内教师实行统一调配，从总园选派骨干教师担任领办园的年级组长、班长，每个班级至少配备一名在编教师，确保师资队伍和教学质量的均衡性、稳定性。

四是统一财务管理，实现资金统筹。对集团内园所的设施配备、师资培训、维修改造等进行统筹安排，实现资金使用效益最大化。根据物价部门规定的收费标准，建立科学的收费体制，缩小收费差距，引导生源平衡，实现教育公平。

五是统一教学管理，提高保教质量。首先，统一基础课程。为迅速提高保教质量，集团内园所以省编教材为蓝本，统一基础性课程，促进幼儿全面发展；其次，共享园本特色课程。集团内园所共享亚太体智能、轮滑、形体训练、分享阅读、创意美术等园本课程，实现了幼儿个性优势发展。同时，统一教学模式。统一开展集体备课、优质课评选、区域活动观摩、学科组教研等活动，实现了智慧碰撞、资源共享。

六是统一绩效考核，引领成长方向。制定了《东营市实验幼儿园教职工考核评价实施办法》，涵盖师德评议、常规工作、教学效果等方面及十项评价标准，建立起了动态、系统的考核体系，切实发挥了绩效考核的导向、激励作用。集团内部统一标准，统一操作方法，多维度进行客观公正的评价，大大激发了教职工的成长动力和工作积极性。

（二）创新运行机制，推动内涵发展

一是创新管理机制，激发成长动力。特别是在非在编人员管理上，我们大胆改革，创新管理。首先，推行梯级工资制度。制定完善了《东营市实验幼儿园非在编人员工资实施办法》，工资按照基本工资、园龄工资、岗位补贴、年度考核等进行分配，使非在编教师队伍日趋稳定，工作积极性和主动性得到明显提升。其次，参加班主任竞聘。在班主任竞聘中，鼓励非在编教师参加，其中有4名非在编教师脱颖而出成为班主任。同时，完善劳务合同条款。明确规定存在师德师风问题、连续两年考核末位、出现较大安全责任事故、请假超过规定天数者，均解除劳动关系。统一的工作平台，平等的竞聘机制，让非在编教师融入进了集体，体验到了被尊重、被认同，形成了充满活力、能上庸下、公平有效的工作氛围。

二是创新培训模式，促进专业成长。我们按照梯队培训的思路，在“走出去，请进来，远程研修，园本教研”等多种培训方式的基础上，创新实施订单式培训、现场诊断式培训、个性化培训，委托华东师范大学、齐鲁师范学院举办骨干教师培训班；邀请专家莅临现场进行诊断；选派不同发展优势的教师分别到上海、北京等地参加专业规划、班级管理、区域游戏等培训；集团内教师定期开展参与式研讨，实施头脑风暴、思维碰撞、成果交流，促进了教师的专业成长。

三是创新交流平台，共享教育智慧。首先，推行教师交流机制。采取多种形式，鼓励教师参与交流活动。在挂职交流时，多名教师踊跃报名，我们择优确定人员到分园交流。其次，推行经验交流机制。在学期初、中、末等关键节点，组织集团内中层及以上管理人员开展“回头看”及创新工作经验交流等活动，相互借鉴，取长补短，共同成长。同时，推行专项工作交流机制。集团内部，定期举办岗位练兵专项交流活动，教师围绕幼儿自主游戏等内容开展研讨交流；厨师探讨研发新菜品，规范操作程序，严格营养搭配，形成了独具特色的营养食谱。

四是创新园本研究，实现特色发展。实验总园自2006年开始，在幼儿健康教育课程开发与实施方面进行了研究探索，聚焦户外区域自主游戏，开辟了搭建梦工厂、快乐大本营、森林乐园等13个户外游戏区域，实施“五大支持策略”（保证充足且完整的游戏时间，创设独立且关联的活动区域，提供适宜且开放的游戏材料，开展自主且有趣的区域游戏，掌握支持且有效的教育策略），促进了幼儿多元化发展。课程资源《我的游戏我做主》入选 2015 年山东省幼儿园教师远程研修课程资源库，成为我市第一个远程研修课程资源。另外，各分园在继承总园办园特色基础上，开展了各具特色的自主创新，如晨晖幼儿园积极探索室内区域游戏活动，逐步形成“主题性区域游戏”办园特色，构建起了集团内部园所“一园一品”的格局。

（三）凝聚共建合力，彰显集团优势

一是政府重视支持，形成发展合力。学校、幼儿园的发展离不开各级领导以及社会各界的关怀与支持。例如，全面接管晨晖幼儿园时，园舍条件及教师队伍还是比较差的。但市里给政策、给资金，市财政先后投资 2000 余万元，实施扩建和旧楼重建工程，极大地改善了办园条件；市编制、人社部门核增 25 个教师编制，批复 72 名计划内临时用工，为集团化办学提供了人才支持。

二是探索运行模式，提升管理效能。实践中，我们坚持“统一管理加创新发展，紧密管理与松散管理相结合”的集团化办学模式，对集团内不同园所采取灵活有效的管理机制。在紧密型领办模式的管理中，充分利用名园的品牌效应和教育教学优势，输出管理、文化、课程等，优化了内部治理结构，建立起以共同愿景为灵魂、以制度体系为框架、以规则程序为纽带的集团化运行机制，快速提升办园水平；在松散型领办模式的管理过程中，我们选派执行园长及骨干教师，注重内部交流与观摩，强化业务管理与指导，全面提升了保教质量；在城乡发展共同体管理模式中，我们坚持“优势互补，互惠互利，长期合作，共同发展”的原则，通过传播先进的教育理念、改善教师教育行为、捐助教学设施等途径，促进城乡学前教育均衡发展。

三是盘活优质资源，实现多方共赢。集团化发展对总园提出了更高的要求，同时也为我们搭建了更大的发展平台。在师资建设方面，大批优秀年轻教师为团队注入了新鲜血液，形成了老中青结合、名师骨干带动、年轻教师快速成长的发展格局。有53名教师先后走上了班长和部门负责人的岗位，15名老师走上中层以上管理岗位，为集团内部及局属幼儿园输送了人才。在后勤建设方面，集团规模优势凸显，如园所建设工程、教学设备购置、特色课程定制、食堂原料采购、业务研修培训等方面，均实现了统一规划、统一考察、统一采购，降低了成本，扩大了效益。

四是园所齐头并进，凸显领办成效。一枝独秀不是春，百花齐放春满园。实施集团化办园以来，各园所赶学比超、齐头并进，均取得优异成绩。截至目前，实验总园荣获全国实施素质教育先进单位、山东省学前教育先进集体、山东省优秀家长学校、全市群众满意窗口单位、全市文明单位等百余项市级以上奖励；6名中层走上园长管理岗位，15名教师走上中层岗位，53人次教师荣获齐鲁名师、齐鲁名校长、山东省特级教师、山东省教学能手、山东省优秀教师、山东省首届学前教育教科研十大名园长、东营市首届功勋教师、东营市学科带头人等荣誉称号；研究成果《幼儿园健康教育课程的开发与研究》荣获山东省首届普通中小学、幼儿园优秀课程资源评选一等奖，东营市首届政府教学成果三等奖；专题片《特色发展育蓓蕾　根植沃土自芬芳》《回归游戏本真　绽放童年精彩》荣获山东省特色教育活动展评一等奖；4人次教师荣获省优质课评选一等奖。领办的两所分园分别顺利通过省级示范幼儿园验收、市级一类园评估定类，荣获“东营市教育现代化学校”“东营市青年文明号”“东营市劳动关系和谐校园”等多项奖励。城乡结对互助共建的10所乡镇中心幼儿园全部通过省级认定，办园特色逐渐凸显。

如果说，“教育的本质是，一棵树摇动另一棵树，一朵云推动另一朵云，一个灵魂唤醒另一个灵魂”（德国哲学家卡尔·雅斯贝尔斯）。那么，在我们的理解中，集团化办学的本质是，一所学校带动另一所或另几所学校，一种理念影响多个群体，一个经验衍生多种创新，最终实现集团内园所全方位良性互动和教育教学水平的均衡发展。

实践证明，实施集团化办园是一条成本最低、风险最小、成效最大的优质学前教育发展之路，也应是深化办学体制和教育体制改革的最佳切入点。但是，在集团化办园中，我们也遇到了诸多问题与困惑，比如非在编人员工资待遇偏低，影响教师队伍的稳定性；集团内交流机制不健全，影响集团品牌效应的发挥；非在编教师职称评聘等管理制度不完善，影响教师的工作积极性，等等。我园将继续强化责任意识，立足教育实践，不断探索集团化内部治理机制、交流机制、再生机制，充分发挥品牌效应，扩大优质教育资源，让更多的孩子享受到集团化办学的成果。

三、打造成长共同体的团队管理文化

作为一名幼儿园园长，笔者坚持在科学规划幼儿园发展愿景、努力打造“成长共同体”的前提下，尤其注重锤炼和谐创新的管理团队。这个过程中，笔者努力做一名智慧型园长，总结经验做法，反思管理效能，实践“六会”策略，带出了一支专家型管理团队，为幼儿园的健康科学发展奠基助力。

（一）会管理，发挥团队力量

李瑞环同志在《学哲学　用哲学》中有一句话很经典：所谓领导，就是要“领”和“导”。什么是“领”，就是带领，后面没兵，光杆司令一个，这只能叫个人溜达。从这个意义上说，领导只有相对于职工、群众才能存在，一时一刻也离不开群众。我们做教育管理者的也要全心全意依靠大家，充分调动职工的工作积极性。在日常管理中要做到以下几点：以身示范，发挥模范带头作用；一碗水端平，公平公正；引导主动工作，干出实绩；创造成长环境，敢担责任；赏识鼓励，激发成长动力。从我任园长以来，“培养一支能担当、有作为的管理团队，打造一批教学名师”是我的奋斗目标之一。我赏识鼓励每一位教职工及中层管理干部，营造干事创业的良好机会，目前，先后有6名中层、15名教师分别走上园长、中层管理岗位，53人次教师被评为山东省齐鲁名师、山东省齐鲁名校长、山东省特级教师、山东省教学能手、山东省优秀教师等。

山不在高，有仙则名；水不在深，有龙则灵。优秀管理团队及教学名师的脱颖而出，让幼儿园更具发展活力。

（二）会用人，实现人尽其才

管理的最高境界："事得其人，人尽其才。"教育管理者应该成为用人的高手，让智者尽其谋，勇者竭其力，能者显其才，贤者彰其德。管理的本质应该是人文的、人性的，管理应该以人的和谐发展为目标，应该使人的潜能、人的天性、人的尊严得到最大的实现和发展。比如，我园几位主任，各有特点，各有优势，但人无完人，每一个人都不是十全十美的。作为园长，我们要看到她们每个人身上闪闪发光的优点，并且要放大她们的优点和长处，让她们的潜能发挥到极致，提升她们的自身价值。

（三）会授权，倡导自主工作

授权基于信任。花径美德工程创始人、花径首席讲师林巨说：“信任是最好的管理，也是最好的激励；反之，不信任是最坏的管理，也是最大的伤害！”因此，园长要做到以下几点：

一是学会放权和授权。园长要学会信任，懂得传导责任，给每一个人责任和压力，给每一个人成长的机会，因为工作不是你一个人的。幼儿园是一个所有教师追求成功的平台，假如能以园长的眼光和心态投入工作，创造最大的价值，迟早有一天，你必将会是幼儿园最重要的那个人。也要倡导教职工把自己摆进去，牢记一句话并努力践行：“主动工作是幸福，被动工作是负担。”

二是要给下属留面子。邓小平同志一生做到了两点：一生中不搞小圈圈；批评人点到为止，给下属留足了面子。

三是要学会赞美。信任、授权承载于“真正的赞美”。对待管理人员，在他们成功的时候，我摒弃了“廉价的赞美、一般的赞美”，而给予他们“真正的赞美”，因为“真正的赞美”是“真正的信任”，是“真正的激励”，是“改变教师最有力、最强悍的武器”；当他们失败的时候、怀疑自己能力的时候、人际关系处理不恰当的时候，我给予了真正的关怀和帮助，使他们走出低谷，重拾信心。

四是引导员工主动工作。主动有五个层次：第一，等待领导吩咐。这是最低层次的工作状态。第二，询问该做什么。可以掌握工作的时间，但不能思考工作的内容。第三，提出建议，然后采取相应行动。已经思考了工作的内容，但不能完全决定自己行动的时间。第四，采取行动，并立即提出建议。思考工作内容并相信自己的判断，但希望及时得到领导的认可和关注。第五，自己主动行事，然后定期汇报。这是最高层次的主动，基于员工对工作的自信和对领导的了解。我倡导管理团队主动自主地开展工作，激励管理团队的工作状态达到第四至第五的层次，使她们在实干中增长才干，在实干中增长智慧与学识。在市教育局先后两次组织的科级干部竞聘中，我园中层以上人员以自己不凡的实力脱颖而出，大获全胜，我园也被外界誉为“培养园长的摇篮”。

（四）会分时，创造最大效益

一个人一天的时间是有限的，精力也是有限的。假如每一个人能管好自己的时间，分配好自己的时间，在最佳的时间段做最有意义的事情，这将创造最大的价值和效益。因此，我引导中层管理干部各尽其能，各负其责，对自己具体做的工作负起责任，不论是起草一份文件，撰写一份材料，还是开展一项业务活动，要求第一责任人必须拿出“假如我是负责人”的态度，同时准备“AB 两套方案”，这样在汇报的时候，不仅会缩短自己的时间，而且会减少占用别人的时间，使他们明白了领导是帮你做选择题而不是帮你做方案。这样的工作机制运行起来，不仅会提高中层及教师的策划能力、组织能力、统筹能力，而且管理者也会有更多属于自己的时间，思考并谋划更有意义的事情。

有一个关于管理者进行管理时间的故事《谁背上了猴子》，这个故事首次发表在《哈佛商业评论》1974 年 11 ～ 12 月期上，曾荣获该杂志最畅销的两篇重印文章之一。故事大致是这样的：

当经理与他的一个下属相遇时，下属说：“我们遇到了一个问题。”经理觉得这个问题需要他参与，而他当时对情况还不够了解，不能当场拍板，就表态说：“让我考虑一下，我会给你答复的。”

分析一下：两人见面前，猴子在下属的背上，两人分手后，猴子就跳到了经理的背上。经理从自己的下属那里接过了责任，并承诺向下属报告工作进展情况。接下来，下属会经常来打听经理工作的进展情况，一直到该经理把猴子归还给真正的主人喂养为止。

为什么会发生这一切？因为不论有意还是无意，这位经理及其下属从一开始就认为问题是两个人的，而且经理还很主动地把猴子接到自己的背上，但是经理没有那么多的时间来喂养猴子，他要把大多的时间用来应付上司和公司要求做的事情上，为了应付猴子，他就要占用自己的自由时间，由此，他陷入了恶性循环中，时间在白白地流逝。当他利用休息日加班加点时，他看到他的下属们正在打高尔夫球。他意识到，如果他按先前的模式继续工作的话，他的下属将让更多的猴子跳到他的背上，他猛然醒悟到：他越是往前走，就越会落在后面。于是，他开始思考怎样管理好自己的时间，想办法摆脱背上的猴子，把主动性还给下属。于是便开始了与员工的谈话："任何时候当我帮助你解决这样或那样问题的时候，你的问题都不应成为我的问题。你的问题一旦成为我的问题，那你就不再有问题了。我不会帮助一个没有问题的人。这次面谈结束后，问题应该由你带出去，就像由你带进来一样。你可以在任何约定的时间向我求助，然后我们可以共同决定下一步应采取什么行动。"经理就这样将他的思路传递给各个下属。这时他突然明白他不用关门了，他所有的猴子都不见了。当然它们都会回来，但只在约定的时间，他的日程安排将确保这一点。

这个故事很富有哲理，给我们带来很多启发。我们是不是也经常面临这样的事情，我们是不是也经常自觉不自觉就把别人的猴子接到自己的背上？希望做园长的都能从这个故事中得到启发，管理好自己的时间，让自己的工作更有意义，让自己的时间更有价值。

（五）会定位，教师地位第一

"员工第一，顾客第二"的思想是罗森柏斯在《顾客第二》一书中提出的。罗森柏斯国际集团从美国费城地区的一家小旅行社，经过 20 多年的时间，一步步发展成为全球的业界领袖，年收入超过了 60 亿美元。如此巨大的成功，秘诀在于"员工第一，顾客第二"的思想。当别人都是在尽力讨好顾客时，而罗森柏斯首先把精力集中在员工身上，其次才是顾客。因为他坚信，不愉快的人提供的只能是不愉快的服务，创造的只能是不断下降的利润。罗森柏斯向我们展示了如何通过重视你的员工——你单位的最大资产，来赢得最好的顾客，并将你的效益推向成功的顶峰。

因此，教育管理人员要实行人性化管理。管理有四个层次：规范管理、科学管理、精细管理、人性管理。其中人性化是最高的层次。所谓人性化管理，就是在整个管理过程中，充分注意人性要素，以充分挖掘人的潜能为己任的管理模式。它可以包含很多要素，如对人的尊重，充分的物质激励和精神激励，给人提供各种成长与发展机会等。注重人的潜能开发是人性化管理理念的基点，“员工也是上帝”是人性化管理理念的本质体现。人性化管理的最终目标，就是追求全方位和谐发展。因此，在管理中，我们要用心体会管理的真谛：管理要管人，管人要管心，管心要关心，关心要真心。

（六）会主导，发挥关键作用

管理者的主导作用在于谋事在众、决断在己、成事在众。所谓“谋事在众”，是指决策之前，一定要充分发挥民主，广泛征求大家的意见，集中大家的智慧，确定方案；“决断在己”是指在充分发扬民主、广泛征求大家意见的基础上，作为一把手要勇于拍板，敢于担当；“成事在众”则是指一旦决策之后，管理者便不必事必躬亲，要放手让分管人员去开展工作，依靠大家的努力把事情做好。如果出现问题，不要推三阻四，要勇于承担责任，具有领导风范，让分管人员干得更放松。另外，在工作中要保持情绪稳定。因为，一个人在高兴或者痛苦的时候，会对同一信息做出截然不同的反应和处理结果，所以，管理者要情绪稳定，有的管理者以“喜不可纵有罪，怒不可辱无辜”的格言提醒自己，防止情绪不稳定造成工作的被动。“二八定律”很好地诠释了这句名言：一个人的成功 20% 取决于智商，80% 取决于情商。情商是认识情绪、感知情绪、控制情绪、调整情绪的过程。智商使人得以录用，而情商使人得以提升。

“六会”管理策略的巧妙运用，为幼儿园营造了生态、和谐、温暖的氛围，为管理团队的专业成长夯实了基础，为管理团队的幸福快乐体验营造了氛围，大家心气和顺，彼此珍惜，幸福生活，快乐工作，实现了幼儿园健康和谐发展。

四、以爱育爱的思行文化

近年来，幼儿园“虐童”事件频发，引起了社会各界的广泛关注。这种行为不仅伤害了孩子的身体、心灵，还严重损坏了幼儿园和幼儿教师的整体形象。

幼儿的健康成长关乎祖国的希望，关乎每个家庭的未来和期盼。党的十九大报告提出：“办好学前教育，努力让每个孩子都能享有公平而有质量的教育。”2016 年初公布实施的《幼儿园工作规程》明确规定：“幼儿园教职工应当尊重、爱护幼儿，严禁虐待、歧视、体罚和变相体罚、侮辱幼儿人格等损害幼儿身心健康的行为。”但近年来屡屡发生的幼儿园“虐童”案，引起幼教人的深刻反思，也引起了社会的高度关注。如，红黄蓝幼儿老师针扎幼儿、喂幼儿不明白色药片；西安枫韵蓝湾幼儿园长期给幼儿服用抗病毒药物病毒灵；河北省三河市民办幼儿老师用针扎幼儿、用刀威胁幼儿；浙江温岭幼儿教师揪幼儿耳朵、嘴巴上缠胶带，将幼儿倒立于垃圾桶内；江苏兴化板桥幼儿教师用电熨斗烫伤 7 名上课说话的幼儿等。一起起令人发指的虐童事件，不仅伤害了儿童的身体，还严重伤害了他们的心灵，甚至会造成一辈子的阴影，影响其一生的发展。同时，这些极为个别的行为已经严重地损害了幼儿园和幼儿教师的整体形象，并给幼儿教育带来长期的负面影响。

静下心来，认真分析近年来发生的典型“虐童”事件，可以发现：其发生的根本原因除了大家普遍认为的个别幼儿教师道德无底线、心理不健康、教育机构利欲熏心、法律处罚太轻之外，很大程度上还在于“激励不相容”。众所周知，自利是人的天性，每个人都有追求利益的动机，而目前幼儿教师收入低、工作压力大、得不到相应的关爱，尤其是在幼儿教师中占有很大比例的临时用工教师。一旦这种天性长期得不到满足，长期处于“激励不相容”的境地，迟早会出现问题。同时，幼儿教师队伍门槛较低，社会上凡是取得幼儿教师资格的人都可以报考，都可以进入幼师这一群体。另外，幼儿教师监管粗放、师德缺失及幼儿自我保护教育缺乏等方面存在的问题也比较突出。随着国家二胎政策的放开，幼儿教育面临大量适龄儿童的入园需求和幼师队伍培养相对滞后之间的矛盾，很多没有幼儿教师资格证或者具有资格证而非幼教专业的社会人员流向学前教育领域。当业务素质或专业化程度较低的幼儿教师面对经常“不听话”的孩子时，教育的方式便很容易成了变相的体罚。

基于此，如何提高幼师素养，改变教育朝向，培养身心健康的幼儿，便是幼教管理工作的重中之重。笔者以为，除了提高政治地位，落实生活待遇，实现激励相容之外，重点应从以下三个方面进行探索和实践。

（一）目标一致，相向而行，打造核心管理团队

美国社会心理学家、人格理论家马斯洛创建的需要层次理论谈到，人有五大需要，即：生理的需要、安全的需要、认知的需要和爱与归宿的需要、尊重的需要、自我实现的需要。要关注教师尤其是管理团队的高层次需要，统一教育愿景，与教师相向而行，营造团队归属感，与教师相伴而行。这是给予教师的最好礼物，也是幼儿园管理团队最起码的责任。

一是温暖有爱，培育团队归属感。“爱”在一个人的成长中至关重要。营造爱的氛围，培育爱的文化，让教职工时刻在温暖的行动与氛围中感受爱的阳光与滋润，从而不断培育团队归属感。

感受温暖有爱的亲情教育。我们要给予教师“真正的关爱”。幸福的时候有人分享，痛苦的时候有人分担，困难的时候有人帮助。因为“真正的关爱”是“真正的温暖”“真正的激励”，是温暖且改变教师最有力、最有效的武器。如果管理人员能够“让我的爱像阳光一样包围着你，而又给你光辉灿烂的自由”般对待教职工，大家彼此温暖，带着阳光前行，那我们拥有的便是真正幸福的幼儿教师队伍。

实施育正涵养的心理教育。物质的发达会带来精神的危机，需要关注教师的心理健康。如果说管理就是服务的话，我认为管理更是引领式教育，在引领教师思想转变、业务提升的同时，更需要引领教师的心灵成长。随着我园集团化办学的日趋深入，年轻教师大量涌入。在年轻教师的成长过程中，难免会出现障碍性心理问题、适应性心理问题以及发展性心理问题，诸如歧视“问题”幼儿，抱怨家长教养方式不良、不懂配合，师幼之间、师师之间、工作之间难以适应等，针对以上情况，作为管理人员应该及时发现、总结分析、适时引导，要关注教师的心理状态和需求，注重教师心灵的启迪与引领。要创造合适的机会，搭建交流平台，让教师敞开心扉，讲述自己的心理历程、分享成长的幸福感受，交流经典的成功案例等，从而释放压力，感受温暖，引导她们向着健康美好的方向成长。同时，我们聘请山东省心理咨询师王占新老师讲解《九型人格与人际关系》，使教师们了解九型人格的性格特点，进一步认识自己、了解自己，更好地处理好与家人、与同伴、与幼儿、与工作、与社会的关系，在提高自我效能感的同时，提高社会效能感。

二是人格平等，满足尊重之需要。平等，是人类追求的最高文明价值之一，它和“自由”“民主”“博爱”一起并称为“公民社会”的四大原则。一切的人不论贫穷或富贵、聪明或笨拙、美丽或丑陋都应该“生而平等”。每个人的人格都是平等的，没有高低贵贱之分，只有岗位有异、分工不同。在幼儿园里，不管是园长、主任、教师还是厨师、保安等，都应该彼此尊重，相互信任，共同担责，相互包容。管理人员要放大人格魅力，释放人性光辉，而不要受“官本位”的思想影响，过多地依靠权力进行管理。同时，要经常换位思考，实施人性管理，要设身处地为他人着想，想人所想、理解至上，这是一种理想的处理人际关系的思考方式。只有基于换位思考作出的决策，才更容易被教职工接受，才更有利于推动决策的顺利实施。

如此教育环境，教师增长的不仅仅是知识，而是亲情和感情的培育、快乐情绪的正极传递。解决教师的发展性问题，提升专业素养与自我价值，使教师在团体中找到归属感、使命感，时刻体验幸福快乐的味道，感受温暖有爱的氛围，精神世界不断丰盈，将极大地杜绝“虐童”事件的发生。

（二）心怀大爱，以爱育爱，塑造有爱教师队伍

爱是教育的灵魂，只有融入了爱的教育才是真正的教育。在幼教工作中，只有具有爱的能力的园长，才会让教师幸福平和；只有体验过爱的教师，才会让幼儿快乐成长。因此，培育心中有爱的教师团队最为关键。

一是大爱无疆，爱充满童趣的孩子。每一个生命都应得到尊重，应敬畏每一个生命。每一个鲜活生命的诞生，都承载着家庭的希望，教育工作就是成全每一个家庭的希望和未来。

爱要有责任。从家长把孩子交到教师手上的那一刻起，我们的肩上就扛上了责任。教师为孩子取得的点滴进步感到高兴，为孩子拥有美好的情感感到自豪，也会因为孩子不经意的犯错担心不已，这一切均源于责任。因为责任，教师才把孩子的健康与安全放在心上；因为责任，才更能体会幼教事业的无上光荣。

爱要体现公平。教育公平是社会公平的基本体现。在教育过程中，老师要公平公正地细心呵护每一个幼儿。因为，幼儿的内心是敏感的，他们可能会因为老师的一个眼神、一个动作受到影响。教师不但要关注聪明伶俐、活泼可爱的幼儿，更要关注能力欠佳、行动迟缓、性格内向、内心脆弱的孩子。要让每一个幼儿都得到爱的雨露，获得发展的机会，不让自卑毁了孩子。

爱要有智慧。教师的爱不同于一般的爱。相比而言，师爱更加科学，是理智的爱，是包容的爱，是博大的爱，在科学施爱的同时，还要引导家长给予幼儿科学的爱和呵护，就像笔者在校园文化建设中写过的一首小诗《让爱有所附丽》：

理解，爱才有所附丽，让幼儿在温润解读中快乐成长；

尊重，爱才有所附丽，让教师在人性管理中自主发展；

沟通，爱才有所附丽，让家长在专业引领中共同进步；

尊重，爱才有所附丽，让园所在社会关注中提升内涵。

我们对幼儿要施之科学之爱，就像陶行知先生那样智慧地去爱孩子，要用《四块糖的故事》启发引领去实施智慧的教育，从而消除孩子的对立、逆反、怀疑等，使其有更多积极的认知、体验、感受以及带来的觉醒和行动，而不是以教育者自居，高高在上，夸夸其谈。对孩子教育的过程，应始终充满爱心、宽容和温情，从而完成教育的使命，激励与唤醒幼儿。

二是因爱伟大，爱阳光明媚的幼教事业。研究表明，幼儿 6 岁时大脑的重量已经达到成年重量的 95%，3 ～ 12 岁是人形成良好行为的关键期。幼儿阶段的重要性不言而喻。如果把基础教育比喻成高楼大厦的话，那么学前教育就是高楼大厦的地基。地基越是宽厚，楼房越是坚固。这也进一步诠释了幼儿教师工作的重要性，要认真并执着地热爱幼儿教育事业，把幼儿教师这一职业当作一生的事业去经营。

三是专业成长，助推教师自我实现。马斯洛认为，每个人都渴望体现自身的价值。要促进教师的专业成长，更要关注教师的发展性心理问题。要根据教师的专业发展需求，在自我造血、自我成长、自我完善的基础上，或委托专业培训教育机构，或邀请知名专家、教授与教师面对面交流、近距离授课。在培育过程中，要关注每一个教职工，实施全方位的教师培养与发展工程，让每一个教职工在原有水平上得到发展，实现自我价值，体验成功乐趣。如对于名师队伍建设问题。名师是一所幼儿园的灵魂，在幼儿园发展中起着重要的引领、示范作用。因此，幼儿园要通过梯队培养、专业指导等多种方式，着力提升名师团队的整体素养，从而实现“山不在高，有仙则名；水不在深，有龙则灵”的至高境界。又如大龄教师的作用发挥问题。大龄教师具有丰富的工作经验，但由于各方面原因易被忽视，使其丧失应有的积极性与主动性。因此，一定要提供合适的机会和平台，如讲一讲成长故事，说一说教育孩子的秘诀等，使他们时刻体验存在感、幸福感，从而提升生命价值。

培育善良有爱之幼儿，教师先需心中有爱，这种爱需博大无私。同时，幼教教师更需要不忘初心、牢记使命，做有德之师，育有德之人，铺好品行底色，帮助幼儿扣好第一粒扣子。

（三）遵循规律，关爱生命，培养阳光儿童群体

一是遵循规律，促进每一个儿童的健康成长。美国著名的发展心理学家和精神分析学家埃里克森提出了人格发展八阶段理论。作为教育工作者，应该根据幼儿的人格发展阶段特点，实施科学的教育，使各个阶段都保持积极的品质发展，逐渐实现健全的人格。另外，幼儿的学习是以直接经验为基础，在游戏和日常生活中进行的。要珍视游戏和生活的独特价值，最大限度地支持和满足幼儿通过直接感知、实际操作和亲身体验获取经验的需要，严禁拔苗助长式的超前教育和强化训练。专业幼儿教师要尊重并遵循幼儿发展规律，按规律组织教育教学，不为穿着华丽的外衣摧残幼儿的小学化现象所蒙蔽，努力培养阳光儿童。

二是尊重差异，让每一个幼儿成为最好的自己。在幼儿的成长过程中，我们往往以成人的视角看待幼儿，认为他们还小，说什么、做什么对他们来讲都无所谓。其实不然，每一个幼儿都是活生生的个体，同样需要得到尊重。我们做教师的要慎言慎行，以身示范，尊重儿童的权利、人格以及个体差异。要站在儿童的视角，用儿童的眼睛去观察，用儿童的耳朵去倾听，用儿童的大脑去思考，用儿童的兴趣去探寻，用儿童的情感去热爱……与孩子拥有共同的兴趣，理解孩子们的精神世界，尊重每一个孩子，使他们的心灵得以舒展，能够放松地按照自己的节奏、方式自我建构、自我成长，最终实现身心全面和谐发展，成为最好的自己。

三是安全至上，提高儿童自保意识与识别能力。在幼儿阶段，除了主题教育与园本课程的学习外，还应把安全教育尤其是辨别“异常”能力的培养

及防性侵教育纳入日常教学。教育幼儿明白什么是正常的，什么是异常的，使幼儿在关键时刻学会辨别“异常”，并能够将“异常”说出来，及时求救，引起关注，将隐患消灭在萌芽状态，确保幼儿安全。

总之，解决幼儿园“虐童”事件不能仅仅止于处理涉事个人，而必须多措并举形成合力，进而从根本上斩断伸向儿童的罪恶之手。但愿每次事故发生之后我们不只是就事论事，但愿没有道德底线的幼儿园“虐童”事件，能够成为我们反思幼儿教师队伍建设和师德师风缺失的契机，让弱小的身体不受伤害，幼小的心灵不受摧残，还幼儿一片蓝天净土。我们坚信，有责任的管理团队和有大爱的教师队伍，一定能够培养出阳光的儿童群体。

五、家园社区“三位一体”的共建文化

幼小衔接是幼儿成长的关键环节，直接关系到幼儿的健康成长，只有顺应幼儿心理发展规律，调动多方面因素共同努力，才能消除幼儿上小学之后的紧张、焦虑等不良情绪，让幼儿尽快适应小学生活，实现平稳过渡。

（一）尊重年龄阶段，理解学习特点

华东师范大学华爱华教授在全国第八个“学前教育宣传月”活动中提到，幼儿与小学生是不同的两个学习阶段，从发展的阶段性来看，幼小之间有不同的学习方式，从发展的连续性来看，幼小之间有着自然衔接的内在机制。

不同年龄的孩子有不同的心理特征，不同的心理特征适合不同的学习方式。仅以孩子的思维发展来看，其规律是从直觉行动思维到形象表征思维，再到符号抽象思维，而幼儿正处于直觉行动思维与形象表征思维的阶段，其学习是基于直接感知、实际操作、亲身体验的，也就是说，他们的学习是以直接经验为基础的，他们是借助实物的操作或头脑中的表象来解决问题的，到了学前晚期才有可能出现一些简单的符号表征，但遇到复杂问题时仍然要借助形象表征，

甚至回到实物操作。以小学的教学方式教要到小学才开始的书面符号知识，即脱离生活实际地教幼儿去解题，孩子是很难理解的，孩子在理解不了的情况下，就只能借助机械识记来学习，囫囵吞枣式地死记硬背知识。

幼儿园是为小学的理性学习做感性经验的准备的，感性经验越丰富，入学后理性学习能力就会越强。

（二）明确行动方向，带着目标前行

确立指导思想。幼儿园幼小衔接，旨在帮助幼儿实现从幼儿园到小学两个不同阶段教育的平稳过渡，帮助幼儿建立自信心，能够健康、快乐地适应小学阶段的学习生活，保持身心健康发展；幼儿园幼小衔接活动，应充分体现科学性、整合性和趣味性，并与幼儿园课程有机结合。

明确发展目标。有入小学的愿望和兴趣，向往小学的生活，具有积极的情感体验；初步了解小学的学习活动特点和课堂教学规范，对各类学习活动具有好奇心和求知欲；初步养成良好的学习习惯（倾听习惯、阅读习惯等）、生活能力（自我服务能力、自我保护能力等），以及建立初步的规则意识、任务意识。

（三）立足幼儿发展，优化双向衔接

做好幼小衔接，实现平稳过渡，就要从家长、教师，幼儿以及幼儿园和学校等几个方面做好工作，让家长了解、做好家长衔接，让教师重视、做好课程衔接，从细节入手、做好习惯及生活能力衔接，从而帮助幼儿建立正确的学习态度和习惯，快乐适应。

一是举办讲座，做好家长衔接。进入大班，有的家长开始焦虑，幼儿园不学拼音、加减法等，能不能顺利应对小学生活。家长的担心我们可以理解，但我们都明白，幼小衔接不等于提前学习学科知识，不等于在幼儿园学段实施小学化教育。为了使家长拥有先进的教育理念，掌握具体的指导方法，每年 3 月份我们都聘请小学的资深教师做题为《平稳走过幼小衔接，陪孩子慢慢长大》的讲座，小学教师结合具体案例向家长们介绍小学和幼儿园的区别，分析当前幼小衔接存在的误区，指出幼小衔接阶段的侧重点，并对幼小衔接阶段家园合力教育给出了具体指导，还现场解答家长们急需了解与解决的问题，并针对性地提出了教育策略，使家长对孩子升入小学有了更加明确的目标和认识，也让家长有足够的时间做好衔接工作。另外，我们还组织家长参加“用最简单的方法，成就最优秀的孩子”等专题教育讲座活动。专家对家长在家庭教育中常见问题进行了深入分析，对如何培养孩子良好的学习习惯进行了指导，帮助广大家长树立了正确的家庭教育观念，掌握了科学的家庭教育方法，为幼儿顺利进入小学打下了坚实的基础。

“陪伴是给孩子最好的礼物”“幼小协同科学衔接”“理解孩子的天性，让孩子快乐成长”“倾听孩子内心的声音”，在2019年国际“六一”儿童节之际，我园结合全国学前教育宣传月，在新世纪广场组织开展了以“给孩子适宜的爱”为主题的庆“六一”亲子活动，向家长传播先进的教育理念。所有的家长完全融入孩子的游戏，陪伴孩子共同度过了难忘的节日。我也特别期待着，在大班幼儿即将毕业、弱小的肩头上即将背上沉甸甸书包的时候，家长朋友们还能够牢记这些理念，不用唯一的评价标准——分数来评价孩子，制约、束缚幼儿的多元化发展。我们一起牢记：有些花儿，虽花期不同，最终绚丽绽放；有些孩子，虽心智不同，终健康成长。愿每一个孩子就像一粒种子，独特而饱满，终将展现不一样的精彩。

二是提升能力，做好课程衔接。我们都知道，幼小衔接阶段，重点是幼儿习惯及能力的培养，包括学习习惯、学习品质、社会适应性等各方面。我们重点围绕“入学愿望”“学习兴趣”“学习与生活习惯”三个活动目标来进行内容的设计与组织，并紧密结合主题来开展活动，重点培养幼儿的任务意识、时间观念及规则意识，从而帮助他们提升挑战新环境的能力。

第一，走进小学校园，激发入学愿望。每年5月份，我们都会组织大班幼儿到市实验小学进行参观。参观前，各班教师先组织幼儿进行谈话，帮助幼儿

梳理参观小学应该关注的问题，便于幼儿带着自己的问题和思考去参观。孩子们在小学老师的带领下参观教室、操场及学校环境，观看升旗仪式、课堂教学，感受小学生的学习、活动特点。在模拟课堂活动中，孩子们与小学生哥哥姐姐有效对话，大胆提出自己的问题，充分感知、主动体验，不断丰富对小学的整体认知。参观活动结束后，班级教师鼓励幼儿以绘画或口述的方式撰写口述日记，孩子们用稚嫩的画笔和语言描述着参观小学的过程，表达着对小学浓浓的向往之情，产生升入小学的美好愿望和积极、自信的情感体验。

第二，整合课程资源，丰富认知经验。幼儿的经验越完整、越丰富，学习的能力便越强。因此，做好学习、习惯、能力等各个方面的整合，显得尤为重要。首先，与主题教学整合。对于大班幼儿来说，他们羡慕新书包、新书本、铅笔盒，羡慕红领巾，对小学校园的学习生活充满了好奇。我们围绕“我要上小学了”主题活动，开展了“文具总动员”“挑战一分钟”“我的担心”等系列活动。在语言活动“我的担心”中，教师邀请已经上小学的学生回到幼儿园，针对幼儿提出的各种担心，如“上课的时候要上厕所怎么办”“我上课学不会怎么办”“我记不住作业怎么办”等，一一给予解答，丰富了孩子们的入学经验。

在“毕业倒计时”活动中，通过让幼儿数数日历中的天数，了解日历在生活中的运用，建立初步的时间观念，并感受毕业日期的临近，懂得珍惜时间；数学活动“我给好友打电话”“看站牌”“文具店购物”等课程，让幼儿认识了人民币、电话号码，了解了相邻数、序数、规律排序等内容，发展了幼儿的逻辑思维能力。其次，与区域活动整合。区域活动是集体教学活动的延伸和补充。在区域活动中，我们围绕教学主题，创设了生活操作区、益智区、棋类区、建构区、小学课堂等区域。如棋类区中，利用各类废旧瓶盖等材料制作了益智棋车、计算棋、五子棋、识字棋、故事棋、分类棋、单双数棋、趣味安全棋等多个棋类游戏，其内容涵盖了数学、语言、社会等各领域，集合了数学活动中的分类、排序、数的分合、空间方位及语言领域看图编故事、安全小常识等，幼儿在手、眼、脑并用的操作过程中，提高自己的数学运算能力、观察能力、想象能力、语言表达能力，锻炼了思维的敏捷性、灵活性；建构区以“我心目中的小学”为主题开展搭建活动，孩子们互相合作，运用平铺、架空、垒高、围合等技巧，搭建起了小学的楼房、操场、升旗台、教室、桌椅等，在提升幼儿搭建水平的同时，发展了空间思维的能力，丰富了幼儿的认知经验；社会性区域“文具商店”“钟表店”既锻炼了孩子们的社会交往能力，又让他们认识了时间、钱币，体验了时间的重要性；美工区的“自制图画书”和上小学后的看图说话有直接关系，孩子在绘画的过程中展开无穷想象，提高语言表达能力。孩子们在属于自己的空间里感受、发现和创新，在快乐的探索、操作中，获得更宝贵的知识与经验，提升了各种能力。同时，与生活课程整合。我们树立生活即课程的理念，让幼儿在生活中学习，在操作中感知。如幼儿毛巾、鞋柜、水杯的标示，有的班级采用的是 1～40 号的序数方式，有的班级则是以横排序列的方式标示，让幼儿感受到生活中数的运用；自助餐点时，提示牌上有明确的数字标识，并用图片及数字结合的方式表示苹果 1/2 个，樱桃 5～7 个，幼儿在自取餐点的过程中学会了按数取物，初步了解了分数及数的区间等数概念。另外，与读书活动整合。书籍是幼儿成长中的重要老师，阅读是幼儿学习的有效方式。我园通过开展“书香伴童年，阅读润心灵”读书活动，向幼儿推荐了“幼儿喜欢的图画书”书单，内容涉及情绪、亲情、幼小衔接等主题，如《小阿力的大学校》《大卫上学去》等图画书，培养幼儿爱读书、乐读书、会读书的好习惯。各班级结合读书日，开展了主题读书活动，有的班级举行“购书日活动”，为孩子提供了自主选书、购书的机会；有的班级开展“好书分享”活动，孩子把家里的好书带到幼儿园，与同伴一起分享，扩大阅读面；有的班级通过亲子共读、读书征文、自制图书和书签、图书漂流等活动，让家长重视孩子阅读。与此同时，还开展了“读书小明星”“书香家庭”“阅读记录展评”等活动，进一步激发读书动力，营造了书香氛围，读书成为孩子每天的必修课。

三是注重细节，做好习惯衔接。幼小衔接活动从大班下学期开始，重点是毕业前的四个月，也就是 3 ～ 6 月份。

第一，关注生活活动，提升自我管理能力。我们首先对入园时间做了调整，要求大班幼儿 8 点前入园，尽量做到不迟到，每月公布不迟到的班级及幼儿，每季度公布全勤明星。其次是集体教学活动时间的调整。大班幼儿上课的时间由 30 分钟逐渐延长至 40 分钟。同时，加强对课间休息和自由活动的引导，让幼儿学会自主安排和管理自己的生活。各班级相应开展了“遵守班级公约”“整理小书包”“争当值日生”等活动，幼儿学会了有序整理、自我管理，提高了生活自理能力，培养了规则意识与集体意识。如“遵守班级公约”活动中，让幼儿了解规则、自己制订规则并张贴在醒目位置，时刻提醒幼儿学会自我管理、自我约束，实现从表象的认识到实质的理解与转化，不断内化行为；自助餐点环节，幼儿在自助流程中规范餐前洗手、自取餐点、收拾清洗餐具、正确使用餐巾纸、餐后洗手漱口、整理餐具等环节，帮助幼儿养成良好的生活习惯，提升了幼儿生活自理的能力，并通过班级“赏识栏”，让孩子们自我评选“餐点好宝贝”“全勤小明星”“好习惯之星”等，使孩子们进一步明确要求、自我约束，养成良好习惯。

第二，引导自主管理，培养良好学习习惯。首先，养成大课堂习惯。我们对集体教学结构进行调整，增加一节集体教学活动，密度逐渐加大；其次，提高表达与倾听能力。每天利用餐后半小时开展“倾听一刻”，组织幼儿学习用完整简单的语言讲清一件事，大胆表达自己的想法，倾听同伴的所见所闻及改编的故事，培养幼儿的表达与仔细倾听的习惯。同时，培养良好的姿势。各班级组织幼儿每天做护眼操、学习握笔姿势等活动，引导幼儿掌握正确的坐姿、握笔姿势及用眼卫生等；有的班级还利用下午离园前5分钟组织谈话活动，引导幼儿回忆一天的活动，相互讲述或者记录发生的事情，养成“每天理一理、记一记”的好习惯。另外，提高自我管理的能力。目前，大班教师的直接管理减少了，请幼儿自主安排活动的时间增多了。如，增加自我计划活动内容，自我检查任务完成情况。像我们开展的户外区域幼儿自主游戏，就留给孩子很多自主发展空间，他们自主选择游戏区域，自主选择游戏内容，自主选择游戏伙伴，自主生发游戏玩法，自主整理游戏材料，自主表征游戏过程。在活动区域里，他们按照自己的节奏主动探索、反复实践、大胆交往、挑战自我、解决争端、整理摆放材料。可以说，自主性游戏，提高了独立自主的能力，促进了幼儿的社会性发展，培养了专注的学习品质，发展了开放灵活的思维方式，养成了自我管理的良好习惯，锻炼了坚强勇敢的意志力，提升了综合运动能力……实现了幼儿多元化发展。

通过自主游戏，我们更加坚信，每一个孩子都是自信的、有能力的学习者；可以说，自主游戏，点亮了孩子们的生命，让他们回归幸福童年的本真。

第三，开展专项活动，培养责任意识。幼儿升入大班后，心中充满了自豪感，为了使他们真正担当起哥哥姐姐的角色，培养其责任感及爱心，同时进一步减少小班幼儿的入园焦虑，我们组织开展了“大带小”系列活动。如，大班幼儿到小班为弟弟妹妹们表演节目，鼓励她们一起表演，动手制作小礼物送给小班弟弟妹妹等，带小班弟弟妹妹午餐后散步，午睡前帮弟弟妹妹脱衣服，哄他们睡觉，间操结束后或下午户外游戏时间，带弟弟妹妹一起游戏；转移她们的注意力，使其不再哭闹；结合中秋节开展“大带小”分享活动，大班幼儿动手制作月饼时邀请小班弟弟妹妹前去参观、共同制作并分享，体验分享的快乐。另外，主动与小学衔接，实施零起点教育。幼儿园与小学之间相互对接，达成教育共识，小学初期在教学方式上向幼儿园靠拢，采用游戏教学的方法，使小学生直接感知、动手操作、亲身感受，获得新知。在学习内容上实施零起点教育，保持所有幼儿同一起点，放慢学习进度，而不能让新生进行竞争性或追赶性的学习。目前，小学也都在尝试降低坡度，进行新生入学适应期的学习准备，以更好地对接幼儿园教育。

从幼儿园进入小学，是孩子求学路上第一次大跨越，在幼小衔接这个关键时期，只有做好幼儿园与家庭、幼儿园与社会、幼儿园与社会、教师与家长常态且有效的双向沟通与配合，才能实现平稳过渡，促进幼儿健康快乐成长。

三年的时光很长也很短，每当毕业季，我们总会举办一场宏大的毕业典礼，为每一个孩子颁发精美而且饱含幼儿园浓浓爱与祝福的《毕业纪念册》，以此纪念幼儿在园的美好时光，让孩子们从这里迈出自信的第一步……

流光易逝，已是毕业季

总忘不了你在幼儿园的点点滴滴

如今，我亲爱的孩子

你就要迎来另一片天地

只愿未来的每一天

都有人给予你适宜的爱

我亲爱的孩子

不管以后是否会记起

我们都会永远期待

期待长大的你

能一直拥有健康、快乐、智慧与自信……

六、基于大数据分析的信息支持文化

多年来，我园坚持把加强教育信息化作为提升教育质量的重要抓手，加大资金投入和保障力度，以高速宽带校园网为依托，建设了一个网站，开通了两大平台，开发了六套应用系统，切实发挥信息化在园所管理与教育教学中的引领与支撑作用，实现了日常管理网络化、家园教育一体化、园本资源共享化。

（一）强化设施建设，铺设信息化高速公路

科学组织，加大投入。成立了信息化建设领导小组，由行政副园长直接负责，抽调专业人员 4 名，组建信息中心，负责各项应用系统的运维管理。同时，按照统筹规划、分步实施的原则，每年预算中都安排专项资金用于信息化建设、设备维护及更新，为信息化建设工作提供组织支持和资金保障。

完善网络，优化环境。高速宽带校园网和“班班通”是信息化建设和应用的核心，目前我园已经建设了覆盖集团园所的千兆骨干校园网和无线网络。建设了中心机房，配备了核心交换机和应用服务器、高速存储系统等，为信息化应用提供了网络支撑。

配齐设备，提升效率。为班级及功能用房配备了多媒体、实物展示仪、音响、打印机、数码相机等设备，实现了“班班通”。为各部门配备了笔记本电脑、双面打印机、数码相机等，为信息中心配备了 SONY 专业摄像机、导播服务器、佳能单反相机、非线编等专业设备，极大地提高了工作效率。同时，集团内园所主要设备的品牌和型号统一，实现资源共享。

（二）注重系统建设，推进信息化应用进程

建设一个网站，展示园所风采。自2003年开通门户网站以来，多次进行改版升级，目前包含通知公告、工作安排、课程建设、教师风采、新闻中心、党群工作等16个一级栏目，信息中心及各部门人员每天都进行更新维护，保证内容的时效性和科学性，已经成为幼儿园对外展示风采、信息公开发布的窗口。

开通两大平台，提升管理效能。为适应智能化迅猛发展的新形势，开通“智慧树”云平台，引入了基于“移动互联网”和“云计算”技术的智能化云平台。集园所智能化管理、幼儿安全接送、班级工作展示、幼儿成长档案、家园有效沟通、家庭教育培训等功能为一体，构建起幼儿园、家长和社会有效沟通的桥梁。开通综合管理平台，经过多年的使用和改进，目前综合管理平台实现了集计划制定、活动设计、教学课件、教育评价、视频资源库建设等功能为一体，园所管理、批阅教学文档、学习名师视频资源等全部在综合管理平台上进行，实现了园所管理信息化。

开发六套系统，提升应用水平。根据工作需要，我们先后开发了视频资源系统、高清监控系统、数字广播系统、幼儿健康管理系统、食堂管理及食品快速检验系统等六大应用系统。如视频资源系统，包括3台专业SONY高清摄像机、实时导播和在线非编的中广上洋服务器、远古流媒体服务器、高清大屏等，集视频录播、非编、存储、直播、点播为一体，为幼儿、教师、家长及结对园搭建了高清视频学习交流平台。

（三）注重实践研究，信息化应用成效显著

一是扎实推进，园本资源建设初见成效。建设适合幼儿园使用的园本资源，是利用信息化手段提升办园水平的有效途径。

教学资源管理规范。我园的综合管理平台以教育教学活动为主，将各种计划、活动设计、活动课件、拓展资源、活动反思、教育随笔等有机整合，各部门负责人及时批阅评价并反馈指导，逐步形成了每一个活动的教学资源。

教师可以随时下载使用，尤其方便了年轻教师学习、参阅名师的教学成果，最大限度地实现了资源共建共管、共享共用。

优课视频积淀丰富。首先，整理名家视频启迪引领。我们抓住外出学习、培训交流等契机，录制、整理多个名师名家讲座和省市优课视频，教师可以随时登陆平台进行搜索查阅、反复观看、仔细体味。其次，录制园本视频学习借鉴。充分发挥名师的榜样作用，录制优质课、“一师一优课”等活动视频，大家相互学习、取长补短。如2017年“一师一优课”评选活动，我园上报的53节课均由信息中心人员自行录制，现场导播、在线非编，提高了效率、节省了资金。同时，录制过程视频自我完善。信息中心人员及时跟进录制活动修改、提升的过程视频，方便教师反复观看，查找问题，不断优化，实现了自我完善与提升。

课程资源独具特色。我园一直以来倡导健康教育，是一所以健康教育为特色的幼儿园。自2006年开始健康教育课题研究以来，信息中心人员携带高清摄像机，深入班级、户外活动场地，每天全程拍摄幼儿自主游戏、园本教研等活动，积累了宝贵的第一手资料，为开发课程资源奠定了坚实的基础。

二是创新管理，家园教育实现一体化。我园利用“智慧树”管理云平台，在家园教育一体化方面进行了深入探索，取得了良好效果。

创新途径密切家园关系。利用管理云平台将幼儿园重大活动、教学计划、活动设计等内容向家长实时公布，让家长及时了解并积极参与。同时，将各种活动和精彩瞬间及时记录并上传，让家长了解幼儿的学习和生活情况。家园沟通及时高效，通过云平台，实现家长、班级教师及管理人员的实时互动与有效沟通。另外，根据大中小班家长不同的关注点和需求，我们利用视频直播系统，安排不同的直播内容，如向中大班家长重点展示集体教学活动、特色活动、区域活动，向小班家长重点展示幼儿餐点、午休、入园适应情况等。既解决了家长的担忧，又很好地展示了办园特色。

家庭自育实现共同成长。“智慧树”中既有专家团队研发各种资源，又有全国多家幼儿园共同开发的优质教育资源，我们引导家长和幼儿一起学习，满足自主学习的需要。家长在育儿过程中遇到的困惑可以实时提问，平台专家、幼儿园教师和其他家长都能参与解答、支招和讨论。同时，还根据幼儿的年龄特点和兴趣爱好，提供了不断更新的精选儿歌、有声童话、儿童读物等，深受家长和幼儿喜爱。

三是防患未然，构筑全方位安全屏障。我园充分挖掘并利用信息化技术，有效地把各项安全工作落到了实处。首先，升级技防系统，消除安全隐患。我们在楼宇内外、活动场地、食堂餐厅等重点部位安装了96个高清监控摄像头，实现了全天候、无缝隙监控。借鉴住宅区管理模式，引入了巡更系统，保证值班人员按时、按规定线路巡更。利用数字广播系统，播报活动信息、应急安全提示，实现了烟雾、燃气泄漏自动报警等，做到了安全防护不留死角、不留盲区。其次，创新监管机制，落实关键环节。幼儿入、离园环节人员密集、身份难以识别，存在很大的安全隐患。为了解决这个问题，我们利用“智慧树”管理系统，为每个家长提供了接送卡，幼儿入、离园期间，平台系统全方位运转，实时拍照存储、播报显示幼儿信息，将入、离园信息发送到家长手机，实时对接送家长进行身份识别。同时，有效利用信息，实现数据共享。幼儿在园信息全部纳入云平台大数据进行统计管理，点名、分餐、特色课程等相关工作可以随时调用。如，园餐厅每天利用数据精准准备和分发餐点，避免了食物浪费；生活体验馆、创意美术、快乐体育等公共科目教师根据入园人数提前做好合理分组、材料分发等工作；财务人员根据出勤数据收取保教费用；根据平台记录，推出“我是出勤小明星”“出勤率每日排行榜”等活动，鼓励孩子们坚持按时入园，取得了良好效果。

四是科学高效，实现膳食管理精细化。首先是科学计算，制定营养均衡食谱。我园每天的食谱均由食堂管理人员、食堂班长、保健医、生活教师、家长代表等伙委会人员共同研究制定，利用膳食营养软件进行计算和科学分析，根据计算结果调整优化，保证搭配合理、营养均衡，做到先算再吃，确保摄入营养均衡。其次是利用平台，实现家园膳食互补。食堂管理人员每天通过云平台向家长分享食谱图文，让家长了解幼儿在园的餐点情况，学习科学、健康的搭配方式，实现家园配餐的有效互补。利用云平台和多媒体教学设备，开展“餐前美食猜猜看”“荤菜素菜都爱吃”等活动，让幼儿了解各种食材的营养价值，养成不挑食、不剩饭的良好习惯。同时，利用现代设施，实现食堂科学管理。我们利用高清监控系统，实现食堂工作亮化管理；利用食堂管理系统，实现食材入库、出库、开票、结账、查询、汇总一体化；利用快速检验系统，每天抽检农药残留、添加剂含量等指标，构筑了全方位的食品安全屏障。

总之，随着“互联网+”和移动信息技术的迅猛发展，孩子们的生活环境、学习方式正在经历前所未有的改变和革新。一方面，教育信息化是时代所需、发展必然。另一方面，教育信息化也是学前教育打破瓶颈、提升质量、营造生态健康环境的突破口。我园很好地实现了信息化与教育教学工作的融合，推进了教育资源的集成与共享，促进了教师与家长的沟通交流和共同成长，实现了幼儿园健康持续发展，赢得了良好的社会声誉。

第二节　安全管理系统

安全是天，教育是地，缺乏安全的教育不是好的教育，没有安全的教育更无从谈及教育。作为一名幼儿园园长，我的教育目标之一就是：孩子沐浴在阳光下，健康快乐地成长；任职期间，孩子们生命安全，教师们身心健康，自己的教育事业平安而有故事。这是最基本的目标，也是最高的目标。我坚持要做的是始终把安全工作放在全园工作的重要位置，以保护师生安全为核心，以关键部位的防护为重点，从健全机构、完善制度、消除隐患、强化监管、宣传教育等方面入手，切实把各项安全工作落到实处，为全园幼儿创设安全、健康的学习与生活环境，确保幼儿健康快乐成长。

一、网格化安全管理系统

（一）健全组织机构，层层传导责任

幼儿园安全工作千头万绪，想做到安全不留死角、不留盲区，首先必须做到职责明确、责任到人。我园实施了“一个中心，两条主线”的无缝隙管理模式，“一个中心”即以幼儿的安全为中心；“两条主线”即园长—业务园长—保教主任—班长组成的幼儿人身安全管理线，园长—行政园长—后勤主任—班长组成的幼儿园财产安全管理线。同时，在成立安全工作领导小组和安全管理办公室的基础上，下设园舍设施、消防电气、食品安全等八个安全工作小组，明确人员及职责分工，全方位做好专项安全管理工作。其次，每年与各部门、班级及安全小组负责人签订安全责任书，把安全工作任务层层

分解，明确分工、细化责任，为幼儿园安全工作奠定了坚实的基础。

（二）完善规章制度，落实关键环节

安全的重点在于建章立制，细化管理、抓好落实。我园对安全工作的各个方面进行了全面梳理，按照师生安全、食品安全、应急预案等六大类制定了70余项安全管理制度，形成了《东营市实验幼儿园安全管理制度汇编》，内容涵盖安全管理的各个方面，使每项安全工作有法可依、有章可循。为确保各项制度落到实处，不断创新安全管理模式，狠抓安全关键节点，在幼儿入园离园、食品安全、幼儿健康管理等方面进行了积极探索。

幼儿入、离园环节是一日生活的关键点，也是人员最混乱的两个时间段，如果不细化管理，很容易出现问题。经过不断探索和实践，逐步形成了独具特色的“三屏障”“两门关”“细站位”“一对一”接送模式，通过特警、值班人员和保安多重护卫，分时段、分区域、分通道规范线路疏散，分季节户外接送，明确人员具体站位，一对一牵手离园等全方位的精细化管理，保证了接送环节的幼儿安全。

饮食安全是安全管理的重点环节，我园创新食品安全监管模式，严把食品进货关、质量关、操作关，实现了食品安全的全过程监管。首先，严格供货管理，确保原料安全。通过考察、试用，选取优秀供货商并签订供货合同与责任状，明确双方责任与义务，建立食品及原料采购查验台账，索证索票，完善供货商资质档案，确保证件齐全、质量可靠。其次，明确岗位职责，落实安全责任。设立兼职食品安全员、质量监督员，明确岗位职责与安全责任，在采购、验收等重要环节与食堂管理员一同上岗、相互制约、共同把关，实现原料采购的全过程监管。同时，规范操作流程，实现精细管理。对不同原料制定相应的处理步骤，如把蔬菜分为叶、块茎、果实等类别，分别制定相应的清洗方法，做到分拣到位、清洗彻底，有效去除农药残留；规定不同菜品的原料种类、投放数量、切配方法等，保证菜品的营养配比。另外，加强硬件建设，提升保障

能力。我园对食堂进行合理分区，每个区域分别配备清洗、切配、盛放等用具，确保所有食材单向流转、生熟分离，杜绝交叉污染等安全隐患；设立专门的消毒间，购置自动洗碗机、蒸汽消毒车、不锈钢餐勺消毒盒等设施，保证所有餐具每餐及时清洗和彻底消毒。最后，公开透明操作，实现全程监督。为食堂所有操作间和餐厅配备了数字高清监控系统，实现了食堂操作全过程公开透明、网络化监督管理。每学期开展家长开放日活动，邀请家长参观了解食堂工作流程、品尝餐点菜品，参与食堂管理，构筑了全方位的食品安全屏障。

注重预防矫治，确保幼儿健康。首先，防控结合，杜绝传染病传播。幼儿是各类传染性疾病的易感人群，两名保健医坚持全年无间断晨检，并准备黄、绿两种颜色的晨检卡，幼儿身体健康、精神状态良好便发给绿色晨检卡，幼儿身体精神欠佳便发送黄色晨检卡。班级老师根据幼儿的持卡情况，对黄色持卡幼儿重点关注。这一做法也避免了入园幼儿较集中时造成个别疏漏现象。同时，一旦发现手足口、口腔疱疹等典型临床表现的疑似患儿，第一时间通知家长带幼儿去医院就诊，做到早发现、早隔离、早治疗，对患病幼儿进行追踪，所有确诊幼儿均需按照规定的天数在家休息，确保痊愈且没有传染性后凭医院证明才能入园，有效预防和控制了传染性疾病的传播。其次，强化卫生消毒，保持环境清洁。为班级配备了紫外线消毒灯、毛巾晾晒架、消毒液配比量杯等消毒设备，不断细化卫生消毒制度并加强业务培训，组织开展环境卫生检查和评比活动，委托物业公司负责公共区域卫生和校园绿化，为幼儿创设卫生、安全、温馨的生活环境。同时，跟踪矫治，改善特殊儿童健康状况。在规范健康查体的基础上，利用幼儿健康查体软件进行科学分析，及时将检查结果和评价向家长反馈。对超体重、龋齿、视力不良等情况的幼儿发放专门的管理手册，建立健康档案，指导家长监督幼儿改善日常习惯，每天做好记录。保健医每月对执行情况进行检查与指导，并及时做好复查和信息反馈。经过努力，大大改善了特殊幼儿的健康状况，提高了在园幼儿生长发育达标率。

（三）消除安全隐患，杜绝安全事故

俗话说："千里之堤，毁于蚁穴。"安全事故往往是一点点隐患、一点点大意、一点点疏漏造成的，所以及时排查并消除安全隐患是确保安全的重中之重。

重大隐患专项整改。对于消防、电气、安保等重要安全设施，我们遵循"专家查隐患，领导抓整改"的原则，定期聘请专业人员规划设计并实施专项整改，确保每个项目、每个角落不留隐患。首先，进一步完善消防系统。由于我园建设时间较早，很多方面已经难以达到新的消防安全要求，近两年我们以教学楼装修改造为契机，请设计院重新设计消防系统，安装了应急照明灯、疏散指示牌、烟雾报警系统，更换了不符合消防规定的疏散门、防火门、消防栓、灭火器等，制作了图文并茂的消防栓、灭火器使用步骤图、逃生疏散图，不断完善消防系统。其次，全面更新电力设施。将东教学楼铝芯电缆改造为铜芯电缆、安装配电盘等，使电力系统更加安全稳定。同时，全面更新用气设施。针对食堂燃气设施老化问题，请东营市天然气公司全面更新了燃气报警器和燃气管路等燃气设施，安排相关人员定期对管道、气阀、打火器等进行检查，规范燃气使用操作程序，确保用气安全。

齐抓共管不留盲区。一把手亲自抓、分管领导靠上抓、责任部门具体抓、教师员工自觉抓，广大家长协助抓，大家凝心聚力，确保幼儿安全。发现问题即查即改。坚持园领导带班巡视制度，发现问题及时整改；建立安全工作台账，每个安全小组在学期初、每月初和学期末进行专项隐患排查，建立台账。齐抓共管形成格局。全体教职工和家长共同参与幼儿园安全隐患排查，从不同视角发现问题，及时填写安全隐患报告单，安全责任部门每周收集整理，定措施、定人员、定责任、定期限及时整改。同时，聘请一名专职人员负责日常维护，做到整改及时、维修彻底，确保安全工作及时、有效。

技防设施及时升级。按照"人防抓落实，物防抓巩固，技防抓提高"的

要求，及时维护升级技防设施。首先，更新监控设施。在重点部位更新了32个高清监控摄像头，做到了全天候、无缝隙监控。其次，更新晨检系统。针对幼儿园规模大，孩子多，接送时间家长集中、身份难以识别的问题，全面更新了晨检管理系统，严格凭接送卡识别家长身份。同时，强化安保及设备。我园聘用三名年龄符合规定、责任心强的专业保安，并为其配备、更新了橡皮警棍、喷雾催泪罐、防护钢叉等防护设施；购置了巡更设备，保证了夜间不间断巡逻。针对保安室监控、电气设备较多的情况，购置了专门用于电器灭火的二氧化碳灭火器等，做到重点部位专业防护。

（四）强化宣传教育，融入师生生活

3～6岁幼儿缺乏自救能力，因此，我们的安全教育工作更加艰巨，幼儿教师的责任更加重大。汶川地震时，谭千秋老师张开双臂，用自己的生命保护了四名学生；安县桑枣中学叶志平校长，四年坚持组织学生紧急疏散演习，地震中学生无一伤亡，老师无一伤亡，被称为“史上最牛校长”。两者对比，我们更愿意做“叶志平校长”，把安全教育真正融入师生生活，帮助幼儿掌握自保、自救技能，在遇到意外时能及时、迅速做出近乎本能的反应，确保全园师生生命安全。

1. 疏散演练常态化。为有效提高幼儿在紧急状况下的应急能力，我园每学期不定期组织2～3次安全疏散演练，详细规划每个班级的疏散通道、疏散区域、集合地点等细节，并在关键通道安排协助逃生安全员，防止出现混乱和踩踏事故，确保师生在意外事件发生时能有序、迅速地疏散、撤离。同时，还建立健全了预防自然灾害、集体外出、“六一”庆祝活动等七项应急预案并进行了实地演练。

2. 安全教育生活化。幼儿日常生活中的安全教育无处不在，我园成立安全教育教研组，严格按照上级教育部门要求，将安全教育列入园本课程，利用“中国安全教育网”的安全教育资源，有计划地制定学期安全教学计划，安排班主任为安全教育第一责任人，承担安全教育活动，引导家长和幼儿认真、及时地完成安全教育作业。另外，引导教师利用“11・9 消防日”等教育契机与社会资源，进行安全教育，使幼儿提高安全自护意识与能力。同时，利用飞信、QQ 群、一封信等方式向家长宣传安全教育常识，家园密切配合，共同做好幼儿安全工作。

3. 人文关怀个性化。班级教师与幼儿朝夕相处，每个幼儿的家庭背景、性格特点，教师都了如指掌，工作中密切关注离异、有矛盾纠纷的家庭，呵护心理异常、生活困难的幼儿，并切实做好心理疏导工作，给予他们更加细致的关爱。同时，注重人文关怀，及时化解各种矛盾，避免发生群体性事件。另外，在教育中关注每个细节，如晨检时检查幼儿是否把皮筋、弹珠等小物件带到幼儿园，劝告家长不给孩子穿有带子、圆环等危险装饰的衣服等，有效避免意外突发事故。

（五）协同社会力量，形成保障合力

幼儿安全不仅是幼儿园自己的事情，还需要广大家长和社会各界的共同努力。我园主动联系消防、特警、片区派出所等部门，共同做好安全工作。

邀请专业人员，强化操作培训。邀请消防部门专业讲师进行消防知识及操作技能培训，并现场检查教职工对消防栓、灭火器等设施的操作步骤、使用方法是否达标；聘请专业特警进行防范培训，掌握人体部位的七要害以及遇到袭击时有效防护等知识，不断提高安全防护水平。

召开联席会议，共同把好安全脉。定期邀请消防部门、片区派出所、食药局等专业人员深入我园，共同商议安全问题，实地检查各项安全设施，及时进行跟进指导。

摸清周边环境，了解社区民情。主动与派出所民警沟通，掌握周边高危人员信息，做好防范工作。

管理网络架构起幼儿安全防护的第一道屏障，确保全园幼儿健康快乐成长。

二、制度化安全管理系统

幼儿园被人们称为“儿童的花园”“儿童的乐园”“儿童的家园”等，一个儿童进入幼儿园，“正如在一个乐（花、家）园中，在一个有爱心、有智慧教师的悉心照料下健康快乐成长”。然而，“儿童的乐（花、家）园”并不总是和风丽日，儿童摔伤、跌伤、烫伤、打伤等事故时有发生。儿童是家庭的希望、国家的未来，儿童的安全涉及亿万家庭的生活与幸福，关系整个社会的稳定与和谐。于是，我们安装监控系统，禁止外来人员入内，实施出入登记制度，启动身份识别系统，雇用专业保安，配备专业保安设备。

看似冰冷的设备和生硬的制度，其实在它的后面，有一双温情的眼睛在关注着孩子们，有一双温暖的手在照料着孩子们，有一颗善良的心在呵护着孩子们。孩子们的安全既离不开教师们的悉心照料，也离不开科学完善的安全制度。在这里，从关注幼儿的生活及户外活动安全入手，介绍一下必备的安全管理制度，确保幼儿的健康活动安全。

（一）安全教育制度

✲ 加强对教职工的安全教育培训和心理疏导，利用安全事故案例教育全体教职工及幼儿，提高师幼的安全意识与技能，防患未然。

✲ 安全员与保教室协商制定切实可行的安全教育计划，把安全教育纳入幼儿一日生活各个环节，做到安全教育计划性与随机性相结合。

✲ 根据幼儿年龄特点，采取生动有趣的教育形式，让幼儿掌握交通、消防、用电、食品卫生、防疫等各方面的基本常识，提高安全意识和防范能力。

✲ 根据实际情况每季度开展一次安全应急演练，增强幼儿的自救和自护能力。

✲ 结合实际开展“安全教育月”主题活动，安全教育效果纳入教师年度工作考核。

（二）安全教育活动管理制度

✲ 安全教育有计划、有内容、有教师、有安全教育场所，确保活动安全化、制度化、常态化。

✲ 创设安全教育环境，张贴醒目的安全警戒标志和温馨提示，定期向幼儿及家长宣传安全知识，提高幼儿的安全意识和自我保护的能力，营造浓厚的安全教育氛围。

✲ 有效利用安全教育平台开展安全教育活动，每两周安排一个安全教育活动，严格落实到周计划中。

✲ 活动前，教师充分利用安全教育平台认真备课；活动后，提醒和督促家长与幼儿在家一同利用家庭版教育平台学习，教师及时跟进安全教育活动的开展情况，掌握安全教育知识，巩固安全教育效果。

✲ 安全领导小组对班级安全教育平台使用情况、完成率进行督促、检查，每月检查一次，检查情况及时统计、公示，与年度考核挂钩。

（三）幼儿生活环节安全制度

喝水环节安全

✲ 班级配备饮水台，定期擦拭消毒；幼儿水杯每天定时消毒，保证饮水用具干净、安全。

✲ 每天为幼儿准备足量、水温适宜的饮用水，对喝水流程进行标识，引导幼儿按需饮水、科学饮水，保证足够的饮水量，养成良好的饮水习惯。

✲ 组织幼儿有序饮水，不打闹、不拥挤。

入厕环节安全

✲ 幼儿厕所与成人厕所分开，教师禁止使用幼儿厕所。

✲ 对拖布、抹布进行明确标识，拖布、抹布专用，分类摆放，每天进行阳光暴晒，避免交叉传染。

✲ 入厕时，组织幼儿自觉排队、避免拥挤；引导幼儿掌握冲厕、使用手纸的正确方法；对需要帮助的幼儿给予呵护，提醒、帮助幼儿整理裤子。

✲ 做好厕所等设施的消毒工作，入厕后，及时冲水；用专用拖布擦拭地面，保持地面干净、干燥，防止幼儿滑倒；每周清理一次小便挂斗、便槽尿垢，保证无尿味、异味。

洗手环节安全

✲ 配备流动水设备，教师把洗手液放到规定位置，引导幼儿适量取用，不浪费。

✲ 提醒幼儿饭前、便后、活动后要正确洗手。

✲ 引导幼儿按照洗手六步洗手法洗手，正确使用洗手液（洗手皂）。

✲ 幼儿洗完手后双手在水池内甩几下，防止水滴在地上。

✲ 洗手后幼儿用自己的毛巾擦干，毛巾每天清洗消毒。

✲ 洗手时，教育幼儿自觉排队，防止拥挤摔倒。

进餐环节安全

✲ 备餐时，教师与生活教师穿隔离服、口罩等，将已消毒的餐具放在指定位置，分别盛好饭菜。待饭菜温度适宜，组织幼儿有序进入餐厅，防止烫伤。

✲ 进餐前，教师对存在安全隐患的食物（例如鱼类、虾类）提前提醒，并示范具体的进食方法。

✲ 进餐中，教师认真巡视，指导幼儿文明进餐，不嬉戏打闹。

✲ 进餐后，提醒幼儿正确使用餐巾纸，清理桌面食物残渣，将餐盘、餐巾等餐具分类放入指定容器，离开就餐区，不影响其他幼儿进餐。

✲ 提醒幼儿进餐后取适量洗手液洗手、洗嘴，主动漱口，清理口中残留饭渣，养成良好的卫生习惯。

午睡环节安全

✲ 值班教师在幼儿午睡时不得离岗，应观察幼儿的睡眠状态，帮助幼儿盖好被子，以免着凉；发现并及时纠正幼儿睡眠姿势，切忌蒙头睡、俯卧睡，以免发生危险；对身体不适、高热惊厥、过敏体质、患有哮喘等特殊幼儿要特别关注。

✼ 建立保健医值班制度，保健医不断巡视幼儿午休情况，发现幼儿有异常情况，如发热、惊厥、剧烈咳嗽、流鼻血、腹泻、呕吐等要立即采取措施紧急处理，并及时报告带班领导，如需要应立即去医院救治并通知家长。

✼ 午睡结束时，指导幼儿起床、穿好衣服、鞋子、叠好被子等，认真填写《全日观察记录》。生活教师打开窗户，流通空气，整理被褥、床铺及寝室卫生，保持寝室的干净、通风，无臭气、霉味。

（四）幼儿接送安全制度

✼ 家长应带领孩子按时入离园（早晨入园时间为7:40 ～8:30；下午离园时间为：冬季4:45 ～5:15，夏季5:45 ～6:15）。

✼ 入园环节，幼儿家长在晨检系统刷卡后，将幼儿送至门厅保健医处接受晨检，提倡幼儿晨检后独立入园。离园时需在大门口标识位置有序排队等待家长来接。家长在晨检系统刷卡后方可进入到规定的对应区域接走幼儿，忘记带卡家长需在接送登记本上进行登记（幼儿姓名、接送人姓名、与幼儿的关系、未带卡的原因）。

✼ 家长委托外人来接孩子时，要通知本班教师，被委托人要持卡入园，如发现接送卡丢失，要及时与保教室联系并补办。

✼ 家长接孩子后应及时离园，不得在玩具区或其他区域玩耍、逗留；出门时，家长须与幼儿一对一牵手，一个家长接多名幼儿时需要与值班人员说明，没有家长带领的幼儿禁止离园。

✼ 幼儿入离园时段大门口区域机动车禁行、禁止停车，非机动车专区停放。家长进入幼儿园时不抽烟，不穿拖鞋，不随地吐痰，不带宠物入园。

✼ 非正常时段中途接走幼儿，需要与本班班主任取得联系，持接送卡刷卡并在保安室领取请假条后方可进入。

（五）幼儿集中上下楼专人疏导制度

为切实加强幼儿园安全工作，严格幼儿集中上下楼时的管理，促进幼儿园安全工作规范化，特作以下规定：

✼ 幼儿集中上下楼梯时，应有两位带班人员在场，并分别在队伍前、后照应。

✼ 带班人员教育幼儿上下楼应遵循“右侧行走”的规则，应排“一”字队形，一个跟一个，不推不挤，依次上下楼。如遇同时上下楼梯班级幼儿应互相谦让，主动停下来，让对面班级先走。

✼ 若遇幼儿出现意外，须有教师抓紧妥善处理，另一教师迅速把幼儿带到安全处。

（六）区域活动安全制度

✼ 创设丰富的游戏区角，提供环保、干净、安全的游戏材料；使用废旧材料时，必须清理干净后才能有效利用。

✼ 定期消毒操作材料，每周五下午用稀释 84 消毒液浸泡，用水冲干净后在太阳下曝晒。

✼ 活动前，教师做好物品及家具的安全检查工作，检查区域隔断橱是否安全，玩具及材料是否有破损，是否有危险物品；存在安全隐患时应及时清理、上报并维修，隐患消除后再投入使用。

✼ 进入区域前，教师要向幼儿介绍区域、游戏规则及安全要求，提醒幼儿不将小物品、小积木置于口、鼻、耳中；提醒幼儿正确操作玩具，掌握使用方法；不喧哗，不打闹，遵守规则，安静操作，与同伴合作、谦让、分享。

✼ 幼儿活动期间，教师认真观察全体幼儿的活动情况，并给予支持、引领、帮助，推进区域活动深入开展。

✼ 活动后，教师应引导幼儿分类收拾玩具，整理场地，培养幼儿的自理能力。

（七）幼儿卫生制度

✽ 幼儿毛巾、水杯要专人专用，做到一人一巾一杯，不得混用，用后洗净，定期消毒，餐桌每餐用专用毛巾擦拭、消毒。

✽ 掌握正确的六步洗手法，做到饭前、便后、活动后，用肥皂及流动水洗手，饭后擦嘴、漱口。

✽ 养成良好的个人卫生习惯，做到衣着整洁，勤换内衣，经常洗澡、剪指甲；不随地吐痰、大小便、丢废弃物等。

✽ 午睡前脱掉外套，并叠放在枕头旁边；鞋子放在床底下摆正。睡姿正确，睡觉时不蒙头、吮手、咬被角等。

✽ 幼儿被褥、凉席个人专用。被褥保持清洁、干净，每两周换洗被套、褥套一次，并定期晾晒被褥。

✽ 注意用眼卫生。养成良好的用眼习惯，看视频或电视的时间应控制在30分钟之内。

（八）危险品安全管理制度

✽ 消毒液、洁厕净等物品专人负责，妥善保管，避免幼儿接触。

✽ 不得用饮料瓶等器皿分装洗洁精，以防被幼儿误食。

✽ 剪刀、水果刀等利器要妥善保管，避免误伤幼儿。幼儿手工应使用安全剪刀并有老师指导、看护。

✽ 不得将打火机等危险物品放在幼儿活动室。

✽ 幼儿午睡期间不得点蚊香。

✽ 紫外线灯消毒时间安排在幼儿离园后，早班教师到岗后应先开窗通风换气。

✽ 未经批准，任何部门、个人不得擅自将剧毒、易燃、易爆、有强烈腐蚀性物品带入幼儿园，如果确因工作需要，需执行专项审批制度，由专人对此类物品的购置、使用、保存和销毁进行全过程监管。

（九）户外自主活动安全制度

✲ 保证幼儿每天户外活动时间在 2 小时以上，户外体育活动时间不少于 1 小时，季节交替要坚持。夏季，根据气温变化，选择适当时间开展户外活动或安排室内体育活动；冬季坚持户外体育锻炼，提醒幼儿外出时适当增加衣物，每日坚持做早操或间操。

✲ 科学规划户外活动区域，投放丰富、有层次、安全的户外活动器械及材料；安全领导小组每月对户外活动器械进行检查，认真记录、及时修理，保障户外活动器械安全无隐患。

✲ 户外活动时，教师、生活教师应明确分工。教师负有组织、指导的责任，生活教师做好配合工作，杜绝教师聊天、扎堆、串岗、离岗现象。

✲ 户外活动内容符合幼儿年龄特点，活动量、活动密度适度，动静交替，活动有序。

✲ 户外活动时，幼儿着装力求舒适、安全，适宜穿运动服、运动鞋；教师应穿适合户外活动的服装，不穿裙子、高跟鞋，不留长指甲或佩戴影响教学活动的饰品，以免影响活动效果。

✲ 户外活动前，教师应检查场地、器械是否安全，检查幼儿身体及衣物状况，并交代活动注意事项。

✲ 户外活动中，所有幼儿应在教师视野范围内，教师密切观察幼儿活动情况，提醒幼儿在规定区域中游戏，不乱跑；提醒幼儿不拥挤、打闹，保持安全距离，遵守安全规则；关注个体差异，对动作不协调、体力较差的幼儿给予安全保护，避免对幼儿造成伤害。

✲ 活动后应清点幼儿人数，避免出现幼儿丢失情况；引导幼儿收拾活动器械并物归原位。

✲ 活动中出现安全事故，教师应第一时间联系保健医对幼儿进行救护或送往医院救治，把对幼儿的伤害降到最低；在对幼儿救护的同时，向领导汇报，通知家长，做好事故处理。

（十）意外伤害事故处理制度

✼ 幼儿正常在园时间内发生意外伤害事故，班级教师首先将幼儿送到保健室由保健医进行紧急处理，并立即报告园长。重大伤害事故园长应立即上报教育主管部门。

✼ 保健医对受伤的幼儿进行全面细致检查，并根据受伤的轻重程度决定是否送医院检查治疗。

✼ 情况严重时，由值班领导、保健医、班级教师和司机组成救护组，以最快的速度将受伤幼儿送医院进行检查治疗。

✼ 对决定送医检查治疗的幼儿，班级教师应立即联系家长到位，做好家长、幼儿的安抚工作并向家长交代事故发生经过，主动与家长沟通协商，采取积极的应对措施，尽心尽力照顾幼儿，尽量减轻幼儿的痛苦，让幼儿尽快恢复健康。

✼ 因伤害事故发生的医药费、探望购物费、交通费、营养费、护理费、误工补助费等，按幼儿园有关制度和国家有关法律法规合理解决。

✼ 发生一般伤害事故（未造成人员伤亡），由幼儿园负责调查和处理；发生重大伤害事故，由上级教育主管部门负责调查处理。

✼ 发生意外伤害事故，根据相关人员的过错大小分担赔偿责任和法律责任，具体事宜根据实际情况决定。

三、预案化安全管理系统

（一）处置幼儿走失应急预案

幼儿园本着对幼儿人身安全负责的目标，统一领导，预防为主，分级负责，严防幼儿走失。一旦幼儿意外走失，立即采取以下应急措施：

一是及时报告。教师一旦发现幼儿走失，应在 5 分钟内报告带班领导及园领导，同时准备幼儿照片，并立即与家长取得联系，必要时请警方协助。

二是周密部署。即刻通知有关部门展开行动，保教室通知其他班级的带班教师及功能用房管理员，查看是否有其他班级幼儿混入；办公室通知所有后勤人员，开展辐射式寻找。

三是全方位找寻。查看监控：网络管理人员和班级一名教师负责查看监控录像，确定幼儿最后离开监控范围的时间和方位。园内寻找：各班级带班教师迅速清点幼儿人数，找寻本班活动室内外及附近走廊查看是否有其他班级幼儿混入；功能室管理人员迅速找寻功能用房查看是否有幼儿进入；保教室分管常规工作的主任带办公室与资料室工作人员迅速到幼儿园户外活动场地展开地毯式寻找。园外寻找：各后勤人员接到通知后首先搜查自己管辖房间，然后迅速到北门集合。后勤人员寻找的具体位置如下：安全办主任和走失幼儿班级一名教师沿幼儿家庭住址方向寻找，办公室主任带领功能用房、财务室主管人员到幼儿园北部三村展开地毯式寻找，后勤室主任带领保健医负责人、1 名财务人员到幼儿园南部四村展开地毯式寻找，保教室负责教科研的主任开车带领 1 名财务人员到幼儿园东部广场及胜利大街及府前大街展开地毯式寻找，司机师傅开车带食品管理员到幼儿园西部胶州路、沂州路及府前大街展开地毯式寻找，各路人员一旦发现情况立即向园长汇报。

四是注意事项。稳定师生情绪，不以个人名义向外扩散消息，以免引起不必要的混乱；班级教师要做好家长的思想工作和接待工作；事故发生后要注意维护正常的保教秩序；如有新闻媒体要求采访，必须经过园领导同意，未经同意，任何个人不得接受采访，以免报道失实。

五是预防措施。教师随时清点幼儿人数，各班级教师树立“安全第一”的思想，对刚入园的小班幼儿每隔半小时清点一次人数，组织户外活动前后要随时清点幼儿人数；幼儿园大门时刻保持关闭状态，有人员进出时一定要检查有无幼儿走出，一旦发现幼儿在大门口，一定要询问、阻拦并送到班级。

入、离园时段关注没有家长带领的幼儿，一旦发现有单独外出的幼儿，要询问并及时通知班级教师带回。

（二）处置校园踩踏挤压事故应急预案

为预防在幼儿园发生拥挤踩踏伤亡事件，特制定本应急预案。

一是预防措施。在组织户外活动、就餐、间操和疏散演练时，各班应按照紧急疏散演练活动方案拟定的路线有序开展，队伍前后必须有教师引导，两个班级交叉时注意避让，一旦发现幼儿拥挤必须立即采取措施疏散。离园时人流过于集中，采取中大班和小班错时 5 分钟入园的办法，减少人流量。采取各种形式对孩子和家长进行预防拥挤踩踏事故安全教育。定期开展隐患排查，清理走廊、楼梯的杂物，保证安全通道畅通。值班领导要对班级组织活动的过程进行督导检查，发现安全隐患立即整改。

二是应急措施。一旦发生踩踏事故，当班教师要立即切断后面人员的通行，抢扶被压倒人员。发生踩踏事故后，当班教师要快速向带班领导及园领导汇报，园领导接报以后立即组织教师对现场人员进行疏散，逐一检查受伤人员情况，一般伤情，尽快送往就近医院检查治疗，伤情较重者，拨打 120 求助。立即通知受伤人员家长或亲属。

三是注意事项。稳定师生情绪，维护正常的保教秩序。班级教师要做好家长的思想工作和接待工作。如有新闻媒体要求采访，必须经过园领导同意，任何个人不得私自接受采访，以免报道失实。

（三）处置幼儿食物中毒事故应急预案

为规范幼儿园食物安全事故应急处置工作，及时高效、合理有序地处理食品安全事故，把损失减少到最小，根据《中华人民共和国突发事件应对法》《中华人民共和国食品安全法》《国家重大食品安全事故应急预案》及《餐饮服务食品安全监督管理办法》等法律法规和规章要求，结合本单位的实际情况，制定本预案。

一是及时报告。发生食品安全事故后，有关人员立即向食品安全员及园领导报告，立即停止幼儿食品供应和进餐活动，立即向疾控中心和食品药品监督管理部门报告（内容包括：发生食品安全事故的单位、地址、时间、中毒人数，主要临床表现，可能引起中毒的食物等），并按照相关监管部门的要求采取控制措施。

二是立即抢救。在第一时间组织人员，立即将中毒者送医院或联系“120”抢救。

三是保护现场。发生食物中毒后，在向有关部门报告的同时要保护好现场，封存可能导致食品安全事故的食品及其原料、工具、设备设施，制作食品的工具、盛放食品的容器、餐具等不要急于冲洗，病人的排泄物（呕吐物、大便）要保留，并提供留样食物。

四是配合调查。配合食品安全监督管理部门进行食品安全事故调查处理，如实反映当时的情况，尽快找出事故原因，倒追事故责任方。

五是责任追究。所有责任人要组织力量做好人员的救护、安抚和事故处理调查等工作，任何个人不得自行散布事故信息，对事故延报、谎报、瞒报、漏报或处置不当的，要追究当事人责任，造成严重后果的要追究其法律责任。

（四）处置幼儿意外伤害事故应急预案

为积极预防、妥善处理在园幼儿意外伤害事故，保护幼儿、幼儿园的合法权益，根据《中华人民共和国教育法》《中华人民共和国未成年人保护法》《学生伤害事故处理办法》及上级有关部门的要求，结合本园实际，特制定本应急预案。

一是意外伤害事故的范围。意外事故是指超出人的主观意料之外的幼儿伤害事故，包括需要缝合的开放性创伤、肢体骨折、骨裂、吞入异物、烫伤等。

二是预防措施。根据安全工作的要求，健全幼儿园安全工作管理网络，督促相关工作人员落实安全防护制度。加强幼儿园园舍、场地、其他公共设施的安全管理工作，做好定期安全检查及记录，发现问题及时向园领导汇报，并立即组织维修，不能及时维修的挂上禁用标示，做到防患于未然。班级教师根据幼儿的年龄特点和认知能力，对幼儿开展多种形式的安全教育，增强幼儿自我保护能力。加强教师的师德规范教育，增强教师责任意识和法制意识，在组织活动过程中要关注每个活动安全细节，对有风险的项目重点保护。

三是处理程序。遇到紧急情况，依据以下程序展开工作：

第一，紧急处理。轻微的意外磕碰，送保健室处理；严重意外伤害事故，值班教师应立即通知保教室，联系保健室工作人员迅速到场，根据受伤的轻重程度决定是否需要送医院就诊，由保教室主任、当班教师、保健医和司机组成救护组，以最快的速度将受伤幼儿送医院进行检查治疗（送医原则：就近原则，市人民医院或机关医院；也可以电话联系家长，如家长提出指定医院，以家长意愿为准）。班级的其余幼儿由配班教师看护，并做好适当的安全及安抚教育。

第二，及时报告。在紧急送医的同时，当班教师在第一时间将突发伤害事故向园领导汇报，同时联系家长，告知家长幼儿情况并协商确定送诊地点；事故发生两天内，事故责任人必须将事实经过以书面报告的形式送达安全办。

第三，事故信息保存。当发生较严重的幼儿意外伤害事故时，当班教师必须做好“事故日志”，保存完整的资料信息。事故日志包括：事故发生时情况（写明时间、地点、场合、原因和损伤部位）、当事者（对幼儿紧急处理的过程、送医过程、家访慰问）、就诊医院（医生诊断情况、接诊医生工号）、伤害事故发生后幼儿园和受伤幼儿家庭及医院三方的交流等情况。保存好因伤害事故发生的医药费、探望购物费等单据。

第四，依法后续处理。做好家长的安抚工作，做到有礼有度、以情感人，掌握合法、合理、合情的操作原则；由保教室和安全办工作人员，联系校方责任险投保公司，依法做好事故鉴定和赔付工作。

四是责任追究。按照幼儿园意外伤害事故处理的有关规定，通过现场询问、查看监控录像等方式明确事故责任，并进行相关处理。

第四章

生态健康教研

生态健康教育是一个“知行合一”的过程。没有生动实践的充实，理论往往是灰色的；缺乏深邃理论的指引，实践常常是平庸的。园本教研，基于实践而又超越实践，在且行且思中不断注入理性研究的意识和元素。在这里，教师和孩子的一个个“故事”，不仅得到了喝彩，而且得到了关照和升华。

第一节 知行合一的园本教研

多年来，我们幼儿园以着力幼儿身心健康、促进幼儿快乐成长为目标，深入开展幼儿健康教育研究与实践，积极构建“健康教育”园本课程体系，大力弘扬运动文化，逐步形成了以“健康教育”为特色的办园品牌，打响了“环境优美，设施一流，师资精良，特色凸显”的金字招牌。

从 2003 年起，幼儿园为了解决幼儿膳食结构单一、营养不均衡等问题，开展了东营市教育科学“十五”规划重点课题“改善膳食营养促进幼儿生长发育研究与实践”研究，探索出了科学制定食谱、精心烹制餐点、美化进餐环境的方法和途径，有效地提高了幼儿生长发育达标率。这项研究成果填补了东营市在这一领域的空白，达到同类研究市内领先、省内先进水平，受到了专家和业内人士的好评。

2004 年起，为了纠正幼儿自我服务意识及动手能力差、家长包办代替多等问题，我园申报立项了山东省教育学会“十五”教育科研重点课题“幼儿自我服务能力现状与家长教育策略研究”。通过深入调查，全面分析了影响幼儿自我发展能力的各种因素，有针对性地提出并构建了教育指导策略和措施体系，丰富了山东省在这一领域的研究成果，达到了省内同类研究领先水平。

从 2006 年起，为了进一步增强幼儿身心素质，提高幼儿对环境的适应能力，我园积极响应各级教育部门倡导的阳光体育锻炼，与此同时扎实开展了山东省教育学会教育科研“十一五”重点课题“幼儿园健康教育课程开发与实施”研究，围绕“体育活动中家园互动的有效策略及组织形式的研究”“民间体育游戏在幼儿园一日教育活动中融合与应用的研究”“活动器械在幼儿园体育活动中有效利用的研究”“远足活动与社区资源、自然资源融合教育的研究”等方面，进行了卓有成效的研究与实践，有效促进了幼儿身心的健康和谐发展。2012年5月，出版了课题成果《幼儿园健康教育课程的开发与研究》之《幼儿体育活动样式》《民间体育游戏的挖掘及创新》《快乐的亲子游戏》《远足与教育资源的整合与开发》等四本丛书，课题顺利通过成果鉴定，并荣获多项荣誉。

2013年起，我们在继承转化前期课题成果的基础上，聚焦户外区域游戏，申请立项并有效开展了山东省教育科学“十二五”规划课题“幼儿园健康教育课程开发与实施的深化研究”。关注的重点从部分幼儿动作技能的发展转向全体幼儿的动作发展与达标，根据幼儿走、跑、跳、投掷等动作的发展目标，开辟攀爬区、跑跳区、投掷区等户外活动区域，制作并投放游戏材料，预设体育活动，讲解活动规则，组织幼儿进行锻炼，将健康教育推向了纵深发展。每学期末，专业体育教师对幼儿的动作发展情况进行测查，并根据《国民素质检测标准》进行科学评价，同时科学使用评价结果，做出分析和反馈，引导教师、家长积极调整策略，认真组织实施，使幼儿的身体发育达标率不断提高。同时，我们也关注幼儿的心理健康教育，注重幼儿体验，培养阳光自信的幼儿。我们以环境创设为载体，潜移默化培养幼儿健康心理品质；以一日生活为载体，多元培养幼儿健康心理品质；以家庭教育为载体，家园合力培养幼儿健康心理品质，从而在一定程度上，实现了幼儿身心和谐发展。出版了课题研究成果《户外区域游戏课程园本化实践案例》《幼儿心理健康课程园本化实践案例》。

2015年10月，随着《3～6岁儿童学习与发展指南》的深入实施，引发了我们的反思与讨论，我们发现，我园开展的健康活动最突出的问题就是孩子们缺乏游戏的自主性。于是，申请立项并开展了东营市教育科学“十二五”规划重点课题“幼儿自主游戏的开展与实施”，并被推荐立项为山东省教育科学“十二五”规划重点课题。目前，课题已经顺利通过专家鉴定。收集整理研究资料约23万字。其中，撰写课题研究报告约2.9万字，整理“融入幼儿学习的游戏教育环境”13篇；收集“点亮本真童年的区域自主游戏”儿童学习故事65篇；收集提升“嵌入游戏课程的教师专业发展”园本教研活动实录14篇；整理“助力共同成长的多元课程评价”专家点评等40余份。过程性资料的收集整理、提升总结，为我园自主游戏课程的开发与实践提供了详实的第一手参考资料。

回顾我园的健康教育之路，我们努力向着健康行进的方向，梳理总结出一套科学的实践路径，经历了四个阶段：一是重视幼儿动作技能，开启“四化”健康教育模式；二是关注幼儿动作发展，开展预设性区域活动；三是追随幼儿活动兴趣，开展情境化区域活动；四是回归幼儿童年本真，开展自主性游戏活动。

一、园本教研的方式切入

打造知行合一的园本教研文化，其目的在于促进教师的专业成长，提高教师的专业素养。适合幼儿园教师科学的在职培训方式主要有以下几种：

（一）案例教学法

案例教学法在专业教育中的应用可以追溯到20世纪初，在此后的100多年里，案例教学法在法律教育、医学教育和商业教育领域发挥了重要作用，同时也在实践运用的过程中不断得到发展和完善。案例教学法在教育学界特别是师资培训中得到运用是20世纪70年代以后的事情，在80年代以后逐渐得到较广泛的运用。

一是案例教学法的含义。从广义上讲，案例教学法可界定为通过对一个具体教育情境的描述，引导学习者对这些特殊情境进行讨论的一种教学方法。在一定意义上它是与讲授法相对立的。在案例教学中，教师/培训者/学习者承担着更多的教与学的责任，要求有更多的投入和参与。教师/培训者的主要责任在于选择适当的案例，在没有适宜的案例时甚至要自己动手撰写案例；以一定的程序呈现；组织讨论，引导、增进和提高学习者对问题的识别与解决能力等。学习者的责任在于分析、讨论培训者提供的案例，在观点策略的分享和交锋中预见和了解解决问题的种种可能性。最终也许没有确切的结论，但还是能从中得出对自己日后的教育教学有用的结论来。在采用案例教学法进行的培训中，每一个个体都需要贡献自己的智慧，没有旁观者，只有参与者。

二是案例教学法的主要特点和作用。第一，案例教学法为学习者提供了一个接近真实的情境，大大缩短了教学与实践、教学情境与实际生活的真实情景之间的差距，学习者更可能做到学以致用。第二，案例教学法的关注点不仅仅是获得能够真正理解知识、原理和规则，而是学习者获得实际解决问题的能力。第三，运用案例教学法进行教师培训，可以帮助教师理解和学习面对教学中出现的各种问题，学习对教学进行分析、反思和讨论的方法。

三是用案例教学法培训在职教师的局限性。在用案例教学法进行教师培

训时，所选用的案例尽管接近真实情景，但仍然不能满足在职教师渴望解决自身实际工作中出现的问题和困惑的培训需求，真正的主动学习和主动建构还没有实质性的发生。此外，从案例的选择到培训过程的展开，都需要花费大量的时间，这使得教学与培训的效率较低。

（二）行动学习法

行动学习法产生于20世纪50年代的英国，首先被应用于企业培训中对职业经理人员的培训，至70年代逐渐被引入英美等国的继续教育和教师培训中，并发挥了颇为显著的作用。到90年代，行动学习法受到世界各地研究者的重视和实践，在当代的培训领域产生了深远的影响。

一是行动学习法的含义。行动学习是一个以完成预定的工作为目的，在同事支持下的持续不断的反思与学习的过程。行动学习中，参加者通过解决工作中遇到的实际问题，总结反思他们自己的经验，相互学习和提高。行动学习法一般由10位教师组成行动学习小组，每一位教师将一个重要问题（即行动学习项目）带到小组，在小组其他成员富有挑战性的支持下，持续不断地反思自己的经验，相互学习，寻找解决问题的策略，最终达到自主提高的过程。

二是行动学习法的特点。第一，反思性。行动学习建立在反思和行动相互联系的基础之上，行动学习的过程就是通过反思将教师的经验加以结构化的过程。反思的质量是决定行动学习是否成功的关键。第二，行动性。行动学习过程中小组讨论的主要焦点是每一位教师所要采取的行为，而且行动学习的主要目标也是使每一位教师所要采取的行为更加有效。第三，合作性。在行动学习的过程中，行动学习小组的每一位教师都扮演着一种角色，作为陈述者或者支持者、观察者、协调者、提问者以及促进者等角色而存在，这些角色之间的有效互动就是行动学习的过程。第四，主动性。行动学习过程中的每一位教师都是学习的主体。行动学习的过程就是教师在行动学习小组的支持和帮助下完成项目的过程，同时通过项目的完成，教师获得个人的发展。第五，参与性。参与行动学习的每一位教师都是全方位地参与到学习的过程之中的，从开始问题的提出，到寻找问题解决的策略，再到具体实施，直到最后的反思都需要每一位教师在思维、行为以及情感上的真正参与。第六，操作性。行动学习法具有较强的操作性，行动学习就是利用一种独特的专题讨论会，进行结构化的小组活动，使参与培训的教师基本能够掌握行动学习法的要领。

行动学习法强调培训过程中教师个人的主动学习，而不是依赖于培训者的知识灌输。行动学习法还强调在培训过程中教师应该带着学习的目的和明确的现实问题来参与研讨过程。同时，行动学习法还强调培训过程中的教师群体也是作为一个“学习共同体”而存在的，学习小组本身就是极为有效的学习媒介。另外，行动学习法还对培训者提出了更高的要求，培训者不能只是一位教育理论的讲述者，更重要的是能创设良好的学习环境，机智灵活地引导学习者进行深入的讨论，促进学习者的有效学习。

三是行动学习法的局限性。在行动学习法中，学习者们探讨的问题来自于实践，并强调学习共同体中同伴经验的充分共享。但是每个人在实际工作中遇到的问题是不同的，经验背景也是不同的，尽管通过行动学习交流会比较充分，但学习的成效、每个成员所获得的能够改善自身实践的收益可能会有差距。这种培训对培训者的倾听、判断、引领和概括提升能力要求比较高，如果培训者的作用发挥不好，将造成受训教师同伴间在同一水平上的重复与滞留，耗时长而收效不大。

（三）合作学习法

合作学习法兴起于20世纪70年代初的美国，80年代末90年代初我国也陆续出现了合作学习法的研究与实验。尤其是在新一轮的课程改革中，合作学习成为国家所倡导的一种重要的学习方式，《国务院关于基础教育改革与发展的决定》中专门强调了合作学习的重要性："鼓励合作学习，促进学生之间相互交流、共同发展，促进师生教学相长。"因而，合作学习法在我国中小学的课堂教学中逐渐得到重视并得以实践。

一是合作学习法的含义。所谓合作学习法，就是指在教师的指导下，学习者组成学习小组或学习团队，为了完成共同的任务，有明确的责任分工的互助性学习方法。合作学习法侧重于以群体学习、以学习者为中心来组织教学活动，强调学习者的合作意识以及在学习、认知、情感等方面的积极影响。在教师培训中合作学习法的实施就是把参加培训的教师根据其能力、性格等方面的异质性分成不同的学习小组，以学习小组为基本组织形式来完成一定的学习任务，以小组的总体表现作为评价学习效果的主要依据。

二是合作学习法的主要特点。第一，合作学习是以小组活动为主体进行的学习过程。合作学习的主体是小组，好的合作小组的构建是合作学习得以顺利开展的前提。合作小组的组成遵循"组内异质，组间同质"的分组原则，以有利于小组成员之间的互补与合作。在教师的培训中，可以将不同专业水平、不同性格与性别的教师组合成一个学习小组，一般认为最理想的合作小组的规模是 26 人。第二，合作学习是一种有明确目标导向的活动，是为了达到一定的学习目标而展开的。合作学习小组首先要有一个共同认可的目标或一项既定的任务，并把小组的共同目标与每一个小组成员的个人目标统一起来。共同的目标是小组合作的内在动力，在教师培训中这种共同目标可以是小组教师共同关注的一个教育问题，也可以是培训者提出的一项具体任务等。第三，合作学习小组成员之间是一种同伴互助以及相互依赖的关系。因为在合作学习过程中，会将小组的共同目标分解成许多具体的子目标，每一个小组成员承担着某一个子目标，小组内部没有竞争和压力，只有积极的相互依赖和影响，小组真正成为一个和谐的学习共同体。第四，合作学习以小组的总体表现为主要依据来评价最终的学习效果。合作学习过程中会定期评价成员共同活动的情况，其目的在于帮助小组保持学习活动的有效性，从而帮助小组成员学会更多的合作，最终提高小组成员的学习水平。在教师的培训中，如果将培训任务转变成教师合作小组的共同目标，以小组的总体活动情况来评价任务的完成与否，无疑会促进和提高小组中每一个教师学习的效果。

合作学习法在我国教师培训中的运用还处于萌芽阶段，却是一个值得期待的方向。当合作的品质越来越成为现代社会的必需品质时，无论是学生还是教师，都需要在自己的学习中不断体验到合作所带来的益处和积极的心理感受，才可能养成这种品性。而且，越来越多的实践也证明，作为成人学习者的教师在合作的环境中进行的学习，其效率远远高于个人的“单打独斗”。

三是合作学习法的局限性。合作学习法具有广泛的适用性，但学习的深度和效果有赖于教师/培训者的引导和促进，而且对于教师/培训者如何有效促进学习者的学习，仍然是一个没有解决的问题。缺乏引导和促进的合作学习只能是流于形式，浮于表面，收效甚微。

（四）参与式培训

20 世纪 60 年代，参与式培训首先在国外的一些扶贫项目中得以提出和运用，研究者们认为“外来的专家”应该和当地人合作，充分调动当地人的积极性和自信心，使他们逐渐有能力解决自己的问题和改变自身的处境。后来，参与式培训被认为是一种十分有效的方式，被广泛应用于教师培训中。从90年代中后期，参与式培训也被用于我国新课改的教师培训之中。

一是参与式培训的含义。参与式教师培训使用的是“参与式方法”。“参与”指的是个体卷入群体活动的状态，既包括个体是否“在场”并与其他成员进行互动等外显行为，也包括个体在认知和情感方面卷入和影响群体活动的状态和程度。“参与式方法”指的是那些能够使个体参与到群体当中，并与其他个体合作学习的方法。它没有固定的形式，使用者可以根据自己的需要和条件即兴创造。在教师培训中，通常使用的方法有：小组讨论、案例分析、观看录像带、看课、评课、角色扮演、填写图表、画图、相互访谈、辩论、小讲座以及其他根据培训内容而设计的游戏和练习。

二是参与式培训的主要特点。在参与式教师培训中，教师之间的合作学习是最主要的形式。参与式教师培训的基本原则有：平等参与，共同合作；尊重多元，形式多样；利用已有经验，主动建构知识；重视过程，促成改变；理论联系实际，具体与抽象相结合。

参与式培训需要教师大量参与，因此培训班人数不能太多（30人以内），而且要分成小组，每组至少要有以下5种角色：召集人、记录员、计时员、噪音控制员和汇报员。

三是参与式培训的局限性。参与式培训2001年时在我国的使用还不普遍，主要是受训教师和培训者双方都存在着一定的困难。受训教师方面的问题主要是听惯了讲座，参与活动不积极；认为游戏性强、信息量少、活动后没有概括提升，收获太少；对自己教学实践没有有针对性的启发和指导作用。培训者方面的困难主要是即时性和创造性，组织起来困难，容易走过场。可以说参与式教师培训在系统性和高效率上的薄弱性仍然是其致命的弱点。

（五）园本教研

20世纪60年代，伴随着“教师成为研究者”的运动，园本教研的理念在英美等国兴起，随后迅速在世界范围内得到认可和传播。世纪之交，随着我国第八次基础教育课程改革的逐步推行，注重理论与实践相结合的园本教研思潮在我国迅速兴起并得到发展，至今已成为备受推崇的教师专业发展的有效形式。

一是园本教研的含义。“园本教研”即以园为本的教学研究，是一种以幼儿园为研究基地，以一线教师为研究主体，以教师在教育教学实践中所遇到的真实问题为研究对象的研究活动。有人称之为“为了教学”“在教学中”“通过教学”。园本教研强调教师的主体参与和个人反思，强调每所幼儿园作为一个“学习型组织”在教研活动中的整体作用，强调园内外的专业研究人员在教研过程中的参与式介入与合作。可以说，“园本教研”旨在通过个人反思、同伴互助、专业引领三种基本的力量以促进幼儿园、教师以及幼儿的共同发展。在教师培训领域提倡园本教研实际上就是指教师在通过研究自己教学中的问题、找到解决问题的途径这一过程中获得提高和发展。

二是园本教研的特点。“园本教研”突出了教学研究对教师专业的重要作用，把教师从研究的“配角”和“被动执行者”的角色中解放出来，充分调动了教师和幼儿园在教学研究中的主动性与积极性，促进了其专业自主发展。

三是园本教研的局限性。园本教研在教师培训中的应用还处于初始阶段，在使用的过程中最主要的困难是专业引领者的缺乏和引领方式、方法的不确定性。如果专业引领不到位，园本教研只能是同伴之间在相同水平上的重复。另一个重要问题在于，如何提高园本教研的系统性和成效性，使得教师通过园本教研能够获得专业素养的全面、系统和有效的提升。

综上所述，其各种方式都曾在教师的专业提升培训中使用，它们分别在不同的方面和不同的场合发挥着促进教师专业成长的作用。但是，每一种培训方式又有其自身的局限性。如何整合这些培训方式的优势，建立系统的适合不同情况和需要的培训模式，有效促进幼儿教师的专业成长，是急需解决的问题。

二、儿童视角的“学习故事”

园本教研即以园为本的教学研究，是一种以幼儿园为研究基地，以一线教师为研究主体，以教师在教育教学实践中所遇到的真实问题为研究对象的研究活动。园本教研的着力点是为了引导教师更专注更聚力于关注幼儿活动，提升解读幼儿、支持推动幼儿发展的能力，实现专业成长，最终促进幼儿全面和谐而富有个性的发展。“儿童学习故事”便是扎实开展园本教研的有力证明。

（一）“学习故事”的由来

“学习故事”是来自新西兰的一套用叙事的方式进行的形成性学习评价体系。在新西兰的早期教育机构中，被教师用来观察、解读并促进幼儿的学习，同时记录每一个幼儿学习与发展的轨迹。由于其所倡导的儿童观以及学习与发展观与《3～6岁儿童学习与发展指南》所提倡的幼儿本位、注重幼儿与环境的互动，重视幼儿园家园合作等理念相似，故在我国已为一些幼儿园所关注。“学习故事”由“注意”“识别”“回应”这三步评价过程组成，它具有评价方式叙事化、从积极视角进行评价等特点。教师的评价基于对幼儿学习的观察，并在分析与解读幼儿学习行为的基础上选择适宜的方式，支持幼儿进一步学习与发展。值得一提的是，在这一评价过程中，教师自始至终都秉承幼儿本位的教育理念，并基于此种教育理念进一步支持幼儿的学习。不仅如此，“学习故事”还十分强调有助于幼儿学习的心智倾向：感兴趣、在参与、遇到困难或不确定情境能坚持、与他人沟通以及承担责任，这五方面的心智倾向与《3～6岁儿童学习与发展指南》所提出的幼儿的学习品质有着极大的联系。因此，通过“学习故事”来观察、解读和支持幼儿学习对于幼教工作者不断践行《3～6岁儿童学习与发展指南》所倡导的教育理念以及促进幼儿的学习与发展而言大有裨益。

（二）对“学习故事”的理解

“学习故事”由新西兰怀卡托大学玛格丽特·卡尔教授和她的研究团队经过数年的研究发展而成。[①] 卡尔教授认为“学习故事”注重学习中的联系性，而不是仅仅强调知识或某种技能，它向我们呈现出在具体情境中关于幼儿学习与发展的更加丰富的画面。“学习故事”是一种以幼儿为中心的、教师与幼儿一起工作的思维与行为方式。即，教学始于对幼儿学习的观察（注意），然后分析与解读幼儿游戏行为（识别），最后依据识别到的信息支持幼儿进一步学习与发展（回应）。

在国内，周欣教授最早对“学习故事”进行了探索与研究。她认为学习故事是一种叙事性评价方式，它以建构主义学习理论为基础，并受到情境理论影响，通过连续描述幼儿在真实情景中的学习行为来展示其学习与发展状况以及学习与情景的多方面联系，它强调对儿童的学习与发展进行全面和整体的观察与评价。

“学习故事”是教师利用图片、文字等多种形式对幼儿在真实活动情景中的“魔法”时刻进行连续的观察与评价的一种叙事性评价方式，它由“注意—识别—回应”三步评价过程组成。教师用叙事的方式描述幼儿在游戏过程中的真实表现与“魔法”时刻并分析儿童在游戏过程中所出现的五

---

① ［新西兰］玛格丽特·卡尔：新西兰怀卡托大学教授偕其研究团队经过数年的研发而成“学习故事”理论。

大领域关键经验和幼儿学习品质，在此基础上为支持幼儿进一步的学习与发展制订计划。

“学习故事”，是一条支持和培养儿童的优势领域和兴趣的道路，对于老师来说，就是要“提供各种机会让这条道路通向一种创造性的生活”。

我们的简单理解就是：“学习故事”是讲一个能让老师、家长和儿童听得懂的故事，是为儿童建构有能力、有自信学习者的自我认知提供强有力的机会，是能促进未来学习的一种回顾工具。“学习故事”不仅仅是一个学习故事，它是一种理念，它包括一整套的纪录：学习故事、集体学习故事、来自家庭的故事、儿童的声音、来自家庭的声音、儿童的作品、带有注解的照片等。“学习故事”是将共同的主线提炼出来，揉在一起，用以描绘个体的学习路径。

（三）“学习故事”在我园悄然兴起

小故事中有大智慧，小故事中有儿童的需要，有儿童的世界。从事幼教工作 30 年，笔者常常扪心自问，孩子到底需要什么？我们可以为孩子提供什么？怎样才能给孩子一片自由的天空？我们大人都太浮躁、太现实，总想为孩子创造一个培养他适应将来社会的环境，其实我们真的不了解孩子，不了解他们的需要，不了解他们的世界，不了解他们的故事。我们常常要求老师观察儿童，记录儿童的言行，解读儿童的故事，然而在实际工作中，老师们把太多的精力放在应付各种事务性的工作，鲜活地记录幼儿活动，经常成为事后的“回忆录”。

另外，教师繁杂的工作也影响了教师集中精力去观察幼儿，记录学习故事。日常工作中，一个老师要完成各种日常文字材料，有时候竟达十多种。观察记录就分为区域活动观察、个案观察、游戏观察等，一沓沓的表格记录就像是一根根无形的绳索紧紧缠着老师，使老师的步履变得沉重，形成了职业倦怠，使老师们无法真正走进儿童的内心世界。一次偶然的机会，我参加了一次培训，了解了新西兰的“学习故事”。新西兰的教育工作者在研究儿童的学习故事，已经对新西兰、澳大利亚、英国、美国等地的学前教育甚至中小学教育的评价产生了较大的影响。“学习故事”这一形式给老师们提供了一个特定的理解、看待和解读儿童的方法，它所关注的是儿童能做什么，而不是他们不能做什么，能够清楚地展现儿童的长处和兴趣。同时，它关注儿童与材料、与他人的关系，让教师在更广泛的情境中理解儿童的学习过程，这正是我们想要尝试运用的方法，但这种方法对教师提出了很大的挑战。

于是，我们抛开了观察记录数量的硬性要求，开始尝试写学习故事，减少数量，提高质量，让观察记录发挥它应有的价值，让老师们的观察记录成为研究儿童的重要数据，成为教师自我成长的重要途径。一段时间过去之后，我们的老师发生了改变，由最初的不想写、不会写，不会观察、不会分析、不会解读到现在的愿意写、会写，并能熟练地运用《3～6岁儿童学习与发展指南》、高宽课程等相关理论，解读儿童的学习故事。《3～6岁儿童学习与发展指南》中指出，提升教师水平直接的办法是案例的分享学习与实践。我们组织老师开展集体分享、集体反思、集体诊断、跟踪研究等一系列的园本培训活动，一次次研读儿童学习故事，老师们重新关注那些早已习以为常、司空见惯的教育现象，不放过值得观察的教育细节，理解儿童的感受和需要，培养了对教育现场的直觉感，他们及时发现有价值、有意义的教育事件，提高教学的敏感性。学习故事，让我们更加清晰地理解我们面对的每一个儿童，努力摒弃原有的思维方式，不再以诊断的眼光看待儿童，真正关注儿童身上正在发生的故事，转变自己的儿童观，带着敬畏的眼光看待每一个儿童，理解他、尊重他、对他的一言一行富有同理心。同时，也转变自己的儿童学习观，真正理解儿童学习什么、为什么学习、如何学习，坚信儿童能够以自己独有的方式学习与发展。

一篇篇有价值的学习故事从老师的笔端流淌而出，这流淌而出的不仅仅是文字，而是教师教育理念的改变，对幼儿的关注、尊重和了解。

幼儿学习故事一：徜徉在深度学习中的快乐娃

10 月 8 日，国庆假期来园的第一天，孩子们纷纷交流讨论着国庆假期的见闻和趣事。可儿说：“放假的时候，我和妈妈一起去银杏林了，银杏林一片金黄的世界，可漂亮了。”家豪、铛铛、筱灿也纷纷说：“我和爸爸妈妈也去银杏林了，我们还在银杏林玩撒树叶的游戏了呢。”孩子们的话题一下子集中到了树、树叶、树林……书豪说：“秋天来了，好多树叶的颜色都变了，我去姥姥家的路上还发现枫叶变红了呢，好多树叶都像跳舞一样飘落下来。”孩子们的话匣子一下子打开了，就连平时不爱说话的名杨也积极发言，她说：“我发现我们幼儿园的树也变了，有的开始变黄、有的树叶已经落了，但有的树叶还一直是绿色的。”平时喜欢阅读、爱提问题的俊逸说：“那你知道秋天来了哪些树叶会变黄、哪些会变红，哪些一直都不变吗?”孩子们的讨论更进了一步，语汐说：“那我们到院子里找找看看不就知道了吗?”其他小朋友也都同意语汐的建议，我趁机说，等我们户外活动的时候一起去院子里找找看吧！孩子们都欢呼雀跃起来：“好！好！好!”

我想，这正是让孩子们亲近自然、感知秋天变化、感知大自然的好机会，我趁机引导孩子把出去观察的注意事项及观察内容进行讨论：“孩子们，这次观察，你们打算主要观察什么？需要注意什么呢?”芳铭说：“我们要观察哪些树叶的颜色变了，变成什么颜色了。”思瑶说：“我们最好把观察的结果记录下来，要不就忘了。”硕硕说：“我们最好分组，看看我们观察的一样不一样。”俊杰还提出：“我们幼儿园到底有多少棵树啊，我们也顺便数一数吧!”孩子们想得非常全面。我尊重了他们的想法，帮他们进行了总结并设计了表格。

户外活动的时间到了，我们拿着早已准备好的纸和笔出发了。我们首先来到了森林乐园，每个小组分工明确，孩子们开始了他们的认真观察与记录。所有的孩子都在认真专注地观察与记录，就连平时爱捣乱的奕景和锦梵也专注得不同寻常，孩子们脸上洋溢着幸福快乐的表情。他们在观察的过程中有了新发现，浩泽说："我观察的这棵树是最粗的树!"兴元说："我观察的这棵才是最粗的!"他们伸开双臂拥抱大树进行测量。铛铛说："咱们得用尺子量一下才知道到底是哪棵最粗。"家豪说："不用尺子量也可以，咱们可以让同一个人伸开胳膊来量量，看到底哪棵树最粗，季老师胳膊比咱们长，让季老师来量吧。"在家豪的建议下，我当了孩子们测量的工具，这样孩子们一下就清楚了到底哪棵树是最粗的。

不知不觉户外活动的时间就要结束了，当音乐提醒时，孩子们的观察与记录还意犹未尽。有的孩子还提出这样的问题："你们知道树叶从树上落下来的时候是正面朝上还是反面朝上吗?"孩子们的回答各不相同，有的说是正面，有的说是反面，还有的说是随机的，有可能是正面，也有可能是反面。我没有把问题的答案立刻告诉孩子们，"我们可以户外散步或者放学后再来观察，怎么样?"孩子们赶紧应和。

带着满满的收获，孩子们依依不舍地离开了森林乐园，但他们的讨论交流还没有停止，在回教室的路上，每一个小组都在交流着自己的发现。回到班里生活

活动之后，我和孩子们一起进行了梳理与总结，建议孩子们回家后把今天的观察以口述日记的形式进行梳理，很多孩子还在离园之后邀请家长和他们进行了观察。俊逸小朋友通过观察与查阅资料对树叶落下来时哪面朝上的问题进行了解答（树叶的正面细胞组织排列整齐、十分浓密，包含着很多的叶绿体；而树叶的背面，细胞组织内的叶绿体就很少，排列疏松、呈空洞状，因而它比正面轻。树叶正面重而背面轻，所以，当树叶飘落地面的时候，通常是背面向上，而正面朝下了）。有心的孩子还把自己在回家路上捡到的落叶带到班上和同伴一起制作了树叶粘贴画。

《3～6岁儿童学习与发展指南》中指出："幼儿能对事物或现象进行观察比较""在探究中认识周围事物和现象""能感知和发现动植物的生长变化"。孩子们的科学研究从身边的事物开始，不仅有益于真正地理解科学、热爱科学，还会感到科学并不遥远，科学就在身边。

孩子们自发的这场探索源自他们的讨论交流与观察，是孩子们的一种深度学习。

活动反思：

教师作为孩子的支持者、合作者和引导者，应关注幼儿的深度学习。这里的深度学习不是强调幼儿所学知识的难度和强度，而是主张每个幼儿在探索的过程中，其学习的主动性、积极性和创造性得到激发，在自主选择、参与活动的过程中，在好奇心和求知欲得到满足的同时，将已有经验迁移到对不同事情的感知探索中，在丰富多元的活动中建构知识，习得新的学习经验，获得适宜的发展。这种深度的学习带给孩子们和我们更多的惊喜！

幼儿学习故事二：空中乐园攀爬的秘密

情境一：

琪琪是名小个子女孩，她的运动技能在整个班级当中属于表现一般并不出色。这一天，她兴致勃勃地来到绳索前，引起了我的注意。琪琪站在绳索前左右打量了一番，还时不时用力拽拽绳子，边拽绳子边抬头往绳子的顶端看去，她在看绳子有多高还是……只见她用尽所有的能量向上伸直两只纤细的胳膊，抓住粗糙的悬空绳索，双腿弯曲，双脚腾空，双腿夹住绳子，就像粘在绳子上的小蜘蛛一样。“啊……”一声惊叫，琪琪的两只小脚一下落地，整个人从距离地面45厘米的高度摔落下来，两只小手可能是抓得太紧的缘故，巨大的摩擦力把琪琪的小手弄得通红，她看了看自己的手心，对着手心哈了两口气，又上下拍了拍手，没事人一般。

（幼儿园里的攀爬器械有很多，如攀爬墙、攀爬网等，但是这里的悬空绳索绝对是仅有的攀爬挑战难度五颗星的项目。琪琪拽绳子、打量绳子、对着手心哈气的细节让我看到了小女孩细腻的小心思。大班幼儿的自我保护意识逐渐提高，看到琪琪这么小心谨慎地检查绳子有无损坏以确保自身游戏过程中的安全，这让我非常骄傲于日常的安全教育工作。这次尝试悬空吊起，坚持的时间只有两三秒，可见臂力和耐力方面需要加强锻炼）

琪琪可不是轻易认输的女生。她从绳子上滑下来，引来了好多小朋友的注意。安慰过后他们并没有离去，而是自发地加入帮助琪琪爬绳子的队伍。他们在讨论什么工具可以帮到琪琪。

妙妙说：“要高的，这样踩上去就会很高。”

涵涵说：“我去搬个正方形大积木，你踩上去就能到顶了。”

馨馨说：“楼梯玩具也高，咱们都去搬来试试。”

团结力量大，不一会儿，绳子周围多了好几个大型玩具，琪琪和她的小伙伴开始试验了，到底哪个玩具能帮助她爬上绳子的顶峰呢？琪琪选择踩在正方形大积木上抓绳子，可是正方形积木有点高，琪琪的腿迈不上去，小伙伴们想办法一手扶着琪琪，一手摁着正方形积木，费了好大力气，琪琪才站上了正方形积木上，这比萱萱抱着她达到的高度高多了，她的左手伸直了够到绳子的第三个结，右手紧跟在左手下方，身体紧紧贴着绳子，两只腿交叉将绳子紧紧地夹住，小脚也使足了劲不让绳子溜出来，这个姿势，琪琪足足保持了10秒钟，这已经是最新的突破了。第一次试验借助玩具爬绳子，琪琪和她的小伙伴就创造了新的纪录，这让小团队的士气一下子高涨起来，他们欢呼雀跃，表达内心的激动。紧接着，琪琪陆续试验其他的玩具，他们惊奇地发现：正方形积木、海马玩具、楼梯放在草地上，高度竟然是一样的，这可是个意外的新发现！小伙伴们到处介绍自己的新发现，不一会儿这个试验基地就被团团围住了。

（大班幼儿喜欢思考，喜欢动脑筋创造新的活动，他们在解决问题时喜欢先构思行动计划，然后按计划解决问题。对于琪琪来说，借助玩具抓到绳子的最高处，保存了从绳子下端向上攀爬的体力，这些储存在身体里的力量使她悬挂在绳子上坚持的时间更长一点。《3 ~ 6 岁儿童学习与发展指南》健康领域目标二“具有一定的力量和耐力”中指出，“5 ~ 6 岁幼儿能双手抓住悬空吊起20 秒左右”。对于这样一个参考性指标，显然琪琪还没有完成。我悄悄告诉她，有时间就和爸爸妈妈去锻炼身体吧，下次就能像小猴子一样挂在绳子上了）

情境二：

过了几天，琪琪又来到空中乐园悬空绳索前，她双脚用力蹬地纵身向上一跳，用手抓住了第二个结，双腿向上弯曲，踩住了第一个结，她用双腿夹紧绳子并慢慢调整自己的位置，双脚踩住第一个结，努力让自己的身体直立起来，手臂伸直，双手够到更高的位置，蓄势待发，她第二次向上跳起，这一次跳的比刚才低，双脚没有到达第二结的位置，但是她没有放弃，慢慢向上移动身体，脚踩到了第二个结，蜷缩的小身体里竟然有这么巨大的能量！她慢慢踩着第二个结直立起身体，两只手一上一下抓住绳子向上爬，现在她双脚蹬上了第二个结，她的上肢力量有了很大的进步，手的握力、臂力、耐力都有极大的提高。她又要跳了！她在向绳子的更高处发起挑战。她调整好位置，重复刚才的动作，一鼓作气，踩住第三个结，双手交替向上爬，终于，她爬上了绳子的顶峰，幸福来得太不容易，她终于成功了。

活动反思：

1. 激发攀爬兴趣，发展幼儿的力量和耐力。洛克告诉我们，“健康的精神寓于健康的身体”，大班幼儿的精气神将这句话展现得淋漓尽致。大班幼儿的身体素质通过多种运动体现出来，但是在力量上的发展却差强人意，特别是上肢的力量，而且幼儿之间个体差异较大。《3～6岁儿童学习与发展指南》中给出了可量化的描述：5～6岁幼儿能双手抓住悬空吊起20秒左右。这种描述是一种合理的期望，事实证明，孩子通过努力能够达成甚至超越这一目标，而且因此喜欢上攀爬，力量在游戏的过程中也逐渐增强。

2. 家园合作，鼓励幼儿坚持挑战自我的品质。在第一次挑战活动中，虽然琪琪由于缺乏活动经验没有成功，但是她敢于尝试，敢于接受挑战，在某种程度上也是一种成功，这种体育精神是值得肯定的。因此，我庆幸，在琪琪三次尝试都没有达到绳子顶端的时候，我没有强行介入并指导其动作要领，而是给孩子提供了充分的时间与空间，使她有机会独立想办法按照自己的想法进行尝试。改变总是在不经意间发生，但一定是在努力之后。琪琪记住了老师鼓励的话语并付诸行动，在家里、在园里反复摸索垂吊的技巧，坚持练习，才有了令人骄傲的收获，琪琪的收获不只是爬上了绳子顶峰，还树立了正确的运动观，培养了锲而不舍、永不放弃的体育精神。

幼儿学习故事三：“小超市”的华丽转身

“小超市”是进入中班以后新开设的一个活动区域，对此我们做了大量的工作，主要经营的“商品”大致分为三种：家长和老师自制的“面点”、以搜集的各种商品包装盒替代相应的“商品”、幼儿自制“甜点”。我们对货架也进行了分类：饮料区、食品区、日常用品区、果蔬区等，并且和孩子们一起制定好区域规则、设置好相应的标志，我们信心满满，孩子们跃跃欲试，我笃定，这肯定是一个非常热闹繁华并且能给孩子们带来直接性社会经验的区域。然而，事实并不遂人愿……

情境一：

2016年9月27日，截至今天小超市已经开设三个周了。今天区域活动开始了，孩子们根据自己的喜好自主选择区域，小超市一个人也没有。于是，我问道：“谁愿意去小超市?”没有一个人理我，我进一步追问：娃娃家的妈妈想去买菜，可是小超市里一个人也没有呀，怎么办？这时小煦说：“我去。”慢慢地又有几个孩子来到超市，娃娃家的“妈妈”去超市买了面条和蔬菜，小煦负责收银。过了一会儿，几位“营业员”显得无所事事，有人坐在地上，有人拿出货架上的“商品”玩，负责制作甜点的萱萱也扔下了材料。终于，小煦过来说：“老师，我能不能换个地方?”我问为什么，他说没人来买东西了，太没意思了。

原因分析：

华爱华教授在《活动区活动区材料的投放方式与幼儿行为及发展的关系》一文中曾指出：判断一个活动区材料是丰富还是缺乏，应当依据幼儿积极行为和消极行为的增减，而非材料数量的多少。文章中还提到幼儿在活动区中“不好好玩”“瞎玩”甚至不想玩，其原因可能是教师重视了材料投放，却没有认识到幼儿与材料的双向关系，教师只注重“让环境说话”，让环境作用于幼儿的行为，而不重视幼儿反作用于环境的自主性，结果未能使幼儿与环境产生真正意义上的互动。

活动反思：

导致“小超市”无人问津的原因有很多，大致有如下几种：

1. 当孩子们不愿意玩时，教师没有及时调整材料，材料比较单一，只有单纯的“商品”摆放，没有真实的超市氛围，幼儿难以投入到游戏中去，失去对活动的兴趣，也就不愿意再玩了。

2. 投放的材料种类太多，超市的功能比较综合，幼儿无法兼顾，“营业员”既要制作蛋糕又要为“顾客”介绍、拿取商品，经常顾此失彼，种类繁多并不适合中班幼儿的年龄发展特点。

3. 在区域活动中，教师应该支持、鼓励幼儿自发地探索和操作材料，而我的指导对于幼儿来说没有具体的评价，幼儿在游戏中没有兴趣，而是慑于我的威严才继续游戏的，没有足够的空间给他们。

教师策略：

根据“小超市”的现状以及我分析的上述原因，我和孩子们进行了一次谈话——在“小超市”里，你想怎么玩？大概孩子们每天都在期待着老师能够改变现状，却又不敢说出口，当我提出这个话题时，孩子们纷纷表达了自己的想法：

“要是有人来买东西，我就没有时间做蛋糕了。”

“娃娃家里都有化妆品，所以没人来买。”

“老师，我喜欢做烤串。”

“我们可以开饭店，放上餐桌，买来吃的就能做着吃。”

“有时候爸爸妈妈会叫外卖，咱们也可以。”

不说不知道，一说吓一跳，原来孩子们有这么多的想法。为了给孩子们提供更适宜的活动区，我们又开始行动起来，我们把原来的“小超市”分成两个区域：“烤动力”和“蛋糕店”，烤动力主要经营烤串、饮料、零食，“蛋糕店”主要经营蛋糕、甜点、饮料，此外在两个区域的周围放置了“餐桌”，为“小顾客”提供一个品尝美食的场所。也许孩子们的想法是对的，功能越单一的社会性区域越能被接受。

情境二：

烤动力，小煦坐在餐桌边，有模有样地吃着“烤串”，还拿着饮料和好朋友一起“干杯”，时不时几个好友还一起聊天。店里的“营业员”非常忙，他们正在串串，小心翼翼地把“蔬菜”串在竹签上，这时有位“顾客”喊了一声：来两串烤鱼！“好嘞!”“营业员”浩浩应了一声，然后去烧烤炉上烤串。

情境三：

烘焙时光，“面点师”萱萱正在专注地制作一个长方形的“蛋糕”，她选择的材料是泡沫和太空泥，用蛋糕叉做出花纹来装饰，货架上的各种“蛋糕”非常漂亮，烘焙时光的顾客总是最多的，睿睿正在向“顾客”介绍“蛋糕”的种类和价格：“这个是柠檬味道的，这里面加了巧克力。”这时萱萱的新“蛋糕”也做好了，“顾客”小宇问“蛋糕”上怎么有这么多孔。萱萱说：“你不知道吗？那是蚂蚁上树。”娃娃家来电话了，萱萱接起电话，原来是娃娃家的宝宝过生日，需要去送蛋糕……

活动反思：

在区域游戏中，投放的材料不能一成不变，教师要观察幼儿的游戏状态、游戏需要，及时进行补充、调整，改进或摒弃不适合的材料。在观察指导的时候，要给幼儿一定的空间去发挥，给他们宽松的环境去讲述他们的需求、困难等。要仔细倾听幼儿的“秘密”，要站在孩子的视角去想、看，这样才能更有效地推进幼儿游戏。

幼儿学习故事四：我爱我的幼儿园

幼儿园是孩子们每天生活、玩耍、运动、学习的地方，在孩子们的心里，我们的幼儿园就像公主和王子居住的城堡一样，充满着童话色彩。对于他们来说，这里的每一个角落都非常的奇妙，每一次玩耍总能探索出不一样的秘密。2017年春季，幼儿园大门原有的城堡外观已显露出岁月的痕迹，园领导做出了改造幼儿园大门外观的决定。中三班的孩子们得知这一消息，纷纷表示不舍，但更多是对幼儿园新面貌的期待。孩子们沉浸在探讨幼儿园外观的热烈气氛中，我不禁思索，为何不以“我的幼儿园”为主题，开展一次有趣的自主建构游戏活动呢？于是，一场关于建构游戏的行动，就此拉开帷幕。

初步构想：仓促的计划与准备。由于是突发奇想，我便在当天户外活动的时间，决定和孩子们一起实施搭建幼儿园的计划。出发前，我仔细思索了本次建构活动的目标：引导幼儿通过合作，学会建筑大门、围墙等基础设施，扩大地基，并在围墙之内进行创造性的建构。由于游戏充满着不确定性，所以定好基本的活动目标之后，我向孩子们交代了建构游戏中常出现的几点注意事项，便和他们一起匆匆踏上通往搭建梦工厂的路。

小试牛刀：初步探索幼儿园的建构方法。幼儿园是孩子们再熟悉不过的建筑，在这里的每时每刻都充满着轻松愉悦的体验和值得铭记的回忆，然而让孩子突然去回忆幼儿园的样子，他们仍是手足无措的。并且中班幼儿在建构游戏中会存在“恒常性”的行为，即喜欢搭建自己曾经搭建过或者是非常熟悉的作品。一开始决定要搭建“幼儿园”的孩子来到活动场地后，几乎都纷纷选择了自己熟悉的作品开始建构，只剩下12人想尝试新的建筑。于是我和这12位孩子一起商量，该如何分工。孩子们自由结伴组成“建筑队”，分成负责建筑大门、围墙、教室、滑梯、食堂等园所设施的5个队伍。之后幼儿开始以“施工队”为单位，进行分工和取材，然后进行建构。目前为止，一切都是按照计划井然有序地进行，而接下来发生了许多困难。很多幼儿表示不会建构自己所负责的部分，有的幼儿在建构过程中也会突然改变自己原先的主题，或由于建构水平不一致，建构规模还没有出现雏形就已经开始假想的角色游戏了。而且由于之前我们的游戏分组多集中在3～5人一组，孩子们习惯于建筑较小的地基，远远不能够满足“幼儿园”内部设施所需要的空间。另外，孩子们习惯与固定的搭档在一起搭建，所以这12人的合作对他们来说无疑是一个巨大的挑战。要克服搭档间的不适应，其中每组的领头人更要互相“容忍”彼此的脾气，再不是每个人在自己小组里说了算的时候了，每个人都要商量着来，如果一意孤行就会导致整个团队的分裂。建构到后面，已经有“下水道管线施工队”“门前公路施工队”等小组出现。

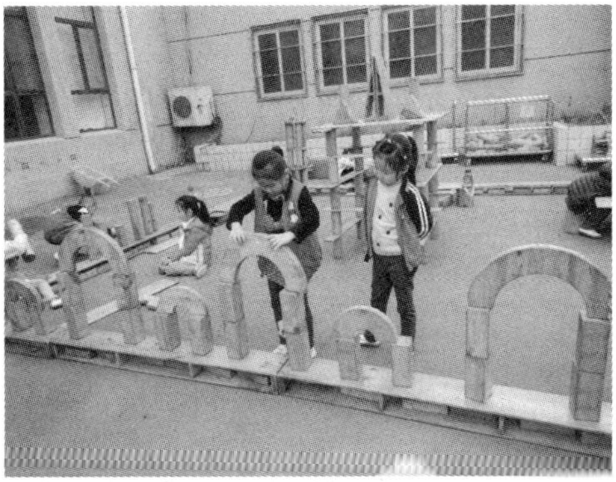

这时，我觉得孩子们已经遇到了前所未有的挑战，他们的已有经验不能够再支持他们尝试新的搭建方法。我开始介入，引导幼儿回忆幼儿园大门的样子。孩子们一开始仍是选择搭建房子最常用的长条形的大型积木进行“幼儿园”大门的建造，然而长方形并不能体现出“城堡”的感觉，我便激发孩子寻找圆柱体，摞在一起变成门柱，并亲自示范“幼儿园”大门的搭建方法。之后引导“围墙建筑队”进行围墙的扩建，孩子们长期搭建迷你型建筑，没有尝试过大型幼儿园的建构，围墙圈出的面积很大程度决定了“幼儿园内部建筑队”的发挥。而这时，时间已经浪费在手把手的示范和教学上了，幼儿听到结束的音乐响起时，只能被迫开始收玩具。所有“建筑队”突然变成“拆迁队”，孩子们陷入收玩具的混乱之中。

三省吾身：评价与反思整改。第一次实施活动方案便遇到如此多的困难，也是我意料之中的，说明我们准备不够充分，没有提前渗透好，幼儿的已有经验准备不足，是不利于活动开展的。而且本次建构游戏虽然有一个明确的主题，但仍是充满自主性的游戏形式，教师的介入程度需要控制，本次活动我却在其中起到了很长时间的“干扰”作用，在教授搭建技巧上浪费了大量时间。

提升质量从反思开始。这一次的设计，将从建立游戏常规开始，提前准备好幼儿园的图片等资料，从室内的教学活动中对幼儿进行引导，为户外的主题建构游戏做准备。因此，反思整改后，主题活动分成了两个活动，一是“我的幼儿园美又大”活动，向幼儿介绍幼儿园，观看照片，并一起找出幼儿园的建筑特点，请幼儿思考“如果请你搭建幼儿园，你会用哪些形状的积木?”“该如何建构?”等问题。二是户外区域活动“我的幼儿园”，分组调整为不再限制幼儿的“施工队”所负责的“项目”，并做好收玩具时的分组引导。

激流勇进：游戏再次进行。通过先导活动“我的幼儿园美又大”的渗透，孩子们已经基本明确自己的分工，并参照上一次的建构经验，幼儿园的大门和围墙迅速开始“施工”，这次我主要引导围墙内的建构，与幼儿合作搭建“滑梯”，孩子们想尽办法还原滑梯的样子，建成之后便开始滑“滑梯”，玩得十分开心，这一行为也吸引了很多喜欢独自游戏的幼儿来“幼儿园”里面参与滑滑梯游戏。建构“活动室”的“建筑队”已经基本建成，有桌子、小床，幼儿已经开始了模仿老师上课的角色游戏。另一支“建筑队”还完成了食堂的建造，于是我引导剩下的孩子进行装饰，主要装饰大门、围墙和广场，用半圆形积木装点已经建成的设施。越来越多的孩子加入进来，帮忙加固建筑，或者建造人行道、排水管等特别的设施。孩子们在“幼儿园”大门里出出进进，玩着上学、放学的游戏，还学着爸爸妈妈刷卡入园，玩得十分开心。

当然，大型建筑所需要的材料是非常多的，收整玩具将成为最头疼的事情。这次我给每个“建筑队”按积木的形状分配收整任务。每个建筑队负责一个形状，并派一人守在对应积木箱子前负责摆放整齐，其他人负责快速运输，幼儿有条不紊地进行着收整。

两天后，孩子们已经主动要求要搭建“幼儿园”了，他们自己分工、建构，忙得不亦乐乎。这次，我主要引导喜爱自主建构并且喜欢建构固定建筑的幼儿来到“幼儿园”，担任“专家”，为“幼儿园”配备“自助餐厅”等设施。“自助餐厅”格外受欢迎，使一直喜欢独处的幼儿得到了同龄人的肯定，并且乐于参与合作游戏。

灼灼其华：评价与总结升华。首先，“我的幼儿园”这一建构游戏的再次实施，与先前的“毫无准备之战”形成了鲜明的对比。孩子们通过先导活动的诱导，进入深度思考，加之在老师的辅助下已掌握新的建构技巧，这一次孩子们显得更为胸有成竹。自主分组、自由选择材料并合作运输，搭建过程中争抢材料等同伴冲突减少，商议、互助等友好行为慢慢产生。收整积木时也出现了分工合作的场面，整个团体有条不紊，游离在外的个体明显减少。其次，想象力与角色游戏丰富。中班幼儿在建构过程中极易发生角色游戏，有时角色游戏的产生会非常之早，更是会出现在建构作品完成之前。孩子们天马行空的想象虽说有时在一定程度上“阻挠”了建构游戏的进行，但想象力又是非常重要、必不可少的。在这次游戏中，孩子们能够根据自己的想象与设计，用积木建造滑梯、食堂等园所设施，在“幼儿园”初具规模之后，有的孩子会根据已有经验，模仿家长入园、离园打卡，自主进行角色游戏。教师的介入让性格内向的孩子也能够融入进去，更加增添了作品的丰富性，为幼儿创设了更为广阔的想象空间。另外，“我的幼儿园”建构游戏打破了以往小组3～5人搭建“迷你”作品的常规模式，在占地面积、幼儿人数方面有着巨大的变化。这一作品的完成需要十几人甚至是几十人的通力合作，这对于中班孩子来说无疑是一种挑战。孩子们在搬运积木的过程中想尽各种办法，有拖、拉、推、拽、抬、扛等动作的出现，在搭建过程中更有托举、平衡等动作在里面，随着“幼儿园”内部设施的完善，孩子们自由活动的空间会越来越少，便出现跨、跳、钻、爬等运动技能，尤其是在这一大型建构作品中开展角色游戏的时候，孩子们跑进跑出，搬运“建材”，在快乐的角色扮演中获得了动作的发展。

由此可见，一个主题的建构游戏，可能需要重复多次的实施才能够接近或达到预期的活动目标。在游戏过程中，幼儿的学习是一个反复探索、不断建构知识经验的过程。

活动反思：

游戏创造了儿童的最近发展区。在建构游戏中，幼儿的建构水平反映幼儿的心理发展水平。建构游戏对幼儿的成长意义非凡，在良好的建构游戏环境中，幼儿更容易获得自信，能够更早地掌握使其受益终身的合作能力。

首先，建构游戏能够满足幼儿身心发展的需要。建构游戏对于幼儿来说，不仅仅是娱乐消遣，更是身心发展的巨大契机。幼儿在游戏创造的最近发展区里，通过建构与合作，展现其丰富的内心世界。建构游戏是不同于其他游

戏的一种表现形式，它能够反映出幼儿各方面能力的发展。幼儿在建构游戏中，能够自愿、主动地去表现自己，进行大胆的创新，在动手操作中表现出思维、认知、语言和社会交往等能力的发展水平。在建构过程中，教师更容易发现幼儿的需要，抓住宝贵的教育契机。

其次，建构游戏促进幼儿社会性的发展。在建构游戏中，幼儿的建构作品并不是凭空想象的，而是与实际生活密不可分的。例如，常见的幼儿合作建构主题有公主房、小洋楼、商场、停车场、火车站等，都是孩子在已有生活经验的基础之上，进行创新和改造。如果，我们的建构主题更改为“天安门”或者“赵州桥”的时候，幼儿就会遇到认知方面的困难，这时，教师可以把握教育契机，为幼儿补充空白的社会经验，引导幼儿进行建构。除此之外，在建构游戏中，少不了合作游戏，既然有合作，就少不了幼儿与幼儿之间、教师与幼儿之间的互动。幼儿在与人交流的过程中，学会倾听、协商，学会共同设计搭建图纸、分工并努力完成搭建作品。尤其是遇到同伴冲突的时候，幼儿自主解决人际交往的难题，将会使其社会性发展发生质的飞跃。

如今，“我的幼儿园”这一主题已经成为孩子们自主建构中自由选择的主题了，孩子们也能够根据人数，建造不同大小的幼儿园，很多从来不在一起玩的孩子也因此凑到了一起。相信通过建构幼儿园这一活动，不仅让幼儿了解了房屋的基本构造，而且能够让中班的孩子们更好地开展合作游戏，启发、创造更为丰富的角色游戏。当然，最终的情感目标，便是激发幼儿更加热爱幼儿园的美好情感，在合作游戏中收获珍贵的友情，从而成长为一个幸福、智慧的人。

第二节　多样性园本教研的实践应用

经过多年的尝试与探索，笔者认为，有效的园本教研是一种解决本园实际问题、破解发展难题的有效途径。它突出了教学研究对教师专业的重要作用，把教师从研究的“配角”和“被动执行者”的角色中解放出来，充分调动了教师和幼儿园在教学研究中的主动性与积极性，对教师的专业提升、教育智慧的积累势必会有很大的帮助。在这里主要介绍几种行之有效的园本教研方式及其在幼儿园中的实践应用。

一、问题式园本教研

问题式园本教研是开展园本教研的一种新模式，以关注挖掘教师教育实践中的实际性问题为前提，通过适时、适宜、灵活的教研，促进问题的解决，帮助教师走出困惑，积累经验，最终在解决问题的过程中促进教师专业化成长。

“基于幼儿主体性学习地位不凸显的问题式园本教研”案例

（一）观看视频，抛出问题

主持人：各位老师，大家下午好！前段时间，我们根据幼儿的动作发展需要，开设了平衡区、投掷区、攀爬区等六个户外活动区域，各班教师预设活动方案，投放区域材料，设计游戏玩法，制定游戏规则，孩子们在老师的精心组织下，按照活动要求，有序参加户外游戏活动，动作发展与身体素质得到明显提高。现在请大家观看一段视频，观看时结合《幼儿园工作规程》

《3～6岁儿童学习与发展指南》的要求，静心反思，认真思考，看一下我们的教育理念与教育行为有没有问题。请观看视频。

（二）认真反思，查找问题

主持人：刚才大家看到的，是平衡区和投掷区幼儿的活动片段，在大家发言之前，我们先请活动组织者窦老师和李老师简单介绍一下活动，并进行自我反思。

窦老师：平衡区预设的游戏是“送给妈妈的礼物”，幼儿要通过四关才能从礼物精灵那里得到礼物送给妈妈。游戏中孩子们兴趣很浓，也能很好地遵守游戏规则，但是游戏过程中幼儿等待时间太长。在幼儿刚刚熟悉游戏、对游戏很感兴趣的时候，户外活动的时间已经结束了，只好带幼儿回到班级进行其他活动。感觉最大的问题就是游戏时间不充足。

李老师：我们的活动以投掷为主，在这个活动中，我们设计了六个环节。以“投掷手榴弹”为主线，从“投圈”“投筒”再到“投篮”，环环相扣，层层递进。整个流程感觉很流畅，幼儿在教师的组织下积极参与活动。但我感觉在这次活动中，活动内容比较枯燥，幼儿情绪不高。

主持人：好，请大家根据两位老师的活动介绍、视频内容以及自己的思考，谈一谈教师在活动组织中还有什么问题？

大李老师：老师在整个户外活动中都在忙碌地布置场地、摆放器械，而孩子们却在一旁等待，好像与他们没有关系，这样不仅造成了时间的隐性浪费，给老师增加了工作量，而且也限制了幼儿的自主发展。

王老师：活动中，游戏的流程和规则都是老师事先预设好的，孩子只能按预设的玩法进行活动，老师过于控制孩子，孩子在游戏中缺少主动性。

董老师：看完两位老师组织的户外区域游戏活动，我观察到老师没有考虑孩子们能力强弱的差异，都玩一样的游戏，对于能力强的孩子没有挑战性，对于能力弱的孩子则没有办法完成。

主持人小结：刚才各位老师谈得非常好，抓住了问题的关键，聚焦了主要问题：一是区域固定，幼儿缺少了自主选择的机会；二是包办代替，幼儿失去了自我选择的权利；三是行为高控，幼儿的一切活动在教师的设计控制之下；四是等待时间较长，幼儿运动量不足，活动不充分；五是忽视个体差异，幼儿没有在原有水平上得到充分发展。

（三）针对问题，研究策略

主持人：刚才谈到的问题，虽然是个别班级存在的问题，但却带有很大的普遍性。针对这些问题，我们应该怎样去解决？请大家畅所欲言。

刘老师：对于区域固定的问题，我认为可以采取固定区域和自主选择区域相结合的方式，把区域活动时间分为两部分，首先进行固定区域活动，加入换区音乐，当音乐响起，可以打破班级界限，甚至打破年龄界限，孩子们可以自由选择自己想玩的区域。

薄老师：刚才王老师提到了教师“高控”的问题，我觉得应该幼儿在前、教师在后，让孩子在不断的尝试中获得经验和体验。我们可以多投放一些低结构材料，给予孩子宽松的环境，教师放手让孩子去玩，与材料充分互动，自主探索和创新游戏玩法。另外，师生可以共同确定主题、制定游戏规则，一起制作图文并茂的指示牌，幼儿就可以根据图示，主动参与布置场地、收放器械等，让孩子成为发展的主体、游戏的主人。

季老师：针对时间的隐性浪费问题，我们教师在选择设计游戏时，应选一些幼儿感兴趣的趣味性游戏，可采用半预设半生成的方式，预留1～2个开放性的环节，鼓励幼儿参与到材料与运动器械的摆放过程中，并鼓励幼儿大胆创新玩游戏，这样不但减少了消极等待的时间，而且解放了老师的双手。

褚老师：对于“活动中忽视幼儿个体发展”的问题，我觉得教师可以根据幼儿的不同发展水平分层次投放材料，比如在平衡区，教师可以提供高矮不同的平衡木供幼儿选择，满足不同幼儿的发展需要。

（四）总结提升，智慧分享

主持人：今天我们围绕“教师预设多、包办代替多，幼儿主动参与少、活动时间隐性浪费”等问题，提出了有效的解决策略：一是打破班级区域界线，提供更多幼儿自主选择的机会；二是科学设置区域标识，提高幼儿的自我学习能力；三是增强幼儿自主意识与主动性；四是实施主题化游戏活动，增加活动内容的情境性和趣味性；五是关注幼儿个体差异，允许幼儿按照自己的方式与速度成长。在以后的户外区域活动中，希望各位老师能够有效利用这些策略，解决实际问题，破解发展的瓶颈。但是对教师的高控制问题，依然没有提出具体有效的解决策略，这个问题不解决，其他的措施在落实的时候，也会受到影响，请大家带着“如何解决户外区域活动中教师的高控问题”再思考，等下次教研时我们一起讨论。本次研讨到此结束，谢谢大家。

图1　主持人提出问题

图2　大家畅所欲言

二、辩论式园本教研

辩论式园本教研是将对同一事件持有不同观点和意见的教师分为两组，小组之间展开辩论，各小组成员本着“真诚相见，各抒己见”的原则，陈述自己的观点。辩论的过程，就是大家用学术的态度陈述、辩论、聆听、借鉴、学习、反思的过程，是用科学的观点不断丰富完善自我、寻求正确答案的过程。

“基于有规则的游戏是否属于自主游戏的辩论式园本教研”案例

（一）切入主题，引发研讨

主持人：今天我们进行的是球类区域的现场教研活动。球类区是以竞技性的球类比赛为主的区域，但是很多老师一直心存疑惑：这种有规则的球类比赛游戏是否属于自主游戏呢？它与我们自主游戏的大导向是不是相互矛盾？同时，在球类区的活动开展过程中还存在游戏推进困难、幼儿兴趣不大等问题。如何解决这些问题？怎样让幼儿对球类游戏更感兴趣？老师们疑惑比较多，分别持有不同的观点，现在请老师们就这些问题分组进行讨论，也可以现场进行实践操作，时间为30分钟。之后，小组派出代表进行智慧分享。

（二）实践操作，分组讨论

按照大、中、小三个年龄班将全体教师分为三组，每个年级组长为本小组的组长，负责统筹安排本小组的讨论和操作。

（三）讲解演示，展示成果

主持人：请各组选一名代表来为大家介绍一下本组的讨论结果，也可以一边现场演示，一边讲解。

大班组代表发言：

我们大班组针对以下两个问题进行了讨论。

第一个问题：竞技类游戏是否需要规则？

经过全体小组成员的讨论与交流，我们认为：

一是竞技类游戏必须要有规则。我们认为，尽管自主游戏的特点是自由、自主、自发，但这并不代表自主游戏就不需要游戏规则，任何游戏都是在规则的支持性秩序下有效推进的。二是要提高幼儿的竞技意识和能力。

第二个问题：幼儿缺乏游戏兴趣，如何有效推进？

我们的教育策略是：

一是师幼共同讨论球类游戏规则；二是增加辅助材料，如记分牌、球衣、女生啦啦队等；三是进行合理的场地划分；四是增加前期经验体验与渗透。

中班组代表发言：

中班组以现场操作和讨论相结合的方式，引发教师思考，结合幼儿的年龄特点认为球类区可以作如下调整：

一是增加球的种类，如软彩球、羊角球、跳跳球，还可以增加投掷的网球、要求打准的保龄球、锻炼小肌肉群的玻璃球等。

二是竞技游戏，强化游戏角色意识。

三是增加玩球辅助材料，例如增加平衡板、轮胎等。

四是提供适当的指导与技术支持，如增加专业体育老师，推进游戏深入开展。

小班组代表发言：

小班组组织教师开展了丰富的游戏性球类项目实践，根据实践结果进行了展示：

一是背筐投接球；

二是花样赶球；

三是打保龄球；

四是“母鸡下蛋”游戏；

五是弹球进洞等。

（四）主持人提出问题，引发教师相互辩论

主持人：“三人行，必有我师”，老师们根据预设性问题，想出了各种各样的解决办法，这些方法都非常好，但是老师们还需要考虑这些方法与我们自由、自主的游戏精神是否互相矛盾呢？如小班组的游戏性玩球，老师制定游戏玩法，然后让孩子们去玩，这样还是自主游戏吗？还有大班组的竞技类游戏，竞技类的球类游戏必然存在固定的规则和玩法，这样还是不是自主游戏呢？请老师们自行分为两组，认为是自主游戏的老师站到场地这一边（A组），认为不是自主游戏的老师站到场地这一边（B组），请老师们就这一问题展开辩论。

B组代表（教师1）：我认为球类区域的有些活动是幼儿在教师的引导下，探索创新并根据教师的要求和指导设计了玩法以及规则，这样的游戏不是自主游戏。

A组代表（教师2）：我觉得这些游戏依然可以是自主游戏，这并不矛盾。我们首先是给孩子们提供游戏材料，然后让孩子们自己去探索游戏的玩法，可能孩子们的探索结果与我们的预设会不一致，他们想出来的办法可能会更好，老师仅仅是游戏材料的提供者，游戏的支持者、引导者而已。

B组代表（教师3）：我认为球类区域的活动有很多的游戏规则，幼儿不能完全按照自己的玩法随心所欲地开展活动，太多的规则限制了他们的自由，所以我也认为，这样的游戏不是自主游戏。

A组代表（老师4）：我也觉得竞技球类游戏与自由自主游戏是没有矛盾的。首先孩子们的选区是自由、自主的，当他们选择了球类区后，在这里就是有一定的规则性、秩序性，所以还是需要遵守球类比赛的一些规则，至于规则的制定，可以与孩子们共同商定，也可以根据实际情况适当地修改，这都体现了自主性。

（五）提升梳理，归纳总结

主持人：老师们说得非常好。自主游戏并不等同于自由活动，规则和秩序也是保障自主游戏顺利进行不可或缺的前提条件，老师们可以根据每个区域的不同情况作适当的调整。球类区域因为存在对抗性的比赛，所以在这个区域内，一些比赛规则还是必须要存在的。至于老师们提出的其他策略和方法，希望球类区域的负责老师能够选取你们认为合适的有关球类的游戏逐步拓展到区域中来。同时，我也希望老师们能够运用充满智慧的教育策略，时刻牢记我们角色的定位：我们是游戏材料的提供者，游戏的支持者、引导者，而不是整个游戏的制定者、控制者。在这个区域里，园长还专门安排了我们的专职体育老师——付老师，在游戏的过程中给孩子们提供一些专业的球类技能指导。我相信在付老师和大三班老师的共同努力下，创新性运用今天的教育策略和教育方法，我们的球类区活动一定会开展得越来越好。至于游戏是不是自主游戏，请大家牢记自主游戏的本质特征：自由、自主、自发，但是也要自律，自律意识是有效推进游戏开展的必要条件。在游戏活动中，凡是具有这“三自”特征的游戏都是自主游戏。感谢老师们的参与，谢谢大家。

图 1　小组分享

图 2　认真聆听　做好记录

图 3　积极发言

图 4　主持人总结

三、参与式园本教研

参与式园本教研活动的基本要素主要包括教师个人、教师集体、专业研究人员、教研形式、教研内容、教研方案、教研主持人、教研时间、活动现场、外部环境等。在参与式园本教研基本要素中，教师个人、教师集体、专业研究人员是基本要素中的核心，三者构成了园本教研的三种基本形式。自我反思、同伴互助和专业引领，三者构成了园本教研的三位一体的关系。园本教研在促进幼儿园教师专业化成长、完善幼儿园课程实施等方面具有重要意义。

在参与式园本教研中，教师以新理念下幼教实践中共同关注或疑惑的问题为主题，以教师的实践经历为基础，调动参与教师的内在动机和学习积极性，在组织者的支持和引导下，思考如何改变教学与指导方式，促进学习者积极而富有成效地学习，通过合作学习共同建构新经验。

“基于丰富游戏材料、引发幼儿交通游戏活动的参与式园本教研”案例

（一）说明主题，引发思考

主持人：各位老师，大家下午好，各班级在调整后的区域内已经带领孩子们开展三周多的自主游戏了，通过观察发现，当我们真正放手的时候，孩子们在各个区域玩得热火朝天，精彩不断，孩子们玩出了花样，玩出了智慧，每次都会给我们带来许多意想不到的惊喜……但是，在幼儿自主游戏的过程中，有的区域出现了一些困惑和问题，以至于有的区域游戏开展不下去。今天把大家请到交通游戏区，请大家一起进行参与式现场研讨，一起想办法，解决困惑。

下面，我们以年级组为单位进行研讨，假如你们是小朋友的话，你们想玩什么？怎么玩？给大家15分钟的时间，然后每个小组派一名代表现场演示各种玩法，归纳出解决策略。

（二）小组讨论，思维碰撞

小、中、大三个年级分组进行讨论，先由组长带领大家商定初步方案，随后进行现场体验，老师们也做了一回孩子，在交通游戏城玩起了各种游戏，通过体验、研讨，思维碰撞，大家发现问题，调整方案，讨论出了解决策略。

（三）提出策略，共享智慧

小班组代表分享策略：

一是提供丰富的低结构游戏材料。教师提供丰富的低结构材料，供幼儿根据游戏需要进行选择。如：红绿灯可以用乒乓球拍替代，积木块可以替代饼干、水、饮料、巧克力等游戏所需要的任何东西。

二是丰富幼儿生活经验。积累生活经验是游戏开展的基础。不管是哪个年龄，幼儿具有的生活经验越丰富，他们的游戏内容就充实、新颖，越具有创造性。而小班幼儿欠缺的就是生活经验。作为老师，除了在平时的教学活动中丰富幼儿的生活经验外，还要经常引导幼儿观察周围的生活环境。如：利用晨间谈话时间，和幼儿一起回忆：今天你怎么来幼儿园的？在马路上看到了什么车？交警叔叔是怎么指挥交通的？同时要积极赢得家长的支持，请家长带孩子去超市、菜市场、车站，引导孩子观察各行各业的劳动内容等。只有充实了幼儿的生活经验，使他们获得较丰富的感性认识后，幼儿才能较顺利地开展游戏活动。

中班组代表分享策略：

一是逐渐投放相关的游戏材料，增强趣味性。如：斜坡、减速带、路障、交通标识牌、增设S形路或环形路等。幼儿在游戏中可能会遇到同类游戏玩几遍后感到乏味、缺乏挑战性的问题，这时候我们可以增加难度、激发幼儿挑战性，引导幼儿利用材料设置障碍以增加游戏的趣味性。如：幼儿可以运用直的或弯的木板材料搭建小桥、小河等设置障碍。

二是区域之间进行整合。将“交通游戏区”与旁边的“森林乐园”结合，在树林合适的位置设置，诸如“洗车区”“4S店”“修车区”等，并在林中画出“停车位”，这样孩子们到这里洗车或修车后，可以停下车到乐园中进行放松游戏。然后开着自己的车或者回到原来的位置，或者继续按照交通规则进行游戏。

大班组代表分享策略：

一是增设“服务区”。增加卖东西、休息站点等情境，供幼儿休息、饮水等。可以投放桌椅板凳、水壶、太阳伞等材料供幼儿游戏，根据不同年龄段幼儿的需要设置烧烤吧，在休息的时候可以到烧烤吧吃烧烤、喝饮料（自带的水壶）等。

二是增设“加油站”。投放大量废旧饮水机做加油站，水管做加油管，创设加油站的情景。小司机开到此处可以进行自主“加油”或人工“加油”。

三是设立“交通指挥亭”。投放小交警服装、指挥台等，幼儿身穿警服扮演小交警，站在指挥台上指挥交通。

四是增加交通稽查。设置检查站点，查酒驾、超车、超载等违规行为。用方形的矿泉水瓶做成酒精测量仪、服饰、路障，在部分车上做事故处理车标示牌，一旦发现违章情况用交警队的事故处理车拖走。

五是增加职业体验。为了增加游戏的趣味性，准备环卫工人、送货工、人力车等几项职业体验，幼儿完成一种体验就可以得到相应的货币。可以收集大量的塑料瓶盖作为游戏货币，供幼儿使用；投放大量废旧卡作为加油卡用；也可准备部分游戏任务卡，鼓励幼儿尝试各种职业体验。

主持人小结：今天，通过大家的体验与研讨，我们为交通游戏区提出了很好的解决策略。

一要丰富活动区的游戏材料，例如：投放废旧饮水机、保温桶、水管、饮料瓶、维修工具等，为游戏活动提供材料的支持。

二要创设游戏情境，增设“服务区”“加油站”“4S店”“休闲吧”等游戏情境，丰富游戏的趣味性。

三要丰富幼儿生活经验，可以带领幼儿参观4S店或观看交警叔叔是怎样指挥交通的。

今天的参与式园本教研活动，大家积极思考，亲身体验，思维碰撞，集思广益，共同探讨，出谋划策，提出了很好的教育策略，希望负责交通游戏区的班级和教师根据幼儿的情况和发展需要，借鉴利用，进一步推动交通游戏区的深入开展。

图1　大班组教师展示研讨方案

图2　小班组教师进行游戏体验

图3　中班组教师代表进行策略分享

图4　园长参与研讨活动

四、体验式园本教研

体验式园本教研是教师以亲身经历和体验为主要特征的教研方式，组织者组织教师体验幼儿目前正在开展或者即将开展的某项活动，教师以自己的感知了解幼儿的体验和感受，进而改进支持性教育策略的一种全新的园本教研方式。它以小组合作的形式展开，充分调动教师的内在动机和学习的积极性，使其亲身体验，操作感知，充分体验活动的特点并识别关键经验，小组成员之间分享交流，智慧碰撞，达成有效共识，之后对幼儿的学习进行预测性判断与指导，使幼儿的学习活动更加科学高效。

“基于提升快乐大本营区域运动等功能的体验式园本教研”案例

（一）现场体验

主持人：快乐大本营是孩子们比较喜欢的一个区域，我们投放了许多开放性的活动材料，例如：各种梯子、各类木制玩具等。经过观察，发现孩子们在玩了一段时间之后，快乐大本营的玩法越来越接近于建构区（孩子们的社会性角色意识更强），缺少了一些运动性、社会性等的元素。因此，今天的教研活动内容是如何提升快乐大本营的运动等功能，让我们的活动区——快乐大本营真正“动”起来。我们以年级组的形式进行教研，老师们可以现场体验，边体验边研讨。

请各年级组教师扮演孩子的角色，边商讨边搭建，搭建完成后，老师们可以进行现场体验，也可以请孩子们一起来体验你们的作品。半个小时之后，请各个小组派出代表进行分享。

（二）各年级组分享教育智慧

小班组代表分享：

一是利用木板、圆柱体、拱形门搭建出各类游戏区：推着小车过木桥、在木桩上S走平衡、从梯子底下的海绵垫上钻爬过去。

二是根据孩子的能力强弱搭建出高低不同层次的游戏场景，邀请几位小班组的幼儿进行尝试，体验搭建的难易程度是否适合多数幼儿的能力及发展水平。

三是利用搭建的作品开展“娃娃家”“小超市”等社会性游戏活动。

中班组代表分享：

一是教师利用各种梯子、木板搭建成高低不同的通道，为不同能力、不同水平的幼儿提供难易程度不同的游戏场所。

二是与三轮车、滑板车相结合，增加游戏的趣味性，可以骑三轮车（或趴在滑板车上）从最下面的通道顺利通过。

三是教师可与幼儿进行高架桥下的骑车比赛等活动。

大班组代表分享：

一是教师利用各类梯子、木板搭建成高矮不同的高架桥（带有斜坡），更富有挑战性，更适合大班组的孩子们进行游戏。

二是竹梯、木梯与拱形门有机结合，让孩子们在不断地挑战中增强自信。

三是教师在自行体验的同时，邀请部分大班幼儿尝试用不同的方法走过高架桥，体验难度是否合适。

主持人小结：刚才不同年级组的教师分享了教育智慧和策略，大家能够根据不同年龄段的孩子搭建出高低不同水平的游戏场所。在体验的过程中发现孩子们的运动能力、灵活程度以及勇敢精神超出我们的想象。同时我也在思考一个问题：教师们真正放手的时候，孩子们是否会充分利用这些活动材料，搭建出他们所想要的游戏场所，并且能够运用这些场所进行自主游戏，使其自主性得到充分的发挥呢？这也是我们在接下来的游戏活动中需要关注的一个问题。

今天的研讨活动，大家共同商讨、亲身体验、交流分享，相信会给快乐大本营以及其他所有的老师们一些启示，让我们的快乐大本营活动区真正动起来。

图 1　小班组教师边体验边研讨

图 2　大班组教师创新尝试

图 3　中班组师幼共同体验

图 4　体育老师小心翼翼体验

"基于如何更加便捷的收整游戏材料的问题体验式园本教研"案例

（一）提出问题

主持人：各位老师，大家好！

搭建梦工厂的材料比较丰富，种类较多，大部分是木制的积木，同时还投放了一些废旧物品，如易拉罐、奶粉桶、纸箱、泡沫垫等，为了满足游戏需要还有梯子、滑板车等辅助器械，材料为游戏提供了很好的支持，但是这么多积木和材料整理起来也不是一件小的工程，虽然我们放置了明显的归类标识牌，然而还是耗费很多的时间，整理环节存在一些问题。孩子们的游戏活动接近尾声，下面我们一起看一看整理器械和积木收整的活动现场，到底存在哪些问题，有没有好的解决办法。今天我们分成黄队和绿队两组，这里有两块题板，上面分别有不同的标志符号，它们代表了个体在团队中不同的角色担当，例如：“狮子”代表组织者，“笔”代表记录者，“话筒”表示发言人，“小手”代表参与者。

观察记录，观摩幼儿收拾积木的现场。老师们重点观察记录幼儿的收整方法、活动状态、是否有合作等，也可以一边观察记录，一边讨论。寻找并提出问题、互商解决策略。

（二）梳理发现的问题

黄队：部分幼儿积极性不高、边玩边收拾；收拾方法不够巧妙，缺乏技巧；收拾材料过程中存在安全隐患。

绿队：整理过程速度较慢；部分幼儿任务意识较弱。

（三）讨论解决策略

黄队：分组分类收整游戏材料，大玩具直接运回区域，小玩具装箱收整。

绿队：以孩子所玩的区域为主就近收整；以最后就近区域的孩子进行分组，如男孩组和女孩组等。

（四）小结提升两种整理积木的方法

主持人：凭借生活经验，老师们提了很多好的方法和小技巧，有两种比较可行：

一是“分类整理”，每个小组对应收取固定形状的一组积木，例如大班值日生里的一组幼儿收取正方体积木，二组收取圆柱体积木等。

二是“就近整理”，顾名思义，先收拾自己附近的小片游戏场地，然后成辐射状依次收取。

到底哪一种方法更加便捷呢？接下来我们就选择两组老师和孩子现场实

验一下。每组的积木同样多，每种形状的积木各有20块。在放置了同样数量积木的两个游戏现场，每一队各有5名老师和5名孩子共同参与收整。

（五）现场验证，得出结论

一是黄队分组分类整理法用时6分52秒，绿队就近收整用时6分44秒，所用时间较为相近，效率对比也相差无几。

二是大家一致认为两种方法互为补充较为合理，在就近的游戏区域，先分类后收整，这样的方法会更加有效和便捷。在这个过程中，我们发现一些比较省力的办法，如可以充分利用轮胎车、滑板以及收纳篮等辅助工具，这些小技巧会给我们带来很多便利，小技巧蕴含着大智慧。相信在我们老师的支持和引导下，孩子们会逐渐掌握一些收纳的技巧，快速而省力地将积木送回“家”，从而养成快速整理的好习惯。

五、分享式园本教研

分享式园本教研是一种直接、便捷、高效的园本教研方式，教师将对特定教育情境下发生的事件、幼儿的行为、教师的观察解读以及指导策略等向学习者进行分享，使学习者在相同的教育情境中，直接学习、了解分享者的教育智慧和策略，学习用理论知识、同伴经验观察记录幼儿的学习活动，分析幼儿的学习行为，并及时提供适宜的教育策略，不断提升教师专业素养和能力。

“基于提升教师撰写学习故事能力的案例分享式园本教研”案例

（一）抛出问题，说明研讨主题

主持人：今天咱们开展园本教研活动，主要是想提高教师撰学习故事的能力。教师在描写幼儿游戏行为的时候，采取什么方式进行描写、如何抓住关键行为和细节，教师如何解读幼儿的行为，何时介入，采用什么方式介入，介入之后如何指导……今天请薄娜娜老师为大家分享一篇她的幼儿学习故事《一起搭建我的电视塔》。

（二）分享学习故事，解读关键节点

【分享幼儿学习故事】《一起搭建我的电视塔》

在搭建梦工厂里，孩子们熟练地搬动着搭建材料，一部分孩子最先选择大型积木（他们已经习惯用大型积木打地基和做最基础的主体构造）。不一会儿，场地上四散出现了一些材料的堆积，很快小组内的孩子们不约而同做出了分工，有的孩子负责搭建，有的孩子负责搬运，每个小组搭建的作品各不相同。作品的主体框架已具雏形，他们又选用了小型的积木块进行装饰和美化。40 分钟以后，幼儿的作品接近完成，有房子、移动书店、抽奖机、小兔之家、赛车、复式小楼、大炮等。之后，他们根据不同的场景进行角色自居以及表演游戏，并自发地相互观摩和互助，甚至参与到其他场景中担任角色进行游戏。

圣涵和博闻共同搭建的房子还没有完成房顶的搭建，美琳完成了她的“复式小楼”之后过来帮忙。房顶的斜面搭建非常艰难，长板总是滑落下来，反复三次依然没有成功。看到他们无助的样子，一直在旁边观察的我走上前去，引导他们仔细观察斜板怎样才不会滑落下来，于是孩子们尝试在房顶上压板子、减小斜板的坡度、用绳子固定等多种方法。美琳拿起一块条形积木放在了屋顶斜板的前方，斜板终于不再滑落了。房子建好了，圣涵高兴地钻进房子里。

场地的另一边，俊宇和几个孩子商量着要搭建一个“电视塔”，俊宇对清风湖畔的电视塔很感兴趣，他说：“我仔细观察了电视塔，高高的、下面粗，上面细……”（近期班级开展与春天相关的主题活动，在老师的提议下，家长利用周末时间和孩子们一起参加了开心亲子游活动。今天孩子们的游戏内容很大一部分来自于出游活动。游戏是生活经验的再现这一论断得以验证）。

他们采用了架空和垒高的方法，不一会儿时间，“电视塔”的框架基本完成，这种方法搭建出的作品空间感较强，同时也节省了不少材料。

俊宇搭建每一块积木都很仔细，左看看右看看，认真目测、对齐和放平，上半部分选用了短一些的积木材料。10分钟后，“电视塔”已初具规模，下粗上细的形态逐渐展现出来。

泽华在“电视塔”的一侧立上了梯子，并抱着一块木板爬了上去，这时俊宇也迅速跟从着爬到了梯子上，两个孩子发生了争执，俊宇要求泽华下去，不要参与自己的搭建。泽华并没有放弃，他从梯子上下来之后，约上洋洋搬着梯子转到了“电视塔”的另一侧，试图再次参与到搭建中，这时俊宇又迅速搬着一块长板走了过来，一边用长板敲击着梯子，一边大声喊道：“走开，走开，快点走开!”无奈之下，其他小朋友只好搬着梯子挪开了。

俊宇吃力地登上自己用三块圆柱垒好的两级台阶，将长板举过头顶，经过一番努力，将长板放了上去。这时，他已经满头大汗、筋疲力尽，走到了一旁，暂时停止了游戏。

我趁机走过去，和俊宇展开了这样一段对话：

老师：你可真有劲，能把那么重的积木搭那么高。

俊宇：好累呀，现在已经没力气了。

老师：那你为什么不借用一下别人的力气呢？你的朋友一直想帮助你。

俊宇：我怕他们把我的“电视塔”弄坏了。

老师：他们是因为喜欢你的“电视塔”，才那么想帮助你，所以，你不用担心，大家一起会更省力的。

(原来，不接受他人帮助的真正原因，是心底里更加珍视自己的劳动成果。这个过程中，老师并没有急于告诉孩子怎样做，也没有急于引发孩子的合作行为，而是给予孩子充分的时间，让他感受独自搭建的“艰辛”，以便于更能理解“同伴合作”的真正意义，老师的静观和等待，是为了让合作交往

变成一种自发自主的行为）

俊宇接受了我的提议，开始接纳其他孩子的参与，他说：“我是队长，你们都得听我的。”俊宇开始分配任务，其他孩子顺从地遵守了他的分工，他在小组中的主体地位逐渐凸显出来。

小伟负责传递材料，他说：“这是给大王的，这一块是给大王的。”（因为游戏的发起者是俊宇，因此在小伟心中俊宇就是大王）俊宇说：“你先让泽华拿着，我在调整木板的距离。”

“电视塔”不断升高，吸引了更多孩子的加入，俊宇想在“电视塔”顶上插上一面旗子，可“电视塔”是中空的，怎么办呢？

俊宇：老师，你能帮助我们吗？

老师：你们仔细观察一下中间的部位，你可能会看出问题。

俊宇围着“电视塔”转了几圈，来回打量，最后钻进里面，一会儿开心地从塔的侧面爬了出来。

俊宇：我有办法了，这块薄薄的木板终于派上用场了！他扬了扬手里的木板。

他们很快用七块薄薄的木板为“电视塔”封了顶，并把一面旗子插在中间两块木板的缝隙里。他们欢呼雀跃，并大声喊道：“我们胜利了！”话音未落，旗子掉了下去。小伟钻到“电视塔”里面，把旗子举了上来，他们再一次把旗子插在木板中间，并用力把木板往中间推了推，但是，依然没有成功。他们将求助的目光转向了我。

老师：我觉得你们可能缺少一个插旗子的底座。

俊宇：那我们就用大圆墩子做底座吧，老师，你能帮我们往上运圆墩子吗？

（这次，面对孩子的求助，我欣然答应了，并及时提供了帮助。因为通过观察和分析，我发现圆柱木桩非常重，一些孩子试图举高递给俊宇，但是由

于力量不够失败了）

“电视塔”上细下粗及错落有致的层级搭建，形成了每一侧面的“楼梯”形状，孩子们争相在上面爬上爬下。

俊宇再一次和同伴发生了冲突：“那不是楼梯，不能爬。”“那楼梯在哪儿呢？”其他孩子一起问。

俊宇很快意识到了自己的情绪问题，不再大喊大叫，他建议利用梯子充当楼梯。孩子们选用了大型宽梯，五六个孩子同时搬运，勇敢的小美在梯子的最前面，她两个胳膊高高举起梯子，试图把梯子的前端架在“电视塔”侧面的横板上，但由于梯子后端的孩子也把梯子举得很高，导致计划失败。几次之后，俊宇发现了失败的原因，他大声说：“后面的小朋友别举高，这样梯子就能立起来了。”终于梯子稳稳地架接到电视塔的木板上。他们用同样的方法在“电视塔”的其他三个侧面，安装上了“楼梯”。一座像模像样的“电视塔”终于建成了。最初属于俊宇一人的搭建，变成了大家共同的快乐。

（三）及时总结经验，提升专业素养

主持人：今天通过薄老师为大家分享幼儿学习故事，使大家进一步掌握了如何撰写好的幼儿学习故事，希望大家能够用心观察幼儿游戏，发现幼儿的需要，适时介入，提供支持与帮助，推进幼儿游戏的深入开展，帮助幼儿不断获得新的经验。

第五章

生态健康环境

如果说每一个幼儿都是一粒种子，位于生态教育圈的正中央，那么生态环境则如同阳光、空气和水分，它用唤醒生命的姿态，温润着、鼓荡着、催生着种子的萌芽。生态环境表面上静默无言、不迎不拒，但它内在蕴含释放的化育生命之力量，幼儿听得见，种子听得见。

第一节　打造生态化的户外游戏环境

《幼儿园工作规程》中明确提出：幼儿园应当将环境作为重要的教育资源，合理利用室内外环境，创设开放的、多样的区域活动空间，提供适合幼儿年龄特点的丰富玩具、操作材料和幼儿读物，支持幼儿自主选择和主动学习，激发幼儿学习的兴趣与探究的愿望。

我们认为：幼儿园的户外区域环境应该是自然的、趣味的、开放的、整合的、具有挑战性和创造性的，我们将户外活动环境的创设与课程开发、资源利用、幼儿发展有效链接、紧密结合，引发幼儿与环境积极有效地互动，促进幼儿户外区域自主游戏的深入开展及幼儿身心的多元发展。

一、户外游戏环境的创设原则

环境不仅是幼儿园课程生发与实施的载体，而且是幼儿园形象和品质的展示。作为幼儿园园长，重视户外环境的创设，就是重视自己教育理念和文化的外化，重视幼儿园的品牌形象建设，重视幼儿园特色建设与发展过程，因为环境是幼儿园教育理念、教育内涵、教育特色的最本质体现。环境可以成就教育，成就儿童的发展。

幼儿园并不仅仅是让孩子玩的场所。要使幼儿积极、主动地开展游戏活动，充满魅力的游戏环境是必要的保障。也就是说，要让幼儿充实、有效地开展游戏活动，环境构成是关键。为了开展幼儿自主性的活动，教师必须摒弃“让幼儿活动”这一概念，创设使幼儿能够自主活动的情景，这种情景创设及环境创设实际上就是教育活动，是一种隐性的课程。

（一）关于环境的设想

每一名园长，会有一个理想幼儿园的梦想。这个梦想里既有适宜外显的课程、优秀的师资，也要有适宜内隐的环境发挥润物细无声的作用。环境包括人的环境和物的环境。在充满温暖的人文环境里，教师感到幸福愉悦，幼儿感受到温暖、亲切与放松，拥有家一般的和谐与温馨。物的环境是幼儿园管理人员及教师共同为幼儿创建的物化的生活学习环境，包括室内环境、公共环境和户外环境。室内环境要满足幼儿多元有品质地学习和生活；公共环境要让幼儿感受园所文化的丰富充实，使幼儿在文化的美好浸润下，潜移默化地感受美、欣赏美，不断提升文化审美能力；户外环境要让幼儿感知大自然的奥妙多变、生态自然、充满野趣，让孩子们有机会亲近自然，触摸自然，在自然中感受天空的辽阔、白云的瞬息变化，气候的多元变化，倾听大自然的声音，触摸黄土地的柔软和厚重，让孩子们与大自然建立链接，让人之初的儿童回归大自然，从自然中汲取健康成长的养分，获得积极向上的力量，让“童年”这一词不仅仅停留在生物学意义上，让孩子们回到自然中享受游戏，生发游戏，唤醒童年应有的灵性和本真，在享受自主游戏的过程中促进身心健康和谐发展。

（二）关于户外区域环境创建的原则

环境是幼儿园的隐性课程。我园本着“整体规划，自然生态，开放多元，趣味挑战，安全实用，艺术教育”24 字原则，整体规划户外环境，巧妙整合有效空间，打造立体化、多维度的健康教育环境，进一步激发幼儿运动兴趣，为开展幼儿健身怡情运动、自主游戏奠定了坚实基础。

一是整体规划性原则。我园占地面积 22345 平方米，户外活动场地 15940 平方米（含上人屋面），生均 22 平方米，有着开展健康教育得天独厚的条件。在户外环境的创设中，结合幼儿动作发展需要，2012 年创建了跑跳区、钻爬区、攀爬区、投掷区及游戏场地，户外环境中既有幼儿参加大型活动的塑胶场地，又有适合幼儿欣赏、观察、记录、挑战的自然环境。随着自主游戏活动的开展，我园进一步因地制宜、科学规划户外场地，创建了森林乐园、搭建梦工程、快乐大本营、快乐表征、空中乐园等13个户外活动区域，并根据每个区域的特点，创新设计，专项定制，配置了不同结构的活动器械与游戏材料，赋予每个区域不同的功能，使每一个空间、每一个区域、每一件器械及材料都发挥最大效用，促进幼儿完整成长。另外，在充分挖掘户外运动空间的基础上，我们善用心思，巧妙整合，有效拓宽室内活动空间，实现了室内环境整合开放，室内户外有效结合与互补。开设了形体训练室、感统训练室等具有运动功能的用房，并配有相应的活动器械，开设微型活动课程，确保幼儿一年四季都有良好的运动场所进行有效锻炼；利用门厅和公共区域内墙，安装地图攀岩、海洋球池等，巧妙拓展室内公共区域空间，实现了活动环境的整体性。

二是安全实用性原则。安全性主要表现在场地、设施设备、游戏材料等方面。3～6岁幼儿动作发展不完善，自控能力比较差。为确保幼儿活动安全，我园在场地建设方面采用塑胶、草坪与土地、沙地并用的原则。塑胶场地采用国家最新标准的材料进行铺设，安全、绿色、环保且实用合理。同时，在户外场地上留有很多松软而干净的泥土地、沙土地、自然草地等，体现场地的多元化，让幼儿感受体验，确保幼儿活动安全，也适合幼儿的发展需要。在设施设备和游戏材料的配备方面，均采用正规厂家生产、带有安全标识、符合国家规范要求的产品，使之成为幼儿真正喜欢的运动设施，而不是一件摆设。另外，安全小组成员定期或不定期进行检查，安排专职维修人员进行修护，为幼儿的安全使用提供了保障。

三是开放多元性原则。开放的户外空间和玩具材料是保障幼儿自由、自主活动的基础。户外区域在空间规划及玩具材料投放上充分考虑幼儿自由选择和自主游戏的可能性，比如，户外活动区域空间的连续性、流通性、整合性有助于幼儿从一个区域转换到另一个区域，玩具材料的取用、收纳、整理和摆放有助于幼儿自主意识的形成等。同时，户外环境应有助于课程的实施和生成，我园根据园本课程的理念和特色，因地制宜地创设具有地域和园本特色的户外环境，注重户外区域功能的多元化和层次性，既考虑教育目标和教育过程的需要、各个户外区域运动、社会性交往、发散思维、创造能力等不同教育功用的需要，又考虑大中小各个年龄段幼儿能力的差异性、性别的差异性以及同年龄同性别幼儿个体的差异性等，充分体现户外活动区域的丰富多元，活动材料的开放适宜，满足全园幼儿的活动需要。

四是自然生态性原则。户外活动场地很重要的功能之一就是为幼儿提供一个亲近自然、感受自然变化、沐浴阳光和空气健康成长的空间。因此，户外环境的创设要保留自然、生态的元素，使之充满野趣。如，我园在南边场地规划种植了桃树园、苹果园、山楂园、柿子园以及各种遮阳防尘的粗壮法桐大树等，使幼儿在欣赏中学会观察、记录、采摘与分享，感受季节更替与万物生长，感受生命的成长变化，感受大自然的神奇莫测。

五是趣味挑战性原则。兴趣是最好的老师，幼儿的学习是在反复与环境的互动中习得的。因此，创设趣味性的户外区域环境是园长和教师必备的专业素养之一。好的户外运动区域可以使幼儿百玩不厌，在潜移默化中提升各种能力。另外，随着幼儿年龄的增长，能力的提升，大班幼儿越来越喜欢富有冒险性、挑战性的项目。因此，为幼儿创设一些富有变化、充满创意、富有挑战和一定冒险性的环境，使幼儿在挑战自身能力极限时，调动一切已有经验面对问题、解决问题，这就是幼儿学习与发展的真实过程。但是必须要说明的是，冒险性和挑战性的环境必须要绝对安全，杜绝所有的安全隐患，不能因为幼儿喜欢挑战，便盲目创设一些冒险和超越幼儿发展水平的项目与设施。

六是艺术教育性原则。审美教育渗透在幼儿教育的方方面面，环境是美育的重要途径。幼儿美的感受力是通过具体的环境潜移默化提升的。户外环境中色彩的搭配、图案的选择、空间的设计、诗性的创意等，无一不体现着美、艺术与教育。另外，我们的教育目的是培养全面发展的人，户外环境的创设要具有目的性、教育性，而不是任性而为，如，结合幼儿臂力较弱的问题，我们运用动力原理，设计了专门练习臂力的索道装置、升降轮胎车、吊环等，使幼儿在兴趣盎然的游戏中锻炼了臂力，发展了大肌肉力量。

二、户外游戏活动的育人价值

（一）户外活动促进幼儿学习

一是适于幼儿亲近自然。意大利幼儿教育家蒙台梭利说：“只要准备一个自由的环境来配合儿童生命的发展阶段，孩子们的精神与秘密便会自发地显现出来了。”大自然是上天赐给孩子们最好的礼物，走进大自然，孩子们每时每刻都会与自然进行链接，都能找到属于自己的天地，倾听鸟儿的歌声，触摸大自然中的自然物，嗅闻不同季节下自然的气息，观看四季自然风光。孩子们不断地与外界环境进行互动，不断吸收刺激物，进行存储、排序、分类、整理，最终形成自己身体的一部分。如，我园的野战训练营，它位于幼儿园南场地的树林之内，面积约1500平方米，呈长条状，整个场地被绿树、草地覆盖。春天小草发芽，树木吐新；夏天绿树成荫，鸟唱虫鸣，郁郁葱葱的草坪铺地而生；秋季果实压枝，黄叶飞舞；冬季来临落叶铺地宛若驼色毛毯。地势有高低适中的土坡与钻洞，也有平整的林荫大道，植被有高低不同的灌木丛林，更有承载起孩子们快乐游戏的粗壮大树。孩子的成长是不断地借由一个个游戏来实现的，在自然的条件下，他们自发性地去游戏，在这个过程当中，他们是那么专注、平静、敏锐，不断与材料进行互动，进而发展自己。

二是适于幼儿深度学习。良好的户外环境，不仅可以用来观察大自然，让大自然成为共同学习的课堂，而且可以开展体育运动和自主游戏，既能支持幼儿广泛的自主学习和探究活动，又能引发幼儿的深度学习。如，幼儿对植物、动物、季节变化等的观察，本身就是很好的科学学习活动。幼儿在户外活动时面对很多的困难和问题，在独立解决这些问题的过程中，要学习观察、尝试、对比、分析、推理等，潜移默化提升各种能力与认知。同时，幼儿期是大脑发育最为关键的时期，充分的身体活动是大脑良好发育的基础，通过良好的身体运动，可以激发幼儿心智的全面发展。

孩子们在充满趣味的户外环境里，感觉更放松、更愉悦，这种在空间和管理上都相对开放的环境，会让幼儿的学习更有效。户外环境因为它独特的空间、四季的轮回、万物的变化会让幼儿的学习更富有变化，会让幼儿的学习更加有效、更加自主，充分满足幼儿的模仿与想象，探索与发现。

可以说，户外游戏活动是目前幼儿园课程建构的新支点，它体现了多元课程的新理念与发展趋势。

（二）户外游戏活动实现课程生发

优质的幼儿园户外环境是幼儿的游戏场、运动场、社交场和科学探究园地，它是课程实施的物质基础，同时也是课程生成的发源地。只要教师是一个有心人，具有一定的课程意识，语言、科学、数学、音乐、美术等各个领域的活动就可以不断生成，如，我园薄老师针对孩子们提出的“我们幼儿园有多少棵大树”这一问题，抓住教育契机，组织孩子们进行了计算、测量、分析、统计等，生成了课程“数数大树有多少”的教育活动；许老师、窦老师利用户外资源，根据孩子们的生活经验和兴趣，生成了“战地医院”“炊事班的故事”等幼儿学习故事。

这样的课程既满足了幼儿的兴趣和需要，又实现了《3～6岁儿童学习与发展指南》提出的各领域的发展目标。

（三）户外游戏活动促进幼儿整体发展

意大利著名教育家蒙台梭利认为，环境就像人的大脑一样，影响着人的整体发展。因此，环境是“第三位教师”。创设环境是幼儿园教师重要的工作之一，也是体现幼儿园教师专业素养高低的途径之一。良好的户外环境应顺应幼儿的天性，满足幼儿的多种需要和兴趣；良好的户外环境应诱发幼儿的生成游戏，利于实现课程目标，促进幼儿的全面发展。正如华东师范大学华爱华教授所说，游戏反映发展，游戏巩固发展，游戏促进发展。所以，良好的户外环境能有效承载幼儿的学习和需要，承载幼儿实现最好的发展，是提高幼儿园保教质量的物质基础和基本保障。

在生态、自然、开放、创新的户外环境中，幼儿自由选择游戏材料、自主生发游戏内容，呈现出多种多样的游戏状态。如，表现性行为、重复性行为、尝试性行为等，均反映了幼儿不同的游戏水平。

表现性行为是幼儿游戏的一个重要特点。游戏是幼儿已有经验的表现活动，也就是说，游戏往往是幼儿力所能及的活动，每个孩子都在他们自己的水平上玩，他们不会选择难度过高于自己能力的活动内容。他们在选择玩伴时，也往往是寻找与自己水平相当的伙伴一起玩耍，所以观察孩子游戏中的语言、动作和社会合作行为，就能看出他的发展水平。这正是皮亚杰关于“游戏是一种同化行为”的观点，游戏水平与发展水平同步，不同发展阶段的儿童有不同的游戏行为。正因为此，游戏成为我们了解幼儿发展水平的一个窗口。

游戏巩固发展表现在幼儿游戏的“重复性行为”上。“重复性行为”是幼儿游戏的一个明显特点，我们可以看到，当幼儿刚获得一种新的经验，或者刚学会一种新的技能时，他们就会通过游戏反反复复、不厌其烦地重现。比如当他们刚接触一种新玩具和新材料时，就会不断地重复这种玩具和材料的玩法，直到完全掌握。这表明，游戏具有一种自发练习的功能，只要幼儿还在重复某一行为，这一行为就是幼儿正在发展过程中的某种知识和能力，他的每一次重复，对掌握和巩固这一知识和能力都有极大的意义。当他不再重复某种行为，或某一种玩具材料已经玩腻，说明这一行为已经得到了充实和发展，或这种玩具材料对他发展的潜在价值已经基本实现。从这个意义上说，那种一玩就腻即幼儿不愿意重复去玩的材料，对他发展的潜在价值不大。也充分说明，户外自主游戏为幼儿提供了自发练习的机会。

“尝试性行为”是幼儿游戏的另一个常见表现。根据维果茨基①的观点，儿童在游戏中往往不满足于已经达到的行为水平，他总是以略高于日常的水平来尝试新的游戏行为。比如，滑滑梯游戏，当幼儿对于爬上去、滑下来这个动作已经玩得很熟练了的时候，他便不满足于已有水平，开始尝试一种新的滑滑梯方法，或许不再从楼梯爬上去，而是从滑板这边攀上去，或许不再正着滑，而是趴着滑。当儿童小心翼翼并成功尝试了新的玩法后，他便又开始重复，直到玩腻，这种新的行为水平得以巩固，于是又开始新的尝试。这充分诠释了游戏能够促进幼儿的发展。

正如维果茨基①所说，游戏是儿童自己创造了最近发展区，儿童在游戏中是小步递进地自我发展的。

①［苏］维果茨基：（Лев Семёнович Выготский，Lev Semenovich Vygotsky，1896～1934年），著名心理学家，提出“最近发展区”的儿童教育发展观。他认为儿童的发展有两种水平：一种是儿童的现有水平，指独立活动时所能达到的解决问题的水平；另一种是儿童可能的发展水平，也就是通过教学所获得的潜力。两者之间的差异就是最近发展区。

第二节　营建孩子们喜欢的游戏场

孩子们喜欢什么样的幼儿园，喜欢怎样的生活学习环境，喜欢怎样的户外游戏环境，作为一名有经验的园长，不用问，从幼儿游戏时的状态、脸上的表情就能读懂。当然，专业的幼儿园管理者，并不是幼儿喜欢什么，就提供什么，而是要结合幼儿的年龄特征、认知特点、教育规律等提供适宜的学习生活环境和游戏场所，满足幼儿的发展需要。那么怎样做才能既让幼儿喜欢，又能促进幼儿的发展呢？在环境的创建过程中，我们应时刻铭记幼儿时期的主要任务是什么，幼儿阶段的年龄特点是什么，幼儿的学习方式是什么。只有基于这样的思考创建的幼儿园，孩子们才会喜欢，才会百玩不厌，也才会在玩耍中愉悦身心，在潜移默化中实现多元发展。

在幼儿游戏场的创建中，我们立足幼儿视角，一切从幼儿需要出发，使幼儿所遇见的所有环境都是美好的，时时感受来自老师的科学之爱，处处体验来自同伴的欣赏之爱以及操作材料带来的快乐游戏、探索发现。幼儿游戏场不外乎三个场所，室内环境、公共环境以及户外游戏环境，而所有的环境中都有教师和玩伴，物质的环境和精神的环境组成了一个完整的环境系统，一个每一处地方都隐藏着游戏踪影的地方。它安全、温馨、自由、舒适、自然、朴实、和谐、鲜活、合作、互动、充满关爱、平等、有交流、有序、有准备、有生命感、有季节性。室内环境满足幼儿多元有品质地学习和生活的需要，使物质的身体和精神的人一起成长；公共环境让幼儿感受园所文化的丰富充实，在文化的美好浸润下，潜移默化地感受美、欣赏美，不断提升文化审美能力；户外环境让幼儿感知大自然的奥妙多变、生态自然、野趣开放，让孩子们有机会亲近自然，触摸自然，在自然中感受游戏，生发游戏，唤醒童年应有的灵性和本真，在享受自主游戏的过程中促进身心健康和谐发展。

一、拓展多元化室内运动空间

在科学配置室内活动区域满足幼儿多元化学习的基础上，我们将目标定位在开发具有运动功能的室内活动场地。

一是设置具有运动功能的用房。东营市大部分时间气象条件基本正常，但个别时段会出现大风、冰雹、高温、干热风、干旱、雾霾等灾害性天气，给人们运动、健身等生活带来不便。经过多年的探索与实践，根据幼儿发展和特色课程建设的需要，我们设置了形体室、感统室、跆拳道兼武术室、五子棋馆、乒乓球室等，并配有相应的活动器械，安排园内与社会优质师资，开设轮滑、形体训练、乒乓球等微型活动课程，丰富了园本课程，确保了孩子一年四季都能在适宜的运动场所中进行有效锻炼，从而推进了特色课程的发展。

二是巧妙利用室内公共区域。对室内的公共区域进行设计，巧妙利用游艺室外墙、南门厅空间，安装了中国与世界地图攀援墙、海洋球池，拓展了室内活动空间。如海洋球池在设计上力求给孩子强烈的视觉效果，周围墙面是一幅以“海洋世界”为主题的手绘画，顶部安装了浅蓝色格栅，悬挂的各种海洋生物与五颜六色的海洋球遥相呼应。孩子们在海洋球池中捉迷藏、玩游泳，纵跳触摸悬挂物，老师们管这叫“空中摸鱼”，孩子们喜爱至极，流连忘返。

二、创设温馨和谐的心理环境

在促进幼儿身体健康发展的同时，我们注重幼儿心理健康的发展。积极创设引发性、支持性的公共区域环境与互动性、鼓励性的室内心理环境，建立和谐的师幼关系，打造了适宜幼儿心理健康发展的生态环境，使每一个角落都育人，每一面墙壁都说话，发挥每一寸空间的教育功能，从而陶冶了幼儿情操，促进了幼儿和谐发展。

一是创设引发性、支持性的公共区域心理环境。公共区域的心理环境以“我健康，我运动，我快乐”为主线，分区域设置，一楼以“激发运动兴趣、展示运动成果”为主要内容，创设运动长廊。长廊的顶部与底部玻璃上用七巧板拼成的运动项目图案相互呼应；“同一个世界，同一个梦想”图片墙，把世界冠军的照片和我园幼儿的照片巧妙组合，激发孩子的成长梦想；“小小运动冠军”是我园各种运动项目的冠军，项目的设立为孩子们提供了一个展示自我的平台，同时也激励孩子不断超越自我；器械玩法展示墙的“一物多玩，创意无限”，展示了轮胎、篮球、铁环、皮筋等器械的多种创新玩法以及幼儿与器械的良好互动，是我园健康教育成果的缩影，也较好地诠释了环境育人的教育理念。二楼以“学会管理情绪，快乐游戏生活”为主要内容，创设心理故事长廊。“中国第一套儿童情绪管理图画书”中的温馨故事布置在走廊墙壁上，可爱的故事形象、智慧温馨的语言，成为老师和家长引导幼儿了解并学会管理自己情绪的生动教材，孩子们从这些故事中学会爱，学会喜欢自己及认同别人；身边幼儿的一张张可爱、稚气的笑脸，形成爱与快乐的氛围，时时引导、暗示幼儿保持快乐的情绪，高兴来园、快乐生活。

二是创设具有互动性与鼓励性的班级心理环境。各班根据实际设置心情栏，建立情绪发泄区，记录幼儿心情、了解情绪变化。每天幼儿入园的第一件事，就是来到这里根据自己的心情进行选卡（笑脸表示开心，苦脸表示生气、情绪不佳），教师及时观察心情卡及情绪区活动情况，了解幼儿情绪状态，及时采取措施，引导幼儿学会管理情绪，帮助幼儿释放不良情绪。创设“我是小明星，我最棒”等赏识栏目，记录幼儿成长的点滴进步和闪光点，营造赏识、鼓励的氛围，为每个幼儿提供展示优势和获得成功的机会，培养良好的行为习惯，让幼儿在鼓励、赏识中成长，在获得成功的体验中增强自信。

三是在活动中建立温馨、和谐的师幼关系。我们非常追求环境中人的良好关系营造的氛围，这比物质形成的氛围更加重要。老师和孩子、孩子和孩子之间一定是像家人一样平和自然、和谐鲜活，是有合作、有交流、有互动且充满关爱的平等氛围。在这样的氛围中，孩子才能没有压力，不害怕老师，才能很好地与老师合作，老师才能完成帮助者的角色。老师们在幼儿园并不是在扮演教师的角色，而是选择和孩子生活在一起，他们跟孩子之间的关系是平等的。

物质构成的各个活动区域，本身是没有情感的，只有在老师用自己的心灵和思想使它们服务于孩子的时候它们才具有生命力。一个老师用自己的精神内涵可以使整个环境永远充满了勃勃生机和旺盛的生命力，所以幼儿园对孩子最大的影响不仅是物质的丰富性，更是教师与孩子共同构建出来的有灵性的氛围和情感环境。如果教师是有感受力的、有情感的，那么幼儿园整个环境中的工作区域和工作材料就会被布置成对孩子最有吸引力和感染力的模式。教师以关怀、接纳、尊重的态度与幼儿交往，她们的态度和管理方式帮助幼儿形成了安全、温馨的心理环境。教师们用得最多的几句话就是：“你真棒！”“我相信你能行！”“你再试一试，一定能闯过这一关！”“不错，继续努力！”……在教师的鼓励赏识下，幼儿敢于尝试、勇于探索、乐于操作，增强了自信心，感受到了教师的关爱，体验到生活、学习活动的美好与乐趣。

除此之外，老师与孩子融洽的、亲密的、能够给予孩子力量的关系还有一种别样的力量。在老师和孩子建立起良好的情感之后，孩子才能完全接纳老师。只有在孩子接纳老师之后，老师才能成为孩子心目中的权威和榜样，孩子才会自发地去模仿老师，并受到老师的感染和引领。良好的师生关系会织起牢固的情感纽带，这种情感会扩散开来，扩展为孩子与同伴的良好关系、孩子与物品的良好关系。在这样的情感支持之下，孩子们会遵守教室里的群体原则，互相尊重、互相爱护。

李跃儿主编的《孩子是脚，教育是鞋》中芭学园的教师守则对我启发很大，如：

◎在任何时候见到任何一个孩子，都要面带微笑，热情地问好，并将自己介绍给孩子。

◎在没有获得孩子的接纳之前绝不要随意地触摸他。

◎在和孩子第一次见面时，必须谨慎、真诚，要面带微笑以孩子容易接受的态度，表达对孩子的关注和爱。

◎绝不在孩子面前或者背后批评他；也不在孩子不需要时，刻意地表扬他。

◎当孩子接纳你后，和孩子说话，都请使用“请”比如说“请离开”“请等待”……

◎发现有孩子需要帮助时，以商量的口吻与孩子说话：“我可不可以……”

◎对孩子帮助你做的每一件事，都不要忘记说“谢谢”，在你帮助了孩子时，也可以要求孩子向你说“谢谢”。这个时候请直接说“请说谢谢”，而不要用质问句，如“你该说什么呢?”

◎当孩子做出可爱和可笑的行为动作时，不可以当场大笑，或者是打扰孩子。

◎积极地准备一个良好的环境，并持之以恒地管理维护。帮助孩子与环境之间建立相辅相成的关系。指导孩子将每一件用品放在正确的位置，并示范正确的用法。

◎随时协助解决孩子的困难，并倾听回答孩子的问题，在孩子希望你做出回应时，应及时反馈给孩子所需要的信息。

◎当孩子工作出现错误时，不要立刻指出和纠出孩子的行为，让他能在当时或在其后自己发现错误并进行更正。在孩子做出损坏环境、伤害自己和他人的行为时，则必须立刻制止。当你发现孩子的行为不恰当时，你可以直接告诉孩子正确的行为方式，如“来，让我们这样”或“你可以这样”尽量不说“你错了”。

◎孩子在休息、观看他人工作、回想自己工作和考虑做和选择时，都要尊重他，不要打扰他，或者勉强他做任何活动。在你要对孩子说话时请先观察他，必须在恰当的时候对孩子提出你的要求。

◎协助孩子选择合适的工作项目，当你发现一个孩子游离在环境中，你可以说“要我帮你选一个工作吗?”或“我们去一起工作吧”，把孩子引到工作中。

◎以最和善的态度对待孩子，并将你最好的一面呈现出来。要理解“孩子所犯的一切错误都是合理的”。

◎与孩子平等，尊重孩子，孩子也会尊重你……

愿我们的教师能从中受到震撼和启发，并在实践中尝试使用。

三、打造生态自然的户外区域

《幼儿园教育指导纲要（试行）》指出：“幼儿园应为幼儿提供健康、丰富的生活和活动环境，满足他们多方面的发展需要，使他们在快乐的童年生活中获得有益于身心发展的经验。”我园高度重视健康教育环境的营建，将健康教育融入教育环境创设中，整体规划户外环境，巧妙整合室内空间，打造了立体的、多维度的健康教育环境，激发了幼儿运动的兴趣，为幼儿的健康成长奠定了基础。

在户外游戏场地的整体规划创建中，我们统筹兼顾，巧妙设计，周密布局，科学创建，既有便于幼儿开展大型集体活动的塑胶场地和功能性、主题性的活动区域，又有便于幼儿观察、记录、品尝、采摘、分享的百果园，如桃园、柿子园、山楂园、果园以及种植园，更重要的是，还有幼儿能够自主开展游戏活动的 13 个户外游戏区域，使其成为促进幼儿自主学习、快乐运动、创意搭建、探索发现、愉悦身心的重要场所。

（一）创设功能性活动区域

在幼儿园户外场地的整体创建中，我们根据幼儿的动作发展需要，结合教师体育教学的需求，将活动场地合理划分，科学设计，赋予一定的教育功能。如，规划设计了 4000 多平方米的中心活动区，由塑胶铺设而成，对环境既是一种美化，又具有教育功能。场地中心是一个 S 形图形，图形由内到外依次为 20 厘米、30 厘米、40 厘米、50 厘米、60 厘米，满足幼儿 S 跑、立定跳等需要，锻炼幼儿追逐跑、躲闪跑及快速反应能力，提高了幼儿动作的灵活性。带有刻度的游戏场地，方便了体育教师随时观察、记录、分析、评价幼儿的动作发展情况，并不断调整教育行为，科学反馈，家园配合，使更多的幼儿动作发展协调，各种动作顺利达标。在器械区利用不同颜色的草坪铺设，将场地进行有效分割，优化布局为攀爬、平衡、钻爬、跳跃、投掷等活动区域，并将每个区域进行创新设计、巧妙配置不同活动器械及材料，使每个区域具有不同的运动功能，使每一件器械发挥最大的价值，满足幼儿动作发展需要。如攀爬区的设置，我们利用室内外墙体、凉亭等结构，设置三种难易程度不同的攀爬区。第一组利用中国地图、世界地图组成的立体攀爬区，孩子们在较简单的攀爬过程中既了解中国、世界各地的区域位置及名称，又锻炼了身体。第二组多功能攀爬墙巧妙利用教学楼的外墙壁，结合幼儿的动作发展水平，利用轮胎、防腐木、软绳三种材质组成了难易程度不同的多功能攀爬区，每一块区域左右对称，难易程度适合不同年龄、不同动作发展需要的幼儿。两侧软绳攀爬区域，悬挂多条软绳，一条条绳子给幼儿带来无限乐趣——“空中飞绳”“自制安全带”“软云梯”，幼儿在充分锻炼臂力的同时，又体验到攀爬的乐趣；木质攀爬分为两组，一组间隔较大，另一组间隔较小，适合大、中、小班每个年龄段的幼儿练习攀爬；中间是最具有挑战性的轮胎攀爬，大小各异的轮胎，增加了攀爬的难度，对大班幼儿极具挑战性。第三组是利用三楼上人屋面上凉亭所特有的宽阔、顶部隆起结构的特点，悬挂木棍制作的梯子和绳子组成的空中软梯。软绳区域，难度较大，完全没有依附点，需要孩子的综合协调能力配合完成。孩子们在玩的过程中探索出单双人荡秋千、利用软梯练习传球、倒挂金钩、多人合作爬软梯等多种新颖的玩法。孩子们愉快攀爬、快乐游戏，既锻炼了臂力和腿部力量，又发展了创造性思维能力，一举多得。又如“秋千”长廊的设置，在长廊上安装许多高低不等的自制轮胎秋千、长条板秋千、方形板秋千等，具备休闲、运动的功能，孩子们利用巧妙组合的多功能秋千，创造性玩出了坐着荡、站着荡、趴着荡、旋转着荡、攀爬着荡等多种不同的玩法，非常具有挑战性。

科学有序的户外区域，激发了幼儿的运动兴趣，让幼儿在良好的户外环境中充分地自由结伴、自选内容、自主活动。

（二）创设主题性活动环境

在创设功能性活动区域的基础上，我园充分利用面积 15000 多平方米的户外活动场地，继续结合幼儿动作发展需要及“十一五”“十二五”课题开展的需要，优化布局，在把户外场地划分为攀爬区、平衡区、钻爬区、跳跃区、投掷区的基础上，将占地面积 3000 多平方米的树林等绿荫资源拓展利用，把自然因素融入户外活动环境的创建中，在北边的树林中铺设了木栈道，安装了盘丝洞、爬高乐、攀爬柱、小木房、木凳、梅花桩等大中型活动器械，悬挂了小吊床等休闲设施，使之成为一个休闲娱乐的场所；充分利用南树林场地有高坡、有绿草、有大树的资源优势，加大树间距离，投放沙袋、迷彩网、轮胎、梯子等器械材料，孩子们穿梭在林间追逐打闹，从小山坡上爬上爬下，其乐无穷。随着户外区域自主游戏课程的开发与实施，我园进一步因地制宜、科学规划户外场地，把攀爬区、平衡区、钻爬区、跳跃区、投掷区等整合为闯关游戏区，同时创建了森林乐园、搭建梦工厂、快乐大本营、快乐“涂鸦”、空中乐园等13个户外活动区域，并根据每个区域的特点，巧妙配置高低结构结合的游戏材料，不同功用的活动器械赋予每个区域不同的教育功能，使每一个空间、每一个户外区域、每一件器械及材料都发挥最大价值。幼儿活动空间的延伸，使户外活动环境更具有自然性、生态性。

活动环境承载着幼儿的游戏活动。在户外区域活动中，教师根据省编教材主题活动或重大节日、社会事件等，遵循幼儿基本动作发展规律及生理、心理发展特点，追随幼儿活动兴趣，与幼儿共同确定主题内容。户外区域游戏“七十二变美猴王”就是源于省编教材以及大班一幼儿从家里带来的猴王面具和金箍棒，引起了其他幼儿的关注而拓展出来的主题活动。过程中，老师及时有效介入，经过师幼共同商议，生发了“七十二变美猴王”户外区域主题游戏活动，它改变了原来单一的运动，实现了活动的整合性与关联性，激发了幼儿的内在动力。

幼儿是通过游戏进行学习的。老师们以主题内容为主线，结合故事或动画片的内容，设计与主题相关联的情境，让幼儿入境动情，变被动为主动，玩在其中，乐在其中。如，在户外区域主题活动“七十二变美猴王”中，每个区域的情境都围绕“七十二变美猴王”而创设，分别创设了平衡区之“谁是美猴王”、投掷区之“群魔乱舞”、综合区之“美猴王智勇闯关”、钻爬区之“巧夺天梯”等，每个区域情境有效对接，幼儿在开放的区域中感受、体验、收获。同时，教师通过赋予活动任务，以完成任务为目标，激发幼儿活动的内驱力，不断推进幼儿的游戏进程。如，大班平衡区“担担乐”，教师提供呼啦圈、木质钻筒、半月板、平衡木、自制梅花桩、扁担、水桶等材料，创设“我给小树浇水”等情节，幼儿用扁担挑水，走“小桥”、跳“荷叶”、钻“隧道”、爬“高山”、过“小河”等，到达目的地给“小树”浇水。又如“综合运动区”，教师在每个运动器械上进行数字标识，设计并提供“闯关”游戏卡，“小勇士”们取下“闯关游戏卡”，或按照“3—6—1—4—2”或按照“5—7—8—3—1”等不同的数字顺序卡，背负着自己选择的具有一定重量的背包，克服重重困难，连续闯关之后，把胜利的小红旗插到沙池中，顺利完成任务。

另外，教师们根据主题活动开展的需要，注重创新使用器械材料，注重组合功能，探索出“单一材料组合”“固定器械与移动材料组合”的使用模式，让幼儿在器械的不断变化中探索、尝试、运动。一是单一材料的组合。教师尊重幼儿基本动作发展规律，在跑跳、平衡、钻爬、投掷等活动区域中，投放性质相同或不同的材料，幼儿积极参与尝试、拼摆，体验材料组合带来的变化，丰富运动经验。如：大班幼儿在钻爬区“爬长城”活动中，老师和幼儿利用平衡木、垫子、竹梯、木架、轮胎、木凳等活动材料进行组合变化，创设了“山海关”“雁门关”“嘉峪关”“娘子关”等活动场景，让幼儿在主题背景下快乐游戏，锻炼了攀爬、平衡等各种能力，激发了幼儿的爱国情感。二是固定器械与移动材料的组合。固定器械是指幼儿园大中型活动器械，位置固定、不能移动，主要有大中型滑梯、攀岩墙、木质运动长廊、S 网、钻笼、彩虹隧道等。移动材料是指体积小、重量轻、能够移动的运动材料。教师们根据主题内容，把固定运动器械与移动式器械巧妙组合，赋予游戏情境和问题情境，活动不再是简单、枯燥的锻炼和练习，而是在情境中有趣开展。

在开心游戏的过程中，幼儿养成了不怕困难、挑战自我、坚持到底的良好意志品质，促进了身心健康成长。

（三）打造互动关联的户外游戏区域

幼儿园户外区域是根据活动内容对户外空间进行划分的活动区域。一般来说，每个幼儿园根据户外空间大小和园本课程需要，分隔成若干个功能活动区域。这些区域有时候具有单一的功能，有时候具有多种功能；有时候单独使用某一个活动区域，有时候会两个或者三个区域整合使用；有时候由一个班级使用，有时候由多个班级幼儿共同使用。但无论如何安排空间，不外乎五大类型的区域功能，即：运动类活动区、表演类活动区、建构类活动区、美工类活动区、探索类活动区，这些功能涵盖了幼儿发展的五大领域发展目标。

1. 运动类活动区

运动类活动区是指在户外场地上引发的以粗大动作练习为主要内容的活动区域。一方面，身体运动是幼儿生长发育的必需，喜欢运动也是幼儿的年龄特点；另一方面，阳光和空气是保障幼儿健康的自然条件，所以户外运动就成为幼儿园一日生活各项活动中必不可少的一环，每天必须进行。但是，运动性活动区绝不只是孤立地发展粗大动作，而是通过粗大动作的自发练习促进幼儿全面发展。对户外场地的功能区域划分，可以考虑三大要素：发展哪些相大动作，如何提高运动能力，怎样促进运动中的思维发展。运动类活动区一般分为：

1. 固定运动器械区。固定运动器械区是幼儿在固定的大型运动器械上进行活动的场所。幼儿的粗大动作是通过作用于特定的环境发展起来的，那些固定安置的大型运动器械正是按照基本动作练习的需要设计的，钻爬、投掷、攀登、悬吊等都可以通过专门的器械进行练习。幼儿的动作正是在发展过程中，从不会到会，从不熟练到熟练，在器械上的自我挑战中小步递进实现的。

2. 可移动运动器材区。可移动运动器材有两类用途：一类是教师根据发展幼儿某项运动能力的需要，设计或投放能发挥特定功能的器材，如走高跷，袋鼠跳、爬竹梯、走平衡等；另一类是投放能够做各种组合变化的非结构性材料，如球、圈、绳、棒、箱子、板条、轮胎等能够滚动、推拉、抛接的材料，这些材料的价值在于，每种材料有多种玩法，材料之间可以任意组合，具有更加灵活的多功能性。运动材料越具有可移动和可变化性，对幼儿综合运动能力以及运动思维的意义就越大。

3. 自然游戏区。自然游戏区是富有野趣的自然游戏场所。其趣味性主要体现在场地特征的多样性上，如土坪、草地、石子小路、坡地、百草园、百果园、沟渠、帐篷和小屋等。在这样的场地上奔跑、追逐、捉迷藏，能让幼儿体验各种场地特征对身体控制能力的不同要求，比如上坡、下坡，跨越沟渠，绕开障碍物等，使幼儿获得多种运动经验。幼儿园的自然游戏区本身就综合了户外的各种环境特征，能够使幼儿安全有效地体验如何调控自己的身体，机智灵活地避开障碍，发展自我保护能力，从而更好地应对外面世界难以预料的变化。

区域名称：闯关游戏区

目标预设：

✲ 喜欢参加闯关游戏，能根据路线标识牌认真、专注、勇敢地完成闯关游戏。

✲ 能利用系列活动器械自主地进行走、跑、跳、平衡、攀爬、投掷、抓握等各种运动，提升综合运动水平。

✽ 养成乐于挑战、坚强勇敢、互助合作、超越自我的意志品质。

✽ 发展自我管理及规则意识，知道闯关游戏的规则并按规则完成游戏。

✽ 游戏结束后，会按照图示的提示，整理游戏器械及材料。

环境创设：

闯关游戏区创建于幼儿园东南侧场地，面积约500平方米，视野开阔，用塑胶铺设而成。场地中间粗壮的大树围成九宫格状，偌大的树冠与南边遮天蔽日的粗大法桐，为幼儿撑起了一片阴凉地，适合幼儿四季随时展开活动。

材料投放：

多功能大型滑梯、拱形桥梯、横梯、扇形攀爬架、单双杠、投掷架、综合攀爬墙、铁索桥、梯子、吊环、方格网、运动长廊（设有攀爬网、攀爬轮胎、攀爬架，有不同形状、不同材质的平衡吊板以及吊环等）。

区域功能：

该区域活动器械丰富、综合性强，对幼儿综合运动能力的锻炼有很大帮助，幼儿在快乐的闯关游戏中潜移默化提升运动能力，增强身体素质。

“闯关游戏区”以大型综合性运动器械为主，将每一样活动器械用数字进行标识，作为闯关的关口，根据不同年龄阶段幼儿动作发展的特点和个体差异，设计难易程度不一、闯关内容不同、锻炼部位各异的运动路线。如1—2—3—4……，2—5—3—4……，幼儿自选路线标识卡，将若干区域有效链接，形成快乐的闯关游戏，潜移默中发展走、跑、跳、投掷等多种能力。如，吊环、单双杠、投掷以锻炼幼儿上肢力量为主，有效解决在其他关卡中由于跑跳过多引起的疲劳，对幼儿上肢力量弱、悬垂能力不足等问题起到很好的补充练习和提升作用。多功能大型滑梯、拱形桥梯、横梯、扇形攀爬架、综合攀爬墙、铁索桥、梯子、方格网等器械，有利于幼儿综合运动能力的锻炼，对力量、速度、耐力、柔韧性、灵敏性、协调性及平衡性等机能的发展有直接的促进作用。又如，我们根据活动场地的地理位置，设置了曲线形木质长廊，在廊柱间创设不同功用、不同材质、不同难度、隐含不同发展目标的活动器械组合。或利用软绳创设格子型、蜘蛛网型的攀爬网，或利用木杆、铁杆、铁链等创设立体攀爬架；或利用长绳、木板、轮胎等创设多功能的平衡器械；或设置吊环等锻炼孩子臂力，充分体现活动器械的层次性和教育性，满足不同年龄、不同水平幼儿进行攀爬、平衡、投掷等的活动需求。再如，充分利用活动场地中九棵呈九宫格排列的大树，在树的上方用绳网有机连接，使之成为一个整体，网下悬挂高低不同、大小不一、形状各异的五彩塑料桶、塑料瓶，在树与树的间隔处摆成轮胎方阵，或者在树与树中间拴上下两条长绳，使活动场所变得有挑战、有趣味，孩子们可以纵跳打“怪兽”、勇渡“黄河”、智创“关口”等。在游戏过程中，他们自己增加难度，如渡“黄河”时，孩子们双脚蹬住下边的绳索，双手抓紧绳索，并不停晃动身体，他们时而在绳索的一侧，时而会根据两边的幼儿人数不同、重量不对等，导致身体与地面成45度角时，部分孩子赶紧站到绳索的另一侧，调整难度，使绳索两边的重量相当而顺利过关。过程中，培养了幼儿遇事不慌想办法、勇敢坚毅不退却的优秀意志品质。

更为重要的是，幼儿在游戏中，能更加自主地根据个人发展水平和喜好选择不同闯关路线、不同动作难度、不同运动强度项目，提升运动技能，发展基本动作，从而实现了各自在原有水平上的不断提升。

经验分享：

开始时，我们设置的游戏关卡路线一致，出现了运动能力强的孩子重复几纵迎，失去了运动兴趣，能力弱的孩子难以完成整套闯关游戏，缺少成功感，产生挫败感。之后，我们及时调整，根据幼儿的不同能力设计难易程度不同的闯关路线标识卡，引导幼儿自主选择闯关路线，实现个性化发展，在提升运动能力的同时，让每一个孩子体验成功感。在这一过程中，孩子们学会了观察路线图，分析个人运动能力，比对不同路线的运动难度等，培养了理性思维以及勇于尝试、乐于探索、勇敢乐观、坚持不懈的运动精神以及谦让、合作、互助的优秀品质。

区域名称：快乐大本营

目标预设：

✽ 借助梯子、木板等大型建构材料搭建的“作品”进行运动与角色表演，发展幼儿平衡、攀爬、跳跃等动作，促进社会性发展。

✽ 借助斜坡、滑板、小车、轮胎等器械，勇敢挑战新动作，培养创新求异的思维能力和不怕困难的精神，体验与同伴合作的乐趣。

✽ 会主动分类、有序收整器械材料。

环境创设：

快乐大本营活动是一个综合性运动区域，创建于幼儿园主操场中间位置，面积约为1000平方米，用符合国家最新标准的塑胶材料铺设而成，场地平整而富有色彩变化。北面临近各班级，便于各个班级使用和管理；南边临近野战训练营，直径30～50厘米的粗大法桐依次排开，绿树成荫。宽阔的活动场地为幼儿游戏活动提供了空间保障。

材料投放：

活动区以开放性材料为主，如高矮梯子、长短木板、大型积木、人力车、三人自行车、单人自行车、扭扭车、轮胎车、保护垫、轮胎、滚筒等，各种材料按照标识分类摆放。

区域功能：

快乐大本营是极具挑战的自主游戏区域，供两个班级的幼儿自主游戏。他们自由结伴，利用大型梯子、木板、轮胎等进行自由组合搭建，体验合作的力量；他们设计各种宽窄、长短、高低不同、纵横交错的“立交桥”，设立入口及出口，在不同高度、不同斜度的平衡桥上或跑或跳、或攀或登、或滑或走，在运动中发展了平衡、协调、攀爬、跳跃、灵敏等能力，锻炼了其勇敢的意志品质；利用搭建的各种“作品”进行社会性角色扮演，锻炼了语言表达、社会交往及表演能力。

经验分享：

在快乐大本营，幼儿刚开始游戏的时候，梯子、长板、体操垫等材料分类摆放，两个班级幼儿取用十分不便，经常挤到一起，影响了游戏进程；孩子们搬到材料后总是就地搭建，不能充分利用宽阔的活动场地四散搭建，阻碍了其他幼儿活动。教师发现后，把梯子、木板、体操垫等分到两个区域摆放，便于每个班级幼儿自由取用。同时，引导幼儿搬到材料后要到开阔的地方拼搭，并学习运用目测或者测量工具进行测量，到距离摆放材料处约 10 米的地方进行搭建，而不是就地使用。这样一来，幼儿借助梯子、斜板搭建的作品从缩小版到扩大版，充分体现了幼儿心灵的舒展和视野的开阔；他们的游戏从任务性游戏到快乐自主游戏，充分诠释了游戏自主、自由、自发的本质特征；他们在“作品”上运动的技能从生疏到熟练，从独立到合作，充分见证了游戏促进发展的奇特功效。

活动场地上，孩子们可以自由的几人合作抬梯搭成“桥梁”进行攀爬、走平衡；可以骑上各种小车在“立交桥”下或载人或独立自由行驶；可以前拉后推载人轮胎车玩耍、比赛，看谁的力气更大；可以用体操垫子搭起帐篷躲在里面一起进行角色扮演，说悄悄话……

总之，在快乐大本营活动区，幼儿可以自由地拼搭、运动、闯关、挑战、表演、游戏，在与材料的互动中不仅锻炼了身体，提升了运动技能，使动作变得更加协调、灵敏，而且让幼儿有了更广阔的想象空间及动手操作空间，孩子们更加自信、快乐，更喜欢和朋友一起挑战、一起合作、共同进步。

区域名称：宝贝球场

目标预设：

✲ 认识各种球，了解并掌握各种球的多种玩法与规则，激发对球类运动的兴趣。

✽ 在玩球及比赛过程中，锻炼幼儿的腿部、臂力等大肌肉动作，提高手眼协调、身体协调等能力；学会与同伴协商、交流、配合，发展幼儿的竞争意识和合作意识，增强集体荣誉感。

✽ 学会解决球场上随时出现的问题，发展幼儿解决问题的能力及应变能力。

✽ 根据自己的兴趣自主选择球类并创造性玩球，发展创造性思维能力。

✽ 会按照图示的提示，对区域材料进行分类整理。

环境创设：

宝贝球场是一个较为综合的运动区域，创建于南场地西侧，区域面积约为400平方米。场地为专业的球类运动PU材料，平坦而防滑。场地西南侧均种植了法桐、垂柳、银杏树等，绿树成荫，大树下修建了宽宽的木质树池，便于幼儿运动后休息；场地北侧依靠小班部教学楼，专门定制的盛放球类的收纳木箱一字摆开，幼儿可以自由取用、整理、摆放。

材料投放：

投放足球、篮球、曲棍球、脚跳球、羊角球、粘球、皮球、保龄球等不同种类的球若干；投放围栏、球架、收纳篮、收纳箱等，便于开展各种球类运动游戏及比赛。

区域功能：

教师立足于提升幼儿的球类运动水平，根据不同年龄段幼儿的特征，尊重幼儿个别差异，投放各种球类，使活动内容、进度、方法等适合幼儿的身心发展特点和学习需要。幼儿通过自由选球，自寻玩伴，自创玩法，在教师的引导以及同伴的互助下，认识了多种球，探索掌握了各种球的多种创新玩法，实现了独立玩球、合作玩球、竞争玩球等。幼儿在快乐玩球的过程中，提高了动作的爆发力及奔跑能力、投掷能力，激发了对球类运动的兴趣，增强了合作意识、规则意识及竞争意识，同时发展了思维能力。

通过适宜的球类游戏，提高了幼儿对球类运动的兴趣，改善了幼儿的健康状态，使玩球、赛球成为生活中必不可少的常态化运动方式，帮助幼儿形成了健康的生活方式。

经验分享：

宝贝球场游戏活动的开展大致经历了几个阶段：

初始阶段：认识各种球，了解并掌握各种球的基本玩法及动作技巧。

第二阶段：熟悉各种球类运动，幼儿自由寻找玩伴，在遵守各种球类游戏规则的前提下进行简单的球类游戏。

第三阶段：教师指导选择材料，分配角色，组织幼儿进行简单的球类比赛。

第四阶段：幼儿自由选择活动材料，自由组合队伍，在教师的适时引导下进行球类比赛活动，并逐渐掌握了各种球的运动技能，如足球中的曲线跑、侧身跑、颠球、击球、扣球、停球等；保龄球中的握球、助走、送球等；篮球中的向前、转身、后退、折步跑、滑步、单手传球、反弹球等。

随着球类游戏的深入开展，幼儿比赛的过程更加精彩、激烈，幼儿在比赛中的表现更为灵活多变。球类游戏活动，使幼儿的大肌肉群得到锻炼，身体的协调性、平衡性得到提高，意志力得到增强，身体素质得以提高；幼儿的自我认可度、伙伴之间的合作意识、班级团队的合作意识以及竞争意识、集体荣誉意识等大大提高，有效促进了幼儿身心健康发展。

另外，在球类运动中，老师们通过园本教研与现场实践，懂得了自由、自主、自发的自主游戏同样需要规则的约束，以推进自主游戏的深入有序开展。

区域名称：空中乐园

目标预设：

✲ 创造性地使用软绳、软梯进行锻炼，发展腿部及手臂力量；激发运动兴趣，体验其中的乐趣。

✽ 利用组合材料创造性地拼插、拼搭，掌握攀爬、平衡等动作技巧，发展身体灵活性和协调性，激发幼儿的想象力及创造力。

✽ 学会与同伴友好协商、合作分享，遵守规则，并能够按照图示分类整理拼搭材料。

环境创设：

空中乐园创建于幼儿园三楼上人屋面，面积约500平方米，其中凉亭面积约为150平方米。我们利用凉亭顶部凸起的结构，用膨胀螺丝安装了长短不一的软绳、软梯，绳内含有钢丝，确保幼儿活动安全；露天人造草坪场地约为200平方米，平坦而富有弹性，四周摆放了颜色不同、形状各异、大小适中的塑质拼搭材料，方便幼儿随时取用、拼搭、收整、摆放。

材料投放：

悬空软绳8根，悬空软梯4根，秋千滑梯1个，轨道飞车1个，小跷跷板3个，轮胎22个，俄罗斯方块58块。

区域功能：

空中乐园是以攀爬、平衡和拼搭为主的活动区域。我们充分利用三楼上人屋面上凉亭所特有的宽阔、顶部隆起结构的特点，悬挂木棍制作的梯子和绳子组成的空中软梯、空中软绳。软绳区域，难度较大，完全没有依附点，需要孩子的综合协调能力配合完成。孩子们在玩的过程中探索出单双人荡秋千、利用软梯练习传球、倒挂金钩、多人合作爬软梯等多种新颖的玩法。孩子们愉快攀爬、快乐游戏，既锻炼了臂力和腿部力量，又发展了创造性思维能力，对发展幼儿的协调性、灵敏性、耐力以及勇敢挑战的优良品质也有着重要作用。

经验分享：

幼儿与游戏材料充分互动，生发各种游戏情境，适合各个年龄段的幼儿游戏。俄罗斯方块的拼搭大致有两种。单元拼搭：主要适合在年龄较小的小班幼儿之间进行，根据幼儿认知及年龄特点开展单元式的拼搭游戏。如：单一的拼搭房子、火车、轮船、花坛等。主题拼搭：主要适用于在中、大班开展，游戏的主题可以来源于幼儿的区域建构，也可以来源于幼儿的创意想法、教师的建议或者近期开展的主题活动。多样的拼搭操作材料，可以提高幼儿排列、组合、接插、镶嵌、拼搭、垒高等搭建技能，实现自己搭建的需求及愿望，体验自己与同伴共同搭建的快乐感、成功感；帮助幼儿梳理设计、操作、拼搭等过程，发展他们对材料、模型和建筑物之间的空间关系与逻辑关系的理解，支持他们再现或创造性地表达生活经验，有助于促进幼儿认知水平的发展以及手眼协调能力、社会性经验、审美能力、创造性等方面的发展；可以使幼儿展开奔跑、跳跃、翻滚、钻爬等动态游戏，满足不同幼儿的多种需求；游戏过后幼儿可以通过自由分组、协商、挑战等方式将材料进行分类收整，从而懂得了合作与分享、收整与归纳，显现出优秀的意志品质和良好的游戏精神。

区域名称：欢乐淘气堡

目标预设：

✽ 能利用系列活动器械自主地进行走、跑、攀爬、跳跃等各种运动，促进其手臂、腿部等大肌肉力量发展。

✽ 发展动作的灵敏性和协调能力，增强幼儿耐力。

✽ 养成乐于挑战、坚强勇敢、超越自我的意志品质。

区域创设：

欢乐淘气堡创建于东教学楼中心场地，位置得天独厚。面积约 400 平方米，四周环绕着教学楼，活动场地上方建有膜结构，为幼儿活动遮风避雨，防晒保温，利于幼儿四季开展活动。

材料投放：

多功能滑梯、蹦蹦床、软绳、软梯、跳跳球、拱形门、拱形桥、滚筒、滑板及感统训练系列器材等。

区域功能：

欢乐淘气堡是针对幼儿喜欢钻、爬、滑、滚、晃、荡、跳、摇等天性设计的。儿童在玩的同时能培养独立的个性、锻炼身体、健脑益智。该区域中的滑梯能促进孩子的触觉发育，不同长度、斜度的滑梯给孩子带来的速度体验是不同的，可以锻炼幼儿体能、开发运动技巧、增强平衡和协调感。蹦床运动非常符合儿童娱乐、运动的心理特点，坚持锻炼会使孩子的腿部肌肉群和小脑平衡神经系统以及大脑神经系统更加发达，且能达到长高的目的。软绳和软梯对孩子们来说极富挑战力，能锻炼孩子们手臂的抓握能力、身体的平衡能力、手脚攀爬的协调能力，同时还能培养孩子们乐于挑战、坚强勇敢、克服困难、超越自我的意志品质。感统训练系列器材则通过刺激孩子的中枢神经系统，促进身体各项功能的协调发展。拱形门、拱形桥可以锻炼孩子的钻爬能力和攀爬能力。

经验分享：

欢乐淘气堡游戏活动的开展大致经历了三个阶段：第一阶段是自我探索、熟悉玩法。这一阶段是树立安全意识的关键阶段，例如提醒幼儿在滑滑梯时要排队、不推也不挤，玩软绳、软梯时要注意抓牢、不能用力过猛，玩跳跳床时要注意手脚协调、保持平衡不要推挤。第二阶段是增加材料，丰富游戏。在幼儿身体协调性、平衡力有了一定的提高之后，继续丰富区域材料。投放滑板和斜坡滑梯，增加难度，锻炼幼儿身体的协调性。在此过程中教师因材施教，进行有差别的指导，逐步地提高幼儿的动作发展能力，帮助幼儿养成了乐于挑战、坚强勇敢、克服困难、超越自我的意志品质。第三阶段是打破年龄和班级界限，实现游戏伙伴互通。大班、中班、小班的幼儿在交往过程中，慢慢由老师引导到自由结伴互相学习、互相帮助。例如在玩软梯的游戏当中，大班的孩子会主动把小班孩子抱到底层的梯子上，推着弟弟妹妹们荡秋千，同时他们玩软梯时的“飒爽英姿”也在无形中影响着小班的孩子。大的学会了关爱幼小，小的则找到了学习的榜样，混龄使得活动更丰富、更有意义。在游戏的推进过程中我们不断思考、改进、提升，引导幼儿探索创新，开发器械新玩法，较好地体现了幼儿为本的教育理念。幼儿自发、自由和自主地游戏，在自主意识、身体协调性、平衡力等方面有很大发展，有了更强的安全意识和自律意识，在彼此的交流中懂得关爱他人，体现了在游戏中的主体地位，真正成为游戏的主人。

区域名称：拓展训练营

目标预设：

✽ 练习钻、爬、跨、跳等基本动作技能，提升综合运动水平。

✽ 发展自主、自由、自发的意识与能力，发展自我控制、自我约束等自律意识。

✽ 发展自我管理能力，能够在游戏结束后按照图片的提示，对材料进行分类整理。

✽ 学会合理交流、协商、分工、合作，体验各种社会角色对人们及社会的贡献与帮助。

区域创设：

拓展训练营创建于幼儿园南场地的树林间，面积约1500平方米，成长条状，整个场地上，大树参天、果园飘香、绿草覆盖。春天小草发芽，树木吐新绿；夏天绿树成荫，鸟唱虫鸣，郁郁葱葱的草坪铺地而生；秋季果实压枝，黄叶飞舞；冬季来临，落叶铺地，宛若驼色毛毯。地势有高低适中的土坡，也有平整的林荫大道，植被有高低不同的灌木丛林，更有承载起孩子们快乐游戏的粗壮大树。

材料投放：

拓展训练营有大型碉堡1个、作战工事1个、折线长城1个、瞭望塔1个、轮胎桥2座、高空悬梯1组、滑轮轮胎1组、攀爬梯1组、攀爬架2个、迷彩坦克若干、轮胎车若干，锅碗瓢盆若干、沙包200个、医护急救包5套、吊瓶若干、海绵垫15块、大型雨布4块、彩旗8面，还有沙袋、玩具机关枪、迷彩军帽、轮胎、梯子、迷彩网、沙包背筐、火苗、担架、军医旗子、垫子、医生套装等。

区域功能：

该区域活动器械丰富，幼儿可以扮演战士，进行野外作战，进行跑、钻、爬、匍匐、平衡、投掷等的动作体能训练；可以进行对战，体会做一名战士为祖国冲锋陷阵的淋漓快感；也可以做一名医护人员，救死扶伤；还可以就地取材烹饪各种美食和自己的伙伴分享。拓展训练营得天独厚的环境为孩子们提供了随手可得的游戏材料，如满地的树叶可以当成“蘑菇”“草药”及“饭菜”等，随手捡起的枯树枝在孩子手中变成了“宝剑”“捣药锤”和“冲锋号”。春天里小草发芽、大树开花，夏天里昆虫出没等都成为孩子们不懈探索的对象。游戏中，孩子们不仅锻炼了基本动作、提升了综合运动能力，促进了社会性发展，还懂得了怎样与同伴协商合作，显现出优秀的意志品质和良好的游戏精神。

经验分享：

开始时，我们旨在引发幼儿扮演战士野外作战，进行跑、钻、爬、匍匐、平衡、投掷等的动作体能训练。之后，我们发现孩子们对“野外训练”游戏感兴趣，于是又增设了背筐、锅碗瓢盆、火苗、担架、军医旗帜、垫子、听诊器、吊瓶等材料，引发了幼儿更加生动丰富的游戏，每次游戏都会有女孩子们负责做饭、看病等，由原来的简单跑动对抗衍生出了炊事班、战地医院、中草药师，吸引了很多女孩子和年龄小的孩子加入。随着孩子们运动技能的增强和挑战自我的需求，为了满足部分动作能力较强孩子的需要，我们又依势而建，用竹梯设计了“吊桥”“瞭望塔”，用滑轮和轮胎设计了“升降机”。孩子们把这些“险关”加入游戏情节中去，不断挑战自我，经过一段时间的锻炼，中班大部分孩子都能站立行走通过“吊桥”，也能几人齐心协力用“升降机”把其中的一个同伴拉到半空，再缓缓降下，玩得不亦乐乎。在游戏中孩子们懂得了怎样合作、分享、协商、交流，促进了社会性发展。

区域名称：森林乐园

目标预设：

✼ 发展幼儿平衡、攀爬等动作，提升身体协调能力。

✼ 养成乐于挑战、坚强勇敢、超越自我的良好意志品质。

区域创设：

森林乐园位于幼儿园北大门东侧，面积大、树木多，固定大型器械和移动中小型移动器械数量充足。夏季树木郁郁葱葱，幼儿可在其中自由快乐地活动。

材料投放：

森林乐园以钻爬、攀爬、平衡类的大型固定器械为主，吊床、秋千、滚筒、拱形桥等移动器械为辅。木质荡桥、梅花桩、平衡木、竹梯等可以发展幼儿的平衡能力；木质钻洞、盘丝洞、爬高乐、太空舱攀岩、拱形桥、攀爬架等可发展幼儿的攀爬能力。

区域功能：

秋千、吊床等大中型活动器械有利于发展幼儿的攀爬能力、大肌肉力量、身体协调能力等。模拟烤串、饮料等辅助材料有助于幼儿生发角色游戏，从而发展幼儿的语言表达能力、社会交往能力。竹梯、滚筒、拱形桥、软绳、葫芦塔等器械，竹梯与小木屋的链接、与大树的组合，激发了幼儿的游戏兴趣与探险精神。

经验分享：

森林乐园建立之初，只有吊床、平衡木、梅花桩等少数器械。器械数量有限，挑战难度小，幼儿在玩过几次之后，对户外游戏的热情逐渐降低。于是老师们进行了深入思考，将森林乐园的材料进行了丰富和充实，先后增加了爬高乐、盘丝洞、钻爬筒、木质荡桥、木桩等大型固定器械。丰富活动器械的投放大大提高了孩子们的活动兴趣，增加了挑战难度。在教师的适当引导下，孩子们很快熟悉了这些器械的各种玩法。教师也适时转变角色，成为幼儿户外活动更好的观察者、引导者和参与者。随着幼儿前期活动体验和中期活动材料的丰富，森林乐园逐渐成为一个综合的且充满魅力的户外活动区域。根据幼儿动作水平的不断发展，教师在森林乐园已有器械的基础上，又增加了竹梯、滚筒、拱形桥、软绳、葫芦塔等器械，并将竹梯连接在小木屋上、搭在树干上进行组合、加固，吸引了更多幼儿来森林乐园游戏、探险。

2. 表演类活动区

表演类活动区是幼儿开展角色游戏的场所。表演类游戏是幼儿最能够自由表达意愿和发挥想象力、创造力的活动区域，但前提是教师为他们创设的环境及提供的材料足以使他们自由表现。幼儿可以借助低结构材料自发地进行故事表演和歌舞表演。经常开展表演游戏，对幼儿的艺术素养、审美能力是一种很好的熏陶，幼儿的再造性想象充分发挥，开朗、自信、合作的品质也都由此得到发展，他们对生活常规的认识，对人际关系的理解，对叙事能力的发展，对情感的表达和补偿，都将在这里得到实现。

区域名称：交通游戏城

目标预设：

✽ 认识各种交通标志，在游戏中体验交通规则的重要性，培养自觉遵守交通规则的意识，提高自我保护能力。

✽ 学习交警指挥交通，懂得各种手势指挥的意思，丰富社会经验。

✽ 培养幼儿良好的人际交往能力及守规则、懂礼貌、自律等品质。

区域创设：

交通游戏城创建于幼儿园北大门东侧的空地上，与“森林乐园”毗邻而居，面积约1000平方米。交通游戏城游戏活动是立体模拟城市道路的交通游戏，“马路”东西走向，路上画有各种道路指示标线，设有交警指挥台、红绿灯，南面靠墙处依次是停车区、4S中心、加油站。活动区麻雀虽小，五脏俱全，虽仅有1000平方米却宛然是整个城市道路的缩影。

材料投放：

先后投放货运车、手推车、人力车、脚踏车等六种70余辆户外游戏车及指挥台、红绿灯等设施。随着游戏的开展，创建了“嘉年华4S体验中心”，设有“洗车间”“维修部”“休闲吧”。在“洗车间”里，投放了小桶、喷壶、抹布、雨靴、手套、旧洗衣机；“维修部”投放了各种维修工具以及废旧童车；“休闲吧”则是孩子们存放水壶的位置，并且投放了幼儿书桌及读物；“换衣间”中放有交警用的帽子、衣服以及维修工、洗车工和消防员的工作服；“加油站”里，废旧的饮水机经过美化变身为一个个加油设备。

区域功能：

交通游戏城活动区旨在通过全真模拟的角色游戏让幼儿学习交通规则，丰富社会经验，培养良好的人际交往能力，养成守规则、懂礼貌、善于合作、自律等行为习惯。通过投放各种交通游戏车、交通游戏附属设施等材料，孩子们提高了学习兴趣，提高了动手能力。如，“维修部”中的各种维修工具以及废旧童车，让孩子们真实体验用扳手、钳子等维修工具修理交通游戏中损坏的车辆及废旧的童车等，提高了孩子们的动手能力，在商量对策、交流意见的过程中发展了创造思维和团队协作能力。

经验分享：

“交通游戏城”以各种类型的小车为主，幼儿通过骑车衍生出许多与车有关的活动，从而生发更多游戏。游戏活动的开展大致经历了三个阶段：按交通规则骑车的尝试期，逐渐投放游戏材料的发展期，创设游戏情境下自主游戏的成熟期。

在尝试期，教师带领幼儿到马路上参观交警执勤工作，学习常用指挥手势，为幼儿进入交通游戏活动做好了前期经验准备。同时，投放了货运车、手推车、人力车、脚踏车等六种70多辆户外游戏车。随着交通游戏城游戏的发展，继而配备了“洗车间”“维修间”“休闲吧”等，但是它们没有很好地推动游戏的开展。之后，我们引进“汽车4S店”的模式，对“洗车间”“维修间”“休闲吧”进行整合，取名“嘉年华4s店”。“嘉年华4s店”利用废旧的三块大展板分隔成三个区，由东向西分别是“洗车间”“维修间”和“休闲吧”。在“洗车间”里，我们充分利用园里的废旧材料，在家长朋友的支持帮助下，投放了小桶、喷壶、抹布、雨靴、手套、旧洗衣机等；在“维修间”里，我们提供了废旧的童车和大量的维修工具，而且尊重幼儿的建议，增加了“移动工具箱”，方便道路上事故车辆的维修；“休闲吧”是供幼儿放松、休息的地方，除了桌椅之外，还投放了幼儿图书、玩具、自制饮料等。在“加油站”里，一个个废旧饮水机经过美化变身成为加油设备，孩子们自己研究决定谁是人工加油员、谁负责讲解自助加油流程、谁负责收款等。随着社会角色的分配体验以及游戏材料的充实和孩子们活动经验的日益丰富，孩子们的游戏兴趣更加浓厚，交通游戏城的自主性游戏向前推进了一大步。

3. 建构类活动区

建构类活动区是幼儿用各种结构材料如积木、插塑等材料进行结构造型的游戏场所。经常玩建构游戏的幼儿，能获得大量有关数量、图形以及空间的核心经验，主要表现在积木搭建和接插各种作品的过程中对审美规则的运用上，比如对称、有序排列、均衡等形式美的体现，需要运用到许多数学经验。可见，建构游戏是融思维、操作、艺术、创造为一体的活动，是幼儿阶段不可缺少的一种体验，幼儿园必须提供足够的空间、充足的材料以及充分的时间，保障幼儿建构游戏的开展。

区域名称：搭建梦工场

目标预设：

✲ 喜欢参加构建活动，能够按照自己的意愿和方式进行搭建。

✲ 在观察和感受的基础上，搭建或拼插出体现事物典型特征的作品，发展想象力、创造力，提高实践操作能力。

✲ 会根据主题需要，创造性地选择材料和搭建作品，不断丰富搭建主题。

✽ 在搭建过程中，初步感知对称等相关概念，运用简单的搭建技能，发展空间知觉。

✽ 在搭建活动中学会与同伴进行协商、合作与分享，体验快乐。

✽ 游戏结束后，会按照图示的提示，对建构材料进行分类整理，提升自我管理的能力。

区域创设：

搭建梦工厂活动区创建在我园户外活动场地东侧，面积约380平方米，它宽阔平整，区域两面靠墙，是一个洒满阳光、相对独立的半封闭活动场所。这样的区域布局有利于搭建材料的摆放，能够保持相对安静，并且夏季有凉棚遮阳，有利于幼儿专注地进行搭建活动。

活动区材料以开放性大型木质搭建积木为主，其他辅助性积木为辅。

材料投放：

根据幼儿的生活经验和发展需要，专门采用高密度碳化防腐木，设计了长方体、正方体、圆柱体、圆锥体等不用形状的建构材料，共计5000余块。在积木的规格设计上，严格按照一定的比例进行放大，或2倍或4倍，便于幼儿感知各种形状、数量关系，进行搭建与收整。辅助性材料包括各种瓶瓶罐罐若干、泡沫垫50块、彩色空心硬纸板砖块200块、滑板车10辆、小推车8辆、收纳箱10个、收纳篮4个等。

区域功能：

搭建梦工厂是孩子们自主搭建、产生无限创意的乐园。它以开放性建构材料为主，幼儿和材料充分发生互动，完全可以按照自己的想象、自己的方式，自由结伴、自主探索、自主生发、快乐建构，搭建出自己心中的美好世界以及独特的作品，从而生发更多游戏，促进幼儿综合能力及社会性的发展。该区域的建构游戏材料具有规则性、操作性和灵活性等特点，有着固定的规格，便于幼儿进行排列、组合等操作，构建出各式各样的作品，幼儿从中获得力、平衡、数概念等早期朴素的科学经验，为将来的认知学习打下基础，并有利于幼儿创造性的发展和解决问题能力的提升。该区域中的一些非结构辅助材料如瓶瓶罐罐、泡沫垫等，是搭建游戏材料的有力补充，丰富多样的辅助材料能够吸引幼儿的兴趣，提高幼儿参与游戏的积极性，可以发散幼儿思维，为幼儿自由发挥创造机会，极大地满足他们的游戏需要。

经验分享：

游戏活动的开展大致经历了四个阶段：初始阶段的自由开放的发散式搭建活动；第二阶段即教师预设的主题搭建活动；第三阶段混搭式综合搭建活动；最后阶段上升为体验式自主搭建活动。在游戏过程中，幼儿逐渐掌握了一些搭建技能，如排列、组合、接插、镶嵌、拼搭、垒高、穿套、黏合等，随着游戏的不断推进，他们搭建的过程更加丰富和有趣，搭建的作品更加复杂、更具创意，并可以自由分组和协商，参与挑战、分类收整，懂得了怎样合作与分享，显现出优秀的意志品质和良好的游戏精神。

4. 美工类活动区

幼儿自主地进行绘画和手工制作的场所。美工区既为幼儿提供了精细动作练习的机会，又为幼儿审美表征能力的发展创造了条件，更是创造性教育的重要场所。幼儿通过这样的机会，从简单创作逐步走向复杂创作，其创造性也日益充分地展现出来。

区域名称：创意涂鸦区

目标预设：

✼ 喜欢参加涂鸦活动，能够按照自己的意愿进行绘画创作。

✼ 能在观察和感受的基础上，绘画表征出体现事物典型特征的作品，发展想象力、创造力与表达力。

✼ 在绘画表征活动中学会与同伴协商、合作与分享，感受快乐，培养完善人格。

✼ 在游戏中能够自我管理，游戏结束后，会按照图示的提示，对绘画材料进行分类整理。

区域创设：

创意涂鸦区创建于幼儿园东教学楼二楼上人屋面，面积约500平方米，呈“T”字形。场地空旷、平坦且日照充足，区域的四面墙壁上设置了画板十余块，便于幼儿开展综合性的表征活动。

材料投放：

场地大体分为三个板块：区域东侧投放了大型的俄罗斯方块80余块，区域西侧投放了彩色与图案轮胎、拱桥、轮胎车、扭扭车、泡沫垫等，区域的四面墙壁上设置了十余块防水画板，投放了彩笔、粉笔、毛笔、水粉笔、水粉颜料、墨汁等。

区域功能：

创意涂鸦区是一种独特的艺术表现形式，是幼儿身心得到全面发展，培养幼儿观察力、想象力、创造力的重要手段。自由表征给幼儿带来的快乐很大程度上不是绘画的结果，而是幼儿能够完全根据自己观察到的内容，结合自己的理解及在绘画方面的表达技巧，自由表征、随心而作的创作表征过程。幼儿进行自主创意涂鸦，可以是观察之后的追忆创作，可以是一幅现场写生画，还可以是基于现场游戏之后直接经验的绘画表征。孩子们尽情表达自己的所见所闻，尽情释放自己的美好情感。表征的方式也是多种多样的，可以用彩笔、粉笔、毛笔、水粉笔，也可以用丙烯颜料、水粉颜料、墨汁等，可以在黑板上、废旧轮胎上、大画布上大胆表征、创作。可以说，只有想不到，没有做不到。伴随这种愉快的“自我发现”的感觉经历，孩子们的表征兴趣愈发浓厚，表达的能力越来越强。他们在表征过程中自主自由地表现自己的感受和内心意愿，在创作中发展潜能，建立自信，享受成功，懂得了如何与同伴合作、分享。

经验分享：

创意涂鸦区以开放性材料为主，幼儿和材料充分发生互动，进行各种综合性表征活动。在幼儿进行创意涂鸦的过程中，教师引导幼儿结合自主游戏的前期经验，进行自主绘画表征，逐渐掌握了一些绘画技能，随着游戏的不断推进，他们的表征过程更加丰富和有趣，表现的作品更加复杂、更具创意。

5. 探索类活动区

获得新知的过程可以由教师直接传递，也可以通过环境的创设让幼儿自己去发现，活动区就是后者。一般来说，新异刺激才能引发探索活动，因此探索是以未知为导向的，目的是使幼儿通过活动对未知世界有所发现，从而获得新知，充实自己的认知结构。对幼儿来说，探索性活动区应当是充满好奇并极具挑战性的，惊奇、疑问、尝试、发现是这类活动的一般过程，如何通过创设环境激发幼儿的认知冲突，让幼儿在不断的尝试中建构自己的经验，是教师对这类活动区的主要作为。这些活动区主要包括以下几类：

沙水区：幼儿玩沙、玩水的游戏场所。沙水游戏是涉及幼儿各个发展领域多种经验的综合，由于沙水自身的多种特点就极具探索的价值，同时，沙水材料的开放性又适于幼儿的多种表现，所以沙水游戏具有探索与表现的双重特点，对幼儿来说是一种具有多样性探索功能的综合性游戏材料。正因为其材料简单，可配合任何辅助材料，所以探索的价值大，获得的经验多，幼儿园应当特别重视这个区域的活动组织。

种植饲养区——针对的是植物和动物：这是增长幼儿自然常识，使其认识生命变化的活动区域，有室内自然角和室外种植饲养园地。主要是提供常见易养的动植物，让幼儿在种植、采摘、喂养、照料等直接体验的过程中，学习观察动植物的生长过程，理解生命循环的特点和价值。相比其他区域，在这里，幼儿作用的客观对象具有动态性和变化性，互动性更强，探索与发现所带来的兴趣更浓。不仅潜移默化地培养了幼儿对生活的乐趣、亲近自然的情感、珍爱生命的意识，对幼儿做事的坚持性和责任感也是一种初步养成。

区域名称：湿沙城堡

目标预设：

✽ 在玩沙的过程中，了解沙的特性，发展感知觉，激发创造力、想象力及探究精神。

✽ 能在观察和感受的基础上，通过铲挖、拍打、堆塑、筛滤等活动，练习大小肌肉动作，发展手眼协调能力。

✽ 在铲沙、装沙的过程中，初步感知容器（小桶）与内容物（沙子）之间的关系，增加对空间关系的认识能力。

✽ 通过大带小混龄游戏，在玩沙活动中学会与同伴相互关爱、相互帮助，体验大带小合作的乐趣。

✽ 在游戏中能够自我管理，游戏结束后收拾整理，培养整理的良好习惯。

区域创设：

湿沙城堡创建于幼儿园东南角，沙池呈椭圆形，主要以湿沙、水为主，有自由操作的水龙头、压水井、循环水道、浮沉物等操作材料，又有长达十几米的水管，孩子们可以随时随地取水。湿沙城堡环境优美，空气清新，上方为膜结构遮阳棚，一侧设有专门放置玩沙工具的木屋，两旁植有果树及各类花草树木，树影婆娑，别具情调。

材料投放：

保鲜膜纸棍、奶粉桶、粗细不同的PVC管、废旧塑料筐、塑料桶、保温桶、餐具、炊具、小水杯等废物巧利用类材料；铲土机、玩沙工具、塑料翻斗车、漏沙吊筐、花洒、小水桶、漏斗、舀子、储物箱、小铁铲、各种塑料模具、铁筛子等购置类材料。

区域功能：

沙子是孩子们最喜欢的游戏材料之一，幼儿在与沙土的接触中，能诱发多种游戏活动。孩子们既可以在这里进行各种各样的沙雕，可以利用低结构的材料进行筑路、挖河挖沟，可以在小房子里做饭过家家，还可以当园艺师种花、种树、藏宝寻宝、施肥浇水等。幼儿在玩沙中感受湿沙的可塑性，不仅使幼儿兴趣得到满足，而且激发了幼儿探究的欲望，幼儿的积极性、主动性、创造性得以充分发挥，人格得到健全发展。

经验分享：

活动初期，我们结合孩子的年龄特点，投放了不同结构层次的可操作材料，为了便于孩子们收拾与整理，在摆放玩具的位置都配有相应的图片，让孩子们学习物归原处。孩子们在与辅助材料的互动中，充分体验沙水活动的乐趣，利用低结构材料开发了多种多样的玩法。然而，在收拾整理环节，孩子们有时图省事，没有把玩具放回到原处，或者把玩具拿到其他区域，或者把玩具藏进沙子里，活动结束时没有及时拿出来，导致玩具越来越少。于是，我们进行了改进：夏天，适当添加供孩子玩水的玩具，让孩子更喜欢玩水；针对玩具摆放较乱和不收拾的现象，各班老师在结束时提醒孩子按种类收拾，这样既可以摆放整齐，又不会遗漏。同时，陆续为孩子们增加了新的游戏材料，架设了可以玩水的管道、压水井、用来筛沙的筛子、塑料游戏挡板等玩沙玩水材料，让孩子们永远保持较高的游戏热情。

区域名称：阳光沙滩

目标预设：

✽ 利用各种工具玩沙，了解干沙的特性。

✽ 锻炼幼儿的动手能力，充分发挥幼儿的想象力和创造力。

✽ 激发幼儿的探究兴趣，使其体验团结合作的快乐。

✽ 在玩沙活动中学会与同伴进行协商、合作与分享。

✽ 游戏结束后收拾整理，培养整理的习惯，提高自我管理能力。

区域创设：

阳光沙滩创建于幼儿园南面的红色膜结构下面，占地面积约100平方米。阳光沙滩中的沙子具有细小、松软等特点，容易诱发幼儿的想象力和创造力。

材料投放：

各类瓶子、易拉罐、小纸杯、沙漏、瓶盖、棍子、竹条、筷子、碗、勺、漏斗、筛子、铲子、车子、桶、大小不等的石头块等活动材料。

区域功能：

沙子对幼儿有天然的吸引力，玩沙、玩水是幼儿的天性。幼儿利用大小不同的铲子、管子、小桶、沙漏等多种开放性玩沙工具与沙子进行充分互动，他们三五成群，自由生发更多的精彩游戏。幼儿在玩沙、创意拼摆石子、沙中藏宝寻宝活动中，感知力、观察力、想象力、创造力都得到较好的发展，大肌肉、小肌肉力量得到锻炼，手部精细动作得到提升，同时克服困难的优秀品质也得到发展。

经验分享：

我们按照各年龄段幼儿的年龄特点和玩沙需要，组织幼儿收集、制作一些辅助材料，如易拉罐、管子、瓶子、木块、泡沫板、小旗等。这些材料的提供，为幼儿打开了创造之门。提供新材料时，我们不直接告诉幼儿如何使用，而是请他们动脑筋思考怎么用。如色彩鲜艳的海洋球被幼儿当作了马路上的路灯，这些奇思妙想只属于幼儿。老师们需要做好的是，要根据幼儿的发展需要和课程需要，不断提供开放性低结构游戏材料，使幼儿保持较高的游戏兴趣，不断获得新经验。

在玩沙的过程中，我们始终坚持幼儿是活动的主体，教师适当适时给予指导，孩子们在阳光沙滩上快乐玩沙、幸福成长。

区域名称：水上乐园

目标预设：

✲ 感知水的特性，发展幼儿的想象力和创造力。

✲ 通过玩水游戏，体验同伴之间合作的乐趣。

✲ 学会分类、有序地收整玩水工具。

区域创设：

水上乐园创建于幼儿园东南侧，湿沙堡北侧是一个脚印形状的大水池，水池底部用蓝色的马赛克铺设而成，两条跃然而出的“鲸鱼”分外惹眼。水池的东侧外沿装有高低不同的弧形防腐木，防腐木上安装着水循环管道，密密麻麻，宛如一个大的水系工程。管道上安装着各种阀门和水喷头，幼儿可以通过猜想哪一个阀门控制着哪一个水龙头的办法，进行尝试、探索和实验。水的玩法变化无穷，在这里，每个孩子都会依据自己的喜好，选择适合的游戏材料生发自己的游戏玩法，任何一种人为的玩具都无法与大自然的赐予相媲美。

在水上乐园的南侧，设有四条用粗大树干凿成的水系工程，它们高低不同，宽窄不一，在电机的带动下，水源源不断地从一边的储水缸里经过水系流向另一个储水缸。这样的装置，不但节约了用水，而且增添了趣味。

材料投放：

压水器、大脸盆、瓶子、漏网、旋钮玩具、水箱、水枪、钓鱼竿、海洋球、水车、水枪、雨衣等各种玩水工具；每位幼儿一双雨鞋和一套备用衣服，毛巾若干。

区域功能：

水上乐园是孩子们在炎炎夏日极喜欢的户外活动区域，在这里他们可以尽情地玩水。水是无形的，可随着孩子的喜好而随意变化。将水洒在地上可以观察水形成的图案，往水里扔进不同的东西可以观察形成的波纹，利用水箱当游船“捞鱼捕虾”，穿上雨衣打水仗，光着脚丫捉泥鳅，投放沉浮材料感知属性……在玩水的过程中，幼儿不仅感知了水的特性，发展了其感知觉，而且激发了自主探究精神和兴趣，练习了肌肉动作，发展了观察力和想象力，更重要的是孩子们在玩水游戏中获得了情绪上的满足。

经验分享：

起初，孩子们在水上乐园更多的是进行简单的玩水、运水、泼水、玩水枪、打水仗、摇水车等游戏。随着游戏材料的逐渐增多，孩子们自发生成了很多玩水游戏，如钓鱼、捞鱼、划船等。随着孩子们游戏经验的积累，他们对打水仗为什么溅起水花、海洋球为什么能漂在水上、小石块为什么会沉入水底等产生了浓厚的兴趣，引发了他们更多的问题探究。孩子们渴望了解世间万物，喜欢自己动手，喜欢不停地问为什么，水上乐园给予了孩子们释放天性的空间。

从以上所创设活动区的内容特点来看，虽各有功能侧重，但每一类活区都综合了《3～6岁儿童学习与发展指南》五大领域的目标。如果教师能够依据《3～6岁儿童学习与发展指南》，全面地考虑具有吸引力的活动区环境创设，使幼儿能自由自主地参与各类活动区的活动，那么，幼儿的发展就将会是均衡而个性化的。

第三节　促进幼儿游戏学习的支持策略

中国学前教育研究会儿童游戏与玩具专业委员会刘焱主任反对盲目崇拜儿童活动的自发性，把游戏活动神圣化的倾向，她提出：“教师应该指导幼儿在游戏中的学习活动。”基于此，教师不仅要创设能够诱发幼儿自主活动的环境，还要正确认识环境及作为专业教师的自己应发挥的积极作用。

一、适时适宜地介入幼儿游戏

在游戏中，没有成人的介入幼儿也能在游戏中自我发展，但是成人能够用教育的眼光来观察幼儿的游戏行为，在最适宜的时候推进幼儿游戏的深入开展，支持幼儿获得更好的发展。

（一）观察和分析幼儿的游戏行为

我们常说，一个好的教师应该确立两个意识：发展意识和课程意识。发展意识指教师对幼儿的日常行为所体现出的发展水平和发展需要，能够随时作出准确的分析和判断；课程意识指教师在日常生活中，能够随时发现和利用可以影响幼儿发展的教育因素。然而，只有当一个教师非常清楚幼儿阶段应该学习什么，幼儿是怎么学习和发展的，她才会对幼儿的发展需要和行为水平以及影响幼儿发展的因素十分敏感。

就如华爱华教授①讲到的，幼儿园一线教师之所以认为组织游戏比上课还难，主要就难在看不懂幼儿的游戏行为，不会分析幼儿在游戏中表现出来的

---

① 华东师范大学学前教育与特殊教育学院学前教育系主任、教授、博士研究生导师。

发展水平，也就无从指导幼儿的游戏，更谈不上推进幼儿的发展了。其原因在于教师不知道可以从哪些方面来观察幼儿的行为，可以从哪个视角来分析幼儿的发展水平。现在，《3～6岁儿童学习与发展指南》列出五大领域的学习与发展目标以及这些目标的行为表现，正是给了广大教师观察分析幼儿行为的抓手。如，教师在活动中，要从两个方面进行观察。一是对材料的观察。观察幼儿是否对材料感兴趣，材料的多少是否适中，材料能否诱发幼儿的游戏行为。二是对幼儿的观察。通过观察幼儿的操作学习、实践探索、交往合作等行为，科学分析幼儿行为背后所蕴含的教育价值，准确判断幼儿实际的发展水平，并及时提供支持和帮助。观察幼儿时既要全面，又要突出重点；既要短时间观察，又要长时间持续观察。只有这样才能够真正支持幼儿游戏的深入开展，也只有这样，才能够撰写出好的幼儿学习故事。

我们认为，要想将《3～6岁儿童学习与发展指南》转化为教师观察、分析和推进幼儿发展的专业能力，关键是要尽快地熟悉和理解它，而背出《3～6岁儿童学习与发展指南》却并不意味着就已经理解了，正如幼儿能背出某首古诗，并不等于就理解了这首古诗一样。

华爱华教授说，一个教师是否熟悉和理解《3～6岁儿童学习与发展指南》，至少有两条标准：一是能够将五大领域进行融通，也就是能够在一个游戏行为中看到多个领域的目标和表现。比如当幼儿在角色游戏中正在通过画画做一个车站的站牌，教师不仅要意识到这是一种艺术表现，还要能从幼儿的绘画行为中看到幼儿的手眼协调水平（涂色时表现出的精细动作），也能从绘画作品中看到幼儿的数学认知水平（用彩色蜡笔为站牌涂色时表现出的对称），还能从幼儿画的站名中看到幼儿的前书写水平（用图形符号来表征），等等。二是能够将目标与幼儿的多种行为建立联系，也就是能够在多个游戏行为中看到同一个领域的同一条目标。比如幼儿在画画时选用颜色涂色时，可以表现出AB模式的排列规律（一红一黄），在用积木搭围栏时也可表现出AB模式的排列规律（一横一竖），在用手拍打节奏唱歌时同样可以表现出AB模式的排列规律（击一下手掌拍一下身体），等等。只有这样，教师才算真正熟悉和理解了《3～6岁儿童学习与发展指南》，才能体现出观察和分析幼儿游戏行为的专业能力。

能做到这一点，最好的途径就是通过案例教研，在实践中不断用《3～6岁儿童学习与发展指南》来尝试分析幼儿的行为，反思教育行为。我们相信，只要从现在开始，边实践边理解，用不了多久大家就会对《3～6岁儿童学习与发展指南》的内容和精神了如指掌。

（二）判断介入幼儿游戏的时机

《3～6岁儿童学习与发展指南》是用来观察和分析幼儿游戏行为的，也是用来介入和指导幼儿游戏的。但是，只有在观察和分析幼儿游戏行为的前提下，才能获得介入和指导游戏的依据，而不是直接用《3～6岁儿童学习与发展指南》中的目标作为干预幼儿行为的砝码，因为游戏中的指导是以幼儿的需要为前提的。

我们发现，教师对幼儿游戏的指导常常表现出两种极端态度：要么放任不管，要么过度干预。前者或许是教师没有把握，而后者又表现为两种情况，一种是盲目性干预，另一种是功利化干预。所谓盲目干预，指教师只是积极参与幼儿的游戏，而并不清楚自己参与的目的。所谓功利化干预，指教师过于在乎预设的目标，只要幼儿的行为与教师所预期的行为不一致，马上就进行纠正；或者在游戏中捕风捉影式地寻找介入个别化指导的机会，将教学目标强加于幼儿游戏。结果，教师所到之处，就是幼儿自己的游戏终止之时，这就是缺乏观察和分析就直接干预幼儿游戏所导致的不适宜介入。

所以，在自主的游戏活动中，教师的观察和指导是观察和分析在先，介入和指导在后。

二、充分激发幼儿的自主发展

（一）判断教师介入和指导幼儿游戏的有效性依据

国外有研究表明，成人介入儿童的游戏，可能产生正面影响，也可能产生负面影响。如果教师以一种敏感的、响应的、支持的方式与儿童进行互动，那么教师参与就能提高游戏水平；而另一方面，如果教师对游戏进行操纵控制，提供太多的结构性限制，或为教学目的而打断游戏，那么通常就会损坏游戏。因为成人在游戏中过度行使权力，将游戏过度结构化，从而抑制了儿童按自己的意愿进行游戏的能力，并减少了儿童在游戏中探索发现、解决问题、承担风险和进行同伴交往的机会。所以，教师介入幼儿游戏的频率与幼儿的发展并非成正比，也就是说，幼儿在游戏时，教师的介入并非越多越好。

每一个户外区域是不一样的，每一个幼儿是不一样的，每一个幼儿生发的游戏内容也是不一样的，所以在游戏中，实现适应个体差异的个别指导需要教师付出长期的努力。我们要从改变教师自身的认识开始，将过去那种从教师的立场出发，强制幼儿的做法转变为从幼儿的立场出发，发挥其主动性。现在，教师不再关注幼儿会了什么、知道了什么等眼前看得见的结果，而是意识到应该关注每一个幼儿自身内在的变化，探索如何改变过去由教师采用同一方法开展同一活动的做法，实现适应不同个体的个别化指导。

另外，如果和大量的幼儿接触，就会遇到许多在大人看来难以理解的、棘手的固执行为，从幼儿的立场看，这是自我意识在一点点萌芽的表现，这也是教师发现幼儿成长的线索。只有认识到这一点，才能在遭遇孩子固执行为的时候，将其视为洞察幼儿心灵的窗口。的确，教给孩子固定的范式，使孩子循规蹈矩是很简单的事情，然而我们在多大程度上意识到，我们是否给予了每一个孩子自己与自己对话、自己改变自己的机会，让幼儿在不断地自我认识、自我挑战，自我更新、自我形成的过程中自我创生与自我发展。当然，理解幼儿并不是一件很容易的事情，教师要从“孩子的立场”出发，不断提高自己的感受性、观察力。幼儿只有感受到教师理解、认同、尊重自己时，才能够改变自己的想法，重新去思考问题。也就是说，教师的理解与支持使幼儿获得了情绪安定地改变自己的原动力与自我发展的能力。

（二）判断教师的介入是否有效

教师如何判断自己的介入是否有效呢？华爱华教授给出了三条检验标准。

一是你的介入是否尊重幼儿的游戏意愿。如果你的介入是通过观察，在顺应幼儿游戏意愿的前提下支持并推进了幼儿游戏的开展，那么就是“正效介入”；如果你的介入干扰和转移了幼儿自己的游戏，使幼儿的行为变得被动而无趣，那么这个介入就是“负效介入"。

二是你的介入是否帮助幼儿获得新的经验，提升游戏水平。如果你的介入能使幼儿在积极情绪的体验下，充满兴趣地得到一个新的知识或信息，懂得一个新的道理，学会一种解决问题的办法，等等，那么就是“正效介入”。如果你的介入要求太高，幼儿接受时感到困难，使游戏变成了一种教学和训练，那么就是“负效介入”。

三是幼儿对你的介入是否积极响应。如果幼儿对你的介入置之不理，那么就是“无效介入”，你应当立即退出幼儿游戏，继续观察，而不强求幼儿。比起“负效介入”，这类介入虽然无效，但对教师反思自己的行为却非常有用，因为教师可从中分析幼儿的游戏意愿和行为水平与自己的介入预期和指导要求之间有什么距离。所以，从教师专业成长的意义上说，我们并不否定“无效介入”。相反，当教师对介入没有把握的情况下我们鼓励教师进行“试探性介入”，即使无效也无妨。我们相信，随着教师经验的丰富和专业水平的提高，正效介入会越来越多，无效介入会越来越少。

教师的介入大体有两种。一种是直接接入。教师在指导游戏时，并不直接参与游戏，而是以一个外在的角色，引导、说明、建议、鼓励游戏中幼儿的行为。采用的方法主要是语言提示和材料提供。一种是间接介入。教师以游戏中的角色参与幼儿游戏，以游戏情节需要的角色动作和语言来引导幼儿的游戏行为。其方法主要是与幼儿平行游戏或共同游戏，给幼儿提供支持、帮助，推进游戏的开展。

（三）教师的指导要科学有效

教师的指导应是整合的。游戏反映幼儿发展的整体性，因此，教师从幼儿的经验出发进行的指导，也必将是整合的。

教师的指导应体现个体差异。由于每个活动区域不同，游戏不同，幼儿之间存在个体差异性，因此，教师的指导应是有差异的，要根据每个幼儿的实际需要，提供不同的支持和帮助。

教师的指导应体现顺应性。幼儿对万物充满好奇和探究的欲望，因此，教师的指导应在顺应幼儿天性的前提下，在幼儿内部动机的驱使下进行，而不是终止或者改变幼儿的游戏。

叶澜教授指出：“教育是直面人的生命、提高人的生命、为了人的生命质量而进行的社会活动，是以人为本的社会中最体现生命关怀的事业。”无论通过何种教育方式，我们的目的都是通过践行生态健康教育，努力使幼儿更自然、更快乐、更健康地成长，努力使学前教育真正成为为幼儿终生幸福发展奠基的伟大事业。

参考文献

1. 石筠弢：《学前教育课程论》，北京师范大学出版社 1999 年版。

2. 徐光兴：《儿童游戏辅导》，上海教育出版社 2001 年版。

3. 欧新明：《学前儿童健康教育》，教育科学出版社 2003 年版。

4. 向海英：《幼儿心理健康教育活动系列用书》，明天出版社 2003 年版。

5. 俞国良：《心理健康教育》，高等教育出版社 2005 年版。

6. 顾荣芳：《学前儿童健康教育论》，江苏教育出版社 2006 年版。

7. 庞建萍、柳倩：《学前儿童健康教育》，华东师范大学出版社 2007 年版。

8. ［日］高杉自子：《与孩子们共同生活》，王小英译，华东师范大学出版社 2008 年版。9. 颜磊：《幼儿健康教育的探索与实践》，北京师范大学出版社 2010 年版。

10. 李季梅、冯晓霞：《3 ~ 6 岁儿童学习与发展指南》，人民教育出版社 2013 年版。

11. 李季梅、冯晓霞：《〈3 ~ 6 岁儿童学习与发展指南〉解读》，人民教育出版社 2013 年版。

12. 陆娴敏：《三叶草的故事》，南京师范大学出版社 2014 年版。

13. 李跃儿：《孩子是脚，教育是鞋》，华东师范大学出版社 2014 年版。

14. 万伟：《课程的力量》，华东师范大学出版社 2017 年版。

15. 董旭花、韩冰川、张海豫：《幼儿园户外环境创设与活动指导》，中国轻工业出版社 2018 年版。

后　记

当我审读修订完本书书稿的最后一页时，虽近午夜，却有一种轻松与快意的感觉。站在东营市实验幼儿园建园30周年这个时间节点上，回想着弦歌不辍的过往岁月，想象着筑梦而行的新征程，既有盈满心胸的热切期待感，又有任重道远的紧迫使命感。此时此刻，我有太多的感慨沛然涌动，有太多的感悟油然生发，故而在书稿付梓印刷之际，说几句发自肺腑的话，以明呈我的心迹与心情。

炫酷篮球宝贝们的精彩表演赢得观众高声喝彩

第一句话，打造了适宜幼儿终身发展的生态健康教育环境。在实验幼教人的共同努力下，成就了一所童心绽放的校园，它大气、精致、温暖、充满诗意。全园占地面积22345平方米，户外活动场地16000平方米，建筑面积8240平方米。幼儿园配有图书阅览室、创意美工坊、美食体验馆、形体训练室等幼儿活动用房，拥有可容纳500人的多功能厅、供全园幼儿同时使用的大餐厅以及标准化食堂。每个班级均有面积220平方米的配套活动室，创建了13个户外游戏区域。环境育人，润物无声，这里的每一个角落都充满着生机与爱意。幼儿在“会说话，能互动，有层次”的生态环境中，探索发现，合作交往，表达表现，不断获得有益的新经验。

每一次成长的背后都离不开师长的深情注视，离不开幼教人的倾情付出。数百名教职工，择一事终一生，不为繁华易初心。他们播撒爱、传递爱，他们在“三育”教师培养行动方略的支持下，依托名师工作室，打造成长共同体；借力学科教研组，成就教师优势发展；创新园本教研模式，实现“三位一体”共同成长。他们“以儿童视角去关注”“蹲下来和孩子说话”“给孩子一个拥抱”，一个个美妙的细节串联起来，汇成了一部爱的交响曲。生活中，教师如春风般关爱每一个孩子，像妈妈一样照顾他们的生活起居；课堂上，教师科学引导、赏识鼓励，用智慧启迪心灵；活动中，注重亲身体验、直接感知和实践操作，从美食制作、快乐淘宝、亲子活动、社会实践到志愿服务，在整合课程中得到多元发展。“爱”如同阳光，照亮别人，也照耀自己，使整个世界熠熠生辉。用爱拨响生命之弦，这就是“以爱育爱”的魅力所在。在“爱”与“被爱”中，每个人的心变得柔软，师生、家园、同事、朋友之间的交往变得自然和温暖起来，家庭、幼儿园、社会变成了一个爱的同心圆，幼儿的心田里播下了一颗爱的种子，生根发芽，开花结果。

教职工唱响《我是幼儿园教师》之歌

第二句话，“生态健康教育”园本实践与研究取得了值得骄傲的成绩。自

2003 年我们确定“健康教育”为素质教育的园本化实践方向以来，全园上下戮力合心、聚力而为、勇力竞进。16 年来，在探索实践的过程中，我园形成了自己的教育主张和教育信仰，那就是“最美好的成长在生态健康教育中自主实现”；建构形成了“健康、智慧、快乐”的育人文化及“用爱心播种快乐，用理解滋润心灵”的教育理念，确立了“为每一个孩子幸福快乐成长奠基”的办园宗旨，明确了“创建健康教育特色品牌　建设师幼共同成长幸福家园”的办园目标。值得高兴的是，16 年来，每一个曾经或正在生活在东营市实验幼儿园的孩子，都那么阳光快乐、健康睿智，他们在游戏中玩耍、在生活中学习；他们不仅拥有强健的体魄，更有坚强的意志品质；他们有充沛的精力，用属于自己的学习方式（游戏、实践、操作）和适合自己的速度去探究世界，建构自我，用探索和实践的方式去习得知识。我园在促进孩子身心健康、和谐发展的过程中，取得了显著实绩。幼儿园先后荣获“全国实施素质教育先进单位”“山东省学前教育先进集体”“山东省第一批教育信息化示范单位”等百余项荣誉；53 人次教师荣获“齐鲁名园长”“齐鲁名师”、省特级教师、省优秀教师、省教学能手等荣誉，1000 余人次教师获全国优秀自制玩教具一等奖、省优质课一等奖等。1000 余名幼儿在各级活动评选中获奖并荣获“齐鲁新苗”“校园之星”等荣誉。

第三句话，课程改革的园本实践与研究取得了重要成果。在“生态健康教育”园本实践与研究的过程中，我园建构的自主游戏课程实践体系，成为“生态健康教育”的主导性园本课程。我们依据五大领域发展目标，结合幼儿年龄特点和游戏需要，创建了搭建梦工厂、快乐大本营、沙滩城堡、宝贝球场、野战训练营等 13 个户外游戏区域。独立关联的活动区域，充足自主的游戏时间，适宜开放的游戏材料，支持有效的教育策略，自主有趣的区域游戏，不仅使自主游戏课程得以有效实施，而且成为最具我园特色的品牌课程。幼儿在开放多元、生态自然、富有挑战的户外区域中，尽情玩耍，快乐游戏，用心感受，自由创造，极大地提高了自主学习的意识与能力，实现了“六自主”发展（自主选择游戏区域，自主选择游戏伙伴，自主选择游戏内容，自主生发游戏玩法，自主整理游戏材料，自主表征游戏过程）。即将出版的《户外区域幼儿自主游戏课程园本化实践研究》一书，很好地呈现了我们这方面的探索与实践。

教师用舞蹈《繁花似锦》祝福幼儿园健康发展

《幼儿园健康教育课程的开发与研究》《户外区域游戏课程园本化实践案例》等由天津教育出版社正式出版，荣获东营市首届教学成果奖、山东省幼儿园优秀课程资源一等奖；专题片分别荣获山东省第二届、第四届特色教育活动展评一等奖；课程资源《我的游戏我做主》入选山东省幼儿园教师远程研修课程资源，供全省3万名学前教育工作者远程学习；特色经验在全国幼儿园游戏教学专题研讨会等会议上交流推广。

第四句话，永不满足、追求更好是我们的行事风格和立业品格。尽管我们在“生态健康教育”实践与研究中取得了值得说道的成绩，有了值得示人的经验与成果，但胸怀高远、放眼未来的我们，不会沾沾自喜，更不会囿于满足而裹足不前。毕竟，我们还有许多不足，还有很多需要改进的地方，正如此书一样，还有很多需要教育专家与同道指正的瑕疵。我们会直面自身的问题与困难，轻装上阵，快意行走在实践与研究的道路上，去领略那一路的美妙风景。何况，不尚空谈、乐于实干的我们，还有那么多值得尊敬的领导、专家与我们同行，我们自应信心满满，理应奋力向前！

最后，在本书付梓印刷之际，特别向多年来真心关爱东营市实验幼儿园的社会各界，向直接领导我园工作的市教育局领导们鞠躬致敬，向一直热心关注、精心指导我园工作的市教育局各个科室、兄弟园所教育同仁致以真诚的谢意。你们的指导、关心、支持和帮助，不仅是现在、更是将来我园健康和谐发展的永远的助动力。

还要向不吝烦劳、专业指导我园开展“生态健康教育”的专家向海英教授、方明主任等表示诚挚的感谢。向海英教授对我、对东营市实验幼儿园的认可，再次点燃了我们继续奋力前行的激情。

在此，我还要感谢东营市实验幼儿园的全体老师及每一个孩子家长，没有你们的道义担当、勤劳付出、无私贡献，就没有“生态健康教育”的落地开花和结果。我们的孩子能快乐游戏、自主学习、健康成长，能切实享受到生态健康教育的幸福，你们是第一位大爱、智慧和幸福的输出者，感谢你们！

王銮美

2019年6月26日